本专著为2016年度教育部人文社会科学研究青年基金项目"弱势群体高等教育教育补偿研究:政策、制度与行动(课题编号16YJC880076)"研究成果。

高等教育补偿的路径与机制研究

王 丽 著

河南大学出版社
·郑州·

图书在版编目(CIP)数据

高等教育补偿的路径与机制研究／王丽著.--郑州：
河南大学出版社,2021.8
ISBN 978-7-5649-4841-2

Ⅰ.①高… Ⅱ.①王… Ⅲ.①高等教育-公平原则-研究-中国 Ⅳ.①G649.2

中国版本图书馆 CIP 数据核字(2021)第 174409 号

责任编辑　李亚涛
责任校对　郑　鑫
封面设计　陈盛杰

出　版	河南大学出版社
	地址:郑州市郑东新区商务外环中华大厦2401号　邮编:450046
	电话:0371-86059701(营销部)　网址:hupress.henu.edu.cn
排　版	郑州市今日文教印制有限公司
印　刷	广东虎彩云印刷有限公司
版　次	2021年8月第1版　印次　2021年8月第1次印刷
开　本	787 mm×1092 mm　1/16　印张　15.5
字　数	295千字　定价　52.00元

(本书如有印装质量问题,请与河南大学出版社营销部联系调换。)

前　　言

"我走了很远的路,吃了很多的苦,才将这份博士学位论文送到你的面前"。中国科学院大学自动化研究所2017届博士毕业生黄国平论文《致谢》部分引起了很多人的共鸣。黄国平博士的家境之困,求学之苦,激起了大家对于"寒门能否出贵子的感怀"。就像几年前那篇《我奋斗了18年,才能和你一起喝咖啡》一样,黄国平博士逆境中坚韧奋斗的故事,再次触动了人们对城乡教育的关切,也深深地打动着与他有类似经历、诸多从乡村走出来的学子们,包括我自己。

"无穷的远方,无数的人们,都和我有关。"深受鲁迅先生心系社会的精神感染,作为一名教师,日常关心关注教育中存在的问题。生在农村,长在农村,"走了很远的路,吃了很多的苦"才到高校当教师的我,对城乡教育问题关注已久。

2011年12月至2012年10月之间,笔者参与了师兄王振存博士主持的教育部重点课题"中西部城乡教育公平推进策略研究——基于文化的视角"的研究,对城乡之间的教育公平问题有了较为深入的思考,也积累了相关的资料。2013年3月份,参加了中山大学教育与经济管理专业的博士生招考,其中有道题为"关于弱势群体儿童受教育权保障问题",考题给我留下了很深刻的印象,也促使我对弱势群体教育权问题的深度思考与日常关注。2013年深入赣州市农村薄弱学校调研,主持完成市社科课题"赣州市城乡义务教育公平发展研究"。围绕城乡教育公平独著论文《推进赣州城乡义务教育均衡发展路径研究》获得2013年度赣州市民盟教育论坛征稿一等奖。2013年12月江西省教育规划课题"高等教育公平实现中弱势群体教育补偿机制研究"获得立项,该课题2016年底结题。

在前面几年研究基础上,2016年7月底教育部人文社会科学青年基金项目"弱势群体高等教育补偿:政策、制度与行动"成功获批,激动心情难以言表,很快投入项目的研究工作。(本书第九章、第十章、第十一章是我本人撰写的论文,其中第十章已经发表,略有改动)随着研究的深入,积累的资料也越来越多,就改成专著结题。

写作与收集资料的过程,从我先生身上也得到了很多启发。先生李秋生博士是赣南农村考出来的娃。他的家位于赣南一偏远而风景秀丽的小村子。在修路之前,只有摩托车可以出入到镇上。小路蜿蜒曲折,骑摩托车20多分钟,需要转10多个弯、翻过几个很陡峭的坡才能到达。田间、路上,常常能看到肩挑箩筐的老表们,皮肤晒得黝黑黝黑。第一次去先生家,就感叹他能从这里走到上海、北京真的非常的不容易。后来,先生的堂弟、堂妹、侄儿、外甥先后从这片偏远落后的红土地走出来,都考上了很不错的学校(其中外甥考的是"公费师范生"),依靠教育改变了身为农村人的命运,过上了美好的生活。赣南本身也是落后偏远农村,部分县域就在农村专项计划之列,这些都成为这部专著的一部分。

国家的一系列教育补偿政策让更多的孩子改变了自己的命运,身边这么多生活在偏远农村的孩子通过教育实现了自己的梦想。当下,教育仍然是促进社会阶层流动的重要渠道。

王 丽
2021年1月10日

目 录

导 论 …………………………………………………………（ 1 ）
 第一节　研究的背景与缘起 …………………………………（ 1 ）
 第二节　研究的目的与意义 …………………………………（ 6 ）
 第三节　国内外研究概况 ……………………………………（ 9 ）
 第四节　研究方法与研究内容 ………………………………（ 14 ）

第一篇　我国高等教育机会公平问题的变迁与发展

第一章　我国高等教育公平发展轨迹、热点以及前沿 ………（ 21 ）
 第一节　背景及意义 …………………………………………（ 21 ）
 第二节　数据来源与研究方法 ………………………………（ 22 ）
 第三节　图谱分析 ……………………………………………（ 23 ）

第二章　我国高等教育入学机会公平现状研究 ………………（ 40 ）
 第一节　我国高等教育入学机会城乡公平 …………………（ 40 ）
 第二节　高等教育入学机会地区公平 ………………………（ 41 ）
 第三节　机会不平等的因素分析 ……………………………（ 44 ）

第三章　我国高校招生制度改革历程中农村学生重点高校入学机会考察
 ………………………………………………………………（ 55 ）
 第一节　政治导向:大学向工农开门(1949—1976 年) ………（ 55 ）
 第二节　改革探索:择优录取导向(1977—1998) ……………（ 57 ）
 第三节　效率导向:扩招带来的入学机会的不平等(1999—2006) ……（ 59 ）
 第四节　公平导向:向农村倾斜(2007 至今) ………………（ 60 ）

第二篇　教育补偿理论基础及国外高等教育补偿变迁

第四章　弱势群体高等教育补偿的理论支撑 …………………（ 67 ）
 第一节　核心概念界定 ………………………………………（ 67 ）
 第二节　弱势群体高等教育补偿的政治学基础 ……………（ 71 ）
 第三节　弱势群体高等教育补偿伦理学基础 ………………（ 77 ）

第五章　国外弱势群体高等教育补偿变迁与发展 ……………（80）
 第一节　美国弱势群体高等教育补偿政策发展与演变 ………（80）
 第二节　爱尔兰弱势群体教育补偿研究 ………………………（86）
 第三节　印度高等教育弱势群体补偿政策 ……………………（93）

第三篇　新时期我国高等教育补偿政策实施及成效

第六章　公费师范生政策 …………………………………………（99）
 第一节　国外师范生公费教政策实施概况 ……………………（100）
 第二节　我国公费师范生政策变迁及发展 ……………………（101）
 第三节　地方公费师范生培养情况调研 ………………………（105）

第七章　异地高考政策变迁 ………………………………………（121）
 第一节　核心概念界定 …………………………………………（121）
 第二节　异地高考政策的变迁 …………………………………（123）
 第三节　异地高考面临的困境与对策思考 ……………………（133）

第八章　重点高校面向农村贫困地区招生专项计划政策变迁与发展 …（139）
 第一节　专项政策制定并持续实施的相关背景 ………………（139）
 第二节　重点高校面向农村和贫困地区招生计划演变 ………（142）
 第三节　高校专项计划政策实施及成效 ………………………（152）
 第四节　专项计划反思与建议 …………………………………（167）

第九章　聚焦优质在线课堂：教育卓越与公平促进研究 ………（179）
 第一节　在线课堂的人文关怀理念 ……………………………（179）
 第二节　在线课堂：允满创意的教与学 ………………………（183）
 第三节　在线学习促进教育公平的条件 ………………………（187）

第十章　阶层流动中的教育：一贫困家庭叔侄人生际遇考察 …（191）
 第一节　写作背景与写作方法 …………………………………（191）
 第二节　Q和Z的教育生涯 ……………………………………（192）
 第三节　分析与反思 ……………………………………………（201）

第四篇　高等教育补偿政策趋势与展望

第十一章　我国高等教育补偿：现状、困境与反思 ……………（211）
 第一节　高等教育补偿政策梳理以及特质 ……………………（211）
 第二节　高等教育补偿的局限与困境 …………………………（217）
 第三节　教育补偿政策完善与发展 ……………………………（219）

第十二章 智慧社会视域下高等教育公平制度设计 ……………… (223)
　第一节　我国高等教育公平制度价值取向变迁 ……………………… (223)
　第二节　高等教育公平制度设计原则 ………………………………… (225)
　第三节　高等教育公平的制度设计逻辑与实践路径 ………………… (227)
致谢 ………………………………………………………………………… (236)

导　论

第一节　研究的背景与缘起

　　社会公平是人类不懈追求的永恒主题。美国教育家贺拉斯·曼曾经宣称："教育是实现人类平等的伟大工具，它的作用比任何其他人类发明都大得多。"[1]教育是促进社会合理流动的阶梯，是防止贫困代际传递的有效而重要途径。高等教育公平是社会公平公正的一个重要指标，也是促进社会公平和稳定的助推器。近年来，国家层面实施了一系列政策与措施来推动高等教育公平，取得了一定成效，然而高等教育公平问题依然存在，尤其是城市与农村、发达地区与欠发达地区、阶层之间在高等教育入学机会、求学过程、就业方面存在的问题愈发突出。随着社会的发展与进步，人们逐步意识到高等教育与社会阶层及人生发展的关系；随着高等教育大众化的发展，人们更加渴望自身和子女能够接受优质的高等教育，以期在社会阶层中占有优势地位。因此，对一流大学入学机会的角逐尤为激烈。

　　党的十九大报告指出，我国社会的主要矛盾已经转化为人民日益增长的美好生活和不平衡不充分发展之间的矛盾。这一矛盾在高等教育上，具体表现为广大人民群众对优质高等教日益增长的需求，同当下城乡之间、区域之间高等教育资源分配不均衡之间的矛盾。新时期我国已经实现了从富起来到强起来的历史性飞跃，经济增长率遥遥领先，成为世界第二大经济体。然而伴随而来的却是人民群众内部收入差距加大，东西部之间、城乡之间、阶层之间尤其凸出；随着社会的转型发展，社会阶层分化明显；处于不利处境的低收入家庭增加，进入一流大学的机会更加困难，"而且呈现出固化社会阶层的趋势。"[2]高等教育是促进社会流动最有力的工具，为保证社会阶层的合理流动，高等教育公平成为各国共同追求的目标。

一、研究的背景

（一）高等教育入学公平是当今世界各国高等教育改革的重要课题

高等教育在社会流动、社会分层中具有"筛选器"的作用，是促进社会公平的重要手段和途径。因此，实现高等教育公平是世界各国教育发展共同追求的目标，也是世界各国教育改革和发展的重要课题。为了让社会不同阶层、不同区域以及不同人群平等进入高等学校是发达国家高等教育界一直追求的主要目标。美国联邦政府一直为高等教育的入学机会均等而斗争，把入学机会均等作为反对经济贫困和种族歧视运动的一部分。20世纪70年代，联邦政府不仅关注扩展高校入学机会，而且把消除经济障碍看作是一项有益于社会和年轻人的投资。并承诺，与中等收入或高等收入家庭的同龄人相比较，低收入家庭的学生在接受高等教育时，将不会面临经济方面的障碍。2008年，美国对《高等教育法》进行第八次修订时，还将"拓展高等教育的可获取机会"作为当前美国高等教育的三大核心理念之一，并颁发了《大学成本降低与入学机会法》[3]。2009年，《世界高等教育大会公报》认为，提升入学机会已经成为大多数国家的首要问题，提高高等入学率已成为全球化趋势[4]。2009年5月，欧盟各国一致通过并公布了面向2020年的四大战略目标，其中之一就是促进公平和社会凝聚力[5]。英国通过成立高等教育入学公平办公室（OFFA）、高等教育独立仲裁办公室（OLA）来加强国家对高等院校招生及入学公平的监管[6]。在加拿大，为了提升原住民学生拥有同等的受教育机会，因纽特全国委员会于2011年6月出台了《因纽特人教育国家战略》，旨在提升因纽特人在终身学习过程中所能获得的学习成果和教育机会，同时提升他们进入劳动市场的意愿[7]。

教育公平是时代的呼唤，也是社会主义优越性的表现，近年我国政府十分重视教育公平问题。2010年5月审议通过的《国家中长期教育改革和发展规划纲要》（2010—2020年）把"促进教育公平作为国家基本教育政策"。为了促进优质资源共享、扩大中西部学生入学机会，2013年5月正式发布了由教育部、国家发改委、财政部联合印发的《中西部高等教育振兴计划（2012—2020年）》。2013年11月通过了《中共中央关于全面深化改革若干重大问题决定》，其中提出要"大力促进教育公平，健全家庭经济困难学生资助体系，逐步缩小区域、城乡、校际差距……"

（二）家庭资本差异加剧了高等教育入学不公平

早在20世纪60年代，美国詹姆斯·科尔曼教授曾经提出影响子女学业成就的第一要素就是家庭的经济资本。越来越多的研究表明：在经济资本、社会资本和文化资本优势阶层的子女能得到更多和更好的学习机会。在美国，一代人之前，在判断一个孩子在教育之路上走多远时，社会阶级当然是一个因素，但相对于学习能力而言，家庭的经济基础是次要的。但如今（2004年以来），成绩好的富家子弟大学毕业率74%，成绩差的穷孩子只有3%，同样位于成绩中游的学生，有钱人的孩子大学毕业率为51%，贫困家庭的只有8%，前者是后者的六倍还多。[9]在高等教育大众化背景下，高校扩大了招生规模，然而高等教育机会在社会各阶层之间的分布却差强人意，高等教育公平问题依然凸显。相关研究表明，一些知名"985"高校每年招收的农村生源比例逐年下降。以北京大学为例，学者刘云杉对北京大学1978—2005年近30年学生家庭出身的统计研究发现，1978—1998年来自农村的北大学子比例约占3成，20世纪90年代中期开始下滑，2000年至今，考上北大的农村子弟只占1成左右；清华大学人文学院社科2010级王斯敏等几位本科生在清华2010级学生中做的抽样调查显示，农村生源占总人数的17%。当年的高考考场里，全国农村考生的比例是62%。[9]学者刘慧珍通过对不同层次高校学生的家庭背景分析，农村子女在高等教育内部分化中更多集中于低层次学校，弱势群体在机会占有方面处境不利[10]。随着高等教育规模的发展，农村孩子获得更多的学习机会，然而农村的孩子更多集中在普通地方院校、专科院校及高职学院，家庭背景优越的子女能得到更多和更好的学习机会。前几年网络上一个提问"努力就可以上清华北大吗？"引起了热议。正如清华大学晋军博士调研后告诉学生所言，"你的家庭背景决定了你能接触到资源的多少，决定了你的学习环境，决定了你上的小学、初中、高中，也决定了你的眼界和见识。你能来到清华，不仅仅是因为你努力，更是因为你有了上述这些东西。"[11]2011年8月，在某知名论坛上，一位自称做了15年老师的网友发帖指出："近两年，成绩好的孩子越来越偏向富裕家庭，除了家庭教养外，父母都舍得花钱，送孩子参加各种培训班，甚至请私人家教，成绩都是钱堆出来的。反观我们小时候读书，成绩好和家庭条件基本成反比"。[12]富裕家庭对子女的教育方面有条件投入更多的时间和金钱，还有一些低收入家庭永远不可能拥有的稀缺资源。无论中外一个人的家庭出身和家庭教育对子女的影响是巨大的，本无可厚非。然而在中国目前的入学制度中，更有利于富裕阶层子女接受更优质的教育资源：从学前教育到高等教育的整个过程。

（三）国家为个人出彩与梦想实现创造条件

习近平总书记对中国梦战略思想做出过系统阐释。他指出，实现全面建成小康社会、建成富强、民主、文明、和谐的社会主义现代化国家的奋斗目标，实现中华民族伟大复兴的中国梦，就是要实现国家富强、民族振兴、人民幸福。既深深体现了今天中国人的理想,也深深反映了我们先人们不懈追求进步的光荣传统。

中国梦的基本内涵有三个层面:国家、民族、人民。从国家层面看,中国梦就是强国梦。中国要成为强大的现代化国家,赢得世界认同,并成为引领世界发展的主导力量。从民族层面看,中国梦就是民族复兴梦。中华民族要对人类发展做出更大、更多、更重要的贡献。从人民层面看,中国梦就是每个中国人的梦。"中国梦归根到底是人民的梦",每一个中国人共同享有人生出彩的机会、共同享有梦想成真的机会,同时,实现中国梦也需要每一个人的努力。上述三个层面是把国家、民族和个人作为一个命运共同体,从而使国家利益、民族利益和个人的具体利益都紧紧地联系在一起。国家在实现国家梦、民族梦的同时,也积极为个人的出彩与梦想实现创造条件,积极创造底层青年向上流动的机会。如何实现个人的梦想?教育是实现社会合理流动的重要工具。高等教育公平是实现个人梦想的重要条件,国家近年开始出台一系列倾斜补偿教育政策。

综上所述,在此大背景下,从2007年秋季起,北京师范大学、华东师范大学等六所部属师范大学开始实施师范生免费教育,继而在中西部一些省份开展实施(2018年4月改为公费师范生教育),为中西部地区解决师资问题,提升当地的教学质量,提供更多的智力支持;为了解决大量城市流动人口和进城务工农民工子女在流入地参加高考的问题,2010年国家开始在山东、湖南、重庆三个地区开展试点。为西部考生提供更多接受高等教育的机会,2008年教育部开始实施"支援中西部地区招生协作计划",2012年开始实施的国家专项计划、高校专项计划、地方专项计划旨在通过政策角度的补偿机制来提升贫困地区及农村学生接受优质高等教育的机会。从而让更多的贫困家庭看到升迁的希望,为每一位青年梦想的实现助力。

二、研究缘起

(一)近年曝光的诸多高等教育不公的案例引发的思考

教育是实现人类平等的伟大工具,教育公平的缺失或受到损害,将极大地影响到其他领域的社会公平,使得其他领域的社会不平等得以延续并且进一步放大。教育公平一直被视为实现社会平等的"最伟大的工具",教育公平对社会稳定具有调节作用,是社会充满活力的助推器。高等教育公平是社会公平的重要体现,也是实现社会公平和稳定的重要手段。

近年屡屡曝光的一些案例和现象引发了笔者的思考:倍受质疑的"高考移

民"现象,近年大规模农村高中生主动或被动放弃高考现象[13]。明星仝卓在一次直播中声称,为了考上中央戏剧学院,父母通过一些手段将自己"往届生"的身份,改为了"应届生",所以才得以如愿考上心仪的学校。该事件引起网友一片哗然,有网友直接指出仝卓疑似"高考舞弊"。最后"仝卓事件"尘埃落定,处理结果已经通报:仝卓高考成绩无效,继父仝天峰被撤职,另有13人被处理。这些案例与现象都说明了由家庭资本差异所造成的高等教育不公平在不断加剧,同时也说明政府在推动高等教育公平和社会正义方面一直在努力。

笔者作为一名高校教师,时常思考这些现象与问题,既看到了高等教育快速发展带来的人们普遍素质的提高,也深切感到高等教育不公平带来的社会伤痛,尤其不利处境群体子女接受高等教育机会促使笔者主动投入这项研究。美、英、法等高等教育发达国家,较早进入大众化时期,他们是如何促进高等教育公平的？如何对弱势群体进行教育补偿的？

印度同是发展中的国家,又是如何促进高等教育公平,采取了哪些措施,对我国有哪些帮助与启示？我们国家先后采取的一系列的政策、制度与行动,在促进教育公平方面取得了哪些成绩与经验？存在哪些问题？本书试图探讨这些问题,以期对我国高等教育公平和弱势群体教育补偿提供借鉴。

(二)社会单位招聘的规则

众所周知,近年来很多单位对学历的要求越来越高,从本科生到硕士生,再到博士生。同时看重应聘者的"第一学历",更加青睐名校毕业的学生。用人单位认为,相对比于其他普通高校,培养出来的人才,整体上是要比普通高校更为优质的。"985大学"和"211大学"毕业的学生更容易找到优质待遇的工作。因此,很多学生和家庭都期望自己的孩子能够考到这些高校。"物以稀为贵",而这些优质高等教育资源的稀缺导致高考竞争十分激烈。竞争能否成功很大程度上取决于学生的家庭背景。

(三)研究者参与弱势群体高等教育补偿研究的机遇

2011年12月至2012年10月之间,笔者参与了师兄王振存博士主持的教育部重点课题"中西部城乡教育公平推进策略研究——基于文化的视角"的研究,对城乡之间的教育公平问题有了较为深入的思考,也积累了相关的资料。2013年3月份,参加了中山大学教育与经济管理专业的博士生招考,其中有道题为"关于弱势群体儿童受教育权保障问题",这道题给我留下了深刻的印象,也促使我对弱势群体教育权问题的深度思考与日常关注。2013年深入赣州市农村薄弱学校调研,主持完成市社科课题"赣州市城乡义务教育公平发展研究"。围绕城乡教育公平独著论文"推进赣州城乡义务教育均衡发展路径研究"

获得 2013 年度赣州市民盟教育论坛征稿一等奖。2013 年 12 月江西省教育规划课题"高等教育公平实现中弱势群体教育补偿机制研究"获得立项。

在前面几年研究基础上,笔者 2016 年 7 月成功获批了一项教育部人文社会科学青年基金项目"弱势群体高等教育补偿:政策、制度与行动"。同时作为主要参与人,参与了国家社会科学基金"十三五"规划 2017 年度教育学一般项目"基于农村学生发展的城乡教育公平推进策略研究"。近年来,笔者一直对国家弱势群体帮扶政策比较关注,尤其是重点高校面对农村学生的倾斜政策和农村贫困专项政策,进行了深入的研究与思考。同时也对国际上一些国家和地区教育补偿政策进行比较研究。

在高等教育补偿研究中,笔者以获批的教育部人文社科项目为核心,形成了一系列研究成果。2016 年以来,笔者围绕"高等教育公平及弱势群体教育补偿"发表了《发达国家促进高等教育入学公平的改革经验及启示——以法国、加拿大、爱尔兰为例》《比较视域下弱势群体高等教育补偿研究》《我国弱势群体高等教育补偿:现状、困境与反思》等文章。本书是在前期研究的基础上,以"高等教育弱势群体教育补偿"为中心开展的系统研究,是笔者主持的教育部人文社科青年基金项目"弱势群体高等教育补偿:政策、制度与行动"的主要成果,感谢教育部人文社科项目的资金资助。

第二节 研究的目的与意义

一、研究的目的

本书以近年我党提出的实现中华民族伟大复兴的中国梦为背景,以已有的高等教育公平及弱势群体利益补偿机制理论基础为依据,从高等教育公平与弱势群体利益补偿的内在逻辑入手,立足考察我国目前高等教育公平及弱势群体利益补偿现状与问题,借鉴国外相关成功经验,探讨高等教育公平弱势群体高等教育利益补偿的特点与规律,构建我国高等教育公平及弱势群体利益补偿的路径与模式。具体而言,本书将主要解决以下理论问题和实践问题:

(1)界定高等教育公平、弱势群体教育补偿和弱势群体利益补偿机制的内涵及其内在逻辑关系。通过"弱势群体""教育补偿""高等教育公平"等核心概念的界定,分析"教育补偿"和"高等教育公平""高等教育持续发展"及"伟大民族复兴的中国梦"之间的关系。研究认为对教育弱势群体进行利益补偿是教育公平的理性诉求,是实现教育发展机会公平的关键,也是达到教育平等的重要指标,更是"中国梦"的重要内容。进一步深化和拓展了"弱势补偿""教育公平"和"伟大民族复兴的中国梦"之间关系的认识,为构建教育公平和社会和谐发展互动模式提供理论借鉴和学术参考。

（2）探讨阐释高等教育补偿的理论基础。政治学中教育扶贫思想、社会和谐思想、多中心治理理论、福利国家理论和伦理学中的人道主义伦理学、关怀伦理学、责任伦理学理论丰富高等教育公平研究的理论基础和内容。对弱势群体帮扶的定位、战略、措施、特色、平台建设等的问题进行全面、深入、系统的分析和研究,积极探索推进高等教育公平的路径和对策,提高弱势群体接受优质高等机会,从而为其实现向上流动提供更多可能与机会。在转型期的中国当今社会,高等教育公平理念进一步深入人心,倡导建立科学的教育补偿机制,进一步提升高等教育公平的质量与内涵。

（3）唤起全社会对弱势群体的教育关怀,我党提出"中国梦"的奋斗目标。从人民层面看,中国梦就是每个中国人的梦。"中国梦归根到底是人民的梦",每一个中国人共同享有人生出彩的机会、共同享有梦想成真的机会。社会底层的青年如何出彩？在知识经济时代的学习型社会,教育关怀显得尤其重要。因为现代教育不仅是社会进步的基石,也是个人生存和发展的前提；高等教育大众化之后,对优质高等教育的角逐更加激烈。在这场角逐中,偏远农村弱势群体学子明显处于劣势——因为不均衡的基础教育,因为地理位置,因为来自农村家庭缺乏良好的家庭教育与文化资本。而这样的学子占了其同龄人的大多数,要实现我们伟大民族复兴的中国梦,首先关注弱势群体教育权问题,既关乎他们的生存权和发展权,也关乎我们伟大民族的复兴中国梦的实现,国家的发展和人民的发展相辅相成。通过该课题的研究,唤起教育研究者、政策制定者、实践者及社会各界对弱势群体接受高等教育机会公平理念、政策、制度和实践诸多方面的关注,唤起全社会对弱势群体的教育关怀。在社会宣传树立"弱势补偿"的基本理念,建立利益平衡机制,防止"受益人缺席"。明确教育政策补偿的构建,加强弱势群体补偿的针对性；加强教育补偿的执行力度,积极探索推进高等教育公平的路径和对策。

（4）总结高等教育政策、帮扶政策及实施经验,传播中国教育故事。中国已经成为世界高等教育第一大国。近年来,为缩小区域差距,进一步推动高等教育入学机会的公平,政府先后颁布了一系列的政策和措施。先后实施:公费（免费）师范生定向生招生计划,异地高考政策,西部援助计划以及重点高校招收农村和贫困地区学生专项计划等政策,逐步形成一套稳定且有效帮扶计划体系。因为,我国在推动高等教育机会公平中的做法和经验也为其他国家提供借鉴与参考,形成具有中国特色的解决方案,更好地传播中国教育故事。

二、研究的意义

(1) 教育服务于社会,紧跟社会形势,研究国家为推动高等教育公平采取的一系列重大政策,具有很强的社会现实意义。"十三五"期间,6所部属师范大学累计招收公费师范生3.7万余人。目前,全国有28个省份通过在学免费、到岗退费等多种方式,实行地方师范生公费教育。2020年,随迁子女在居住地参加高考人数为25.6万人,是2013年的58倍;支援中西部协作招生计划实施9年间(2008—2016年),录取率最低省份与全国平均水平差距缩小了12个百分点,如果按在校生规模1万人折算,相当于为中西部地区增设了100多所普通高校,圆了100多万中西部地区学子的大学梦。重点高校面向农村贫困地区招生计划,党的十八大以来,累计有514.05万名建档立卡贫困学生接受高等教育,数以百万计的贫困家庭有了第一代大学生。特殊的支持政策为贫困地区学生创造了更为公平的受教育和就业机会,其中重点高校面向农村和贫困地区定向招生计划累计招收70万人,为中西部农村订单定向培养了6.3万余名本科医学生。近年来《政府工作报告》一直重视更多农家子弟获得高校升学机会。所以本书对当前教育补偿计划展开研究,具有很强的社会现实意义。

(2) 探讨阐释高等教育弱势群体利益补偿的理论基础。政治学中教育扶贫思想、社会和谐思想、多中心治理理论、福利国家理论和伦理学中的人道主义伦理学、关怀伦理学、责任伦理学理论进一步丰富高等教育公平研究的理论基础和内容,具有较强的学术价值。

(3) 梳理国家高等教育补偿政策与制度变迁,分析其中的关联逻辑,阐述这些制度在教育公平方面发挥的作用,一定程度上缓解了长期以来我国高等教育入学机会存在的区域差别、城乡差别的程度。所以,本书对政策变迁、政策背景与实施逻辑进行梳理,是对公平理论的回顾与实践,具有较强的学术价值和社会价值。

4. 该研究成果有利于社会的公平与正义,有利于社会的和谐稳定。本书一方面宣传我国一系列推进高等教育公平的理念——高等教育公平是社会公平的重要体现;另一方面通过实施成效强化教育公平与社会正义的理念,推动社会公平与和谐稳定。

第三节　国内外研究概况

一、中外高等教育公平研究发展与演变

(一)世界高等教育公平的历史演变过程

从学者靳贵珍(2005)、汪立琼(2006)对世界高等教育公平观的发展进程分析,高等教育公平的历史演变大致分为三个阶段:高等教育贵族化阶段、高等教育民主化阶段、高等教育大众化阶段。在高等教育贵族化阶段,高等教育被少数人垄断,按照出身、门第划分是否有接受高等教育的机会。在民主化阶段,接受高等教育的人群范围扩大,不再按照出身划分是否有接受高等教育的机会,而是依照个人的主观努力和学习成绩划分能否接受高等教育。相比贵族化阶段,民主化阶段的高等教育相对公平。在大众化阶段,进一步将平等接受高等教育落到实处,扩大招生数量,让更多人享有接受高等教育的机会。

从学科分类角度,主要有以下几个方面:

1. 社会学角度

学者们认为高等教育平等主要指高等教育机会均等。美国学者科尔曼认为高等教育机会均等包括:(1)进入教育系统的机会均等;(2)参与教育的机会均等;(3)教育结果均等;(4)教育对生活前景的影响等。瑞典的学者胡森进一步概括了教育机会均等,主要包括:(1)起点均等;(2)过程均等;(3)结果均等。英国学者麦克马洪提出了教育公平的三种类型:(1)水平公平,指相同者受同等待遇;(2)垂直公平,指不同者受不同待遇;(3)代际公平,指确保上一代人的不平等现象不至于全然延续下去。我国学者杨德广和杨东平也强调教育公平是社会公平价值在教育领域内的延伸。

2. 伦理学角度

罗尔斯从社会正义角度,认为公平应该是:(1)每个人都获得最广泛的、与他人相同的自由;(2)个人获得的待遇,其所获得的地位、职位、利益应该对所有人开放;(3)如起始状况(收入和财富分配)不同,处于不利地位者的利益应用"补偿利益"的办法来保证。

3. 经济学角度

学者们认为高等教育公平是高等教育资源的合理分配。美国学者斯蒂

芬·海纳曼(Stephen P. Heyneman,1996)认为,机会均等的实质可以归纳为享有公平使用教育资源的机会,不应该因为就读机会的不平等就减少社会对高等教育的投资。

4. 管理学的角度

教育应该是在政策上体现对受教育主体的人格尊重,教育权利与义务的均衡。研究和建立教育政策运行的公平机制是实现教育公平的关键和保障,教育政策和制度创新是解决教育领域不公平问题的基本途径。我国青年学者唐海龙在其博士论文《促进高等教育公平的政府责任与对策研究》中从政府管理职责论述了其解决对策。

5. 其他方面

(1)詹克斯认为教育不公平有三个表现:教育资源不平等,学生就业机会不平等,选课机会不平等等。(2)《国际教育百科全书》将教育不平等的根源分为个体能力的遗传差异;个体所处社会地位的差异;政府、社会、个体提供和获得教育方面的政治权力等11类,认为教育不平等既来自个体能力、社会地位、文化资本等方面的差异,也来自教育资源提供和配置、学校制度、选拔制度等社会制度性的因素。(3)联合国教科学组织相关文件联合国教科文组织1999年在巴黎召开的世界高等教育会议上通过的纲领性文件《21世纪的高等教育:展望和行动世界宣言》中提出:"能否被高等院校录取应根据那些想接受高等教育的人的成绩、能力、努力程度、锲而不舍和献身的精神……任何人不得因种族、性别、语言、宗教,也不得因其经济、文化或社会差别或身体残疾而被拒绝接受高等教育。"

二、中外高等教育补偿的理论研究及实践进展

保障弱势群体利益,是促进高等教育公平的重要途径,也是实现高等教育公平的重要保证。基于社会公平的需要,采取补偿原则,在教育资源配置方面给予特殊的关注,发达国家在学理上较为成熟。鉴于教育是一个连续的过程,因此教育补偿注定是连续的,并不仅仅局限于高等教育弱势群体教育补偿。因能力有限,目前笔者收集到的教育补偿政策多是综合的教育补偿政策;另外有些教育补偿政策不是单独的、完整的文本,而是包含在一些重要的文件、纲领或者法律、法规及方案中。

（一）国外高等教育补偿的理论研究及实践进展

1. 理论研究

（1）美国。美国学者埃德蒙·戈登（Edmund W. Gordon）和多克西·威尔克森（DoxeyA. Wlkerson）于1966年合著《弱势群体的补偿教育》（Compensatory Education for the Disadvantaged）一书，该书是较全面的关于弱势群体补偿教育的著作。全书共分为以下几个部分：社会弱势群体——教育面临的挑战；补偿教育现状：高校中的补偿教育实践；学生特点与补偿教育理论；学校项目的扩展和社区参与以及对补偿教育的批判。该书主要论述了补偿教育产生的社会历史背景及其理论基拙，并介绍了几个具有代表性的补偿教育项目，如佩里学前教育项目（Perrypreschool project）、开端计划（Headstart）及城市青年项目（The urban Youthprogram）等；美国学者杰罗姆·海默斯（Jerome.Hellmuth）于1970年出版了《处境不利的儿童：补偿教育一个国家的辩论》（第 H 卷）（Disadvantaged Child：Compensatory Education a National Debate）（volume 3）。全书共分为四个部分：回顾历史并发现问题，主要介绍补偿教育的界定、必要性及其影响；补偿教育项目测试和评价，论述了詹森报告、智商测试、开端计划、西屋评估，以及补偿教育评估等；补偿教育项目和实践，阐述了城市儿童的教育、詹巧辩论的教育意义、社会下层黑人儿童认知技能的改进、直接教学的有效性、伊斯兰提·卡内基婴儿教育项目、高危婴幼儿的教育；开端计划的评估和补偿教育效果等。简言之，该书是有关补偿教育的论文集，其共同点是帮助弱势群体脱离"弱势"之称。[14]

20世纪60年代的《科尔曼报告》首先对美国教育补偿进行研究。这份报告建立在对美国4000多所院校60万学生调查研究的基础上。这份调查主要通过教育经费的投入进行取证，结果表明，教育机会不均等现象仍显著存在，早期教育补偿政策成效不大。1978年，美国高等教育研究所继《科尔曼报告》后再次对教育补偿计划做了研究报告。该报告不仅研究了经费投入情况，还对补偿政策、政府职责、补偿内容等进行了充分分析，最后得出结论：教育补偿是推进美国教育公平的重要举措之一。对美国"教育补偿"持反对态度的主要以保守派为主，如学者简森（A. Jensen）和詹克斯（C. Jencks）认为，教育成败的因素主要在于遗传，基因和个性起着决定因素。据此詹克斯提出了"教育补偿凭证制度"，即多样化学校前提下，给予父母学校选择权，引入内部竞争机制。

（2）英国。英国是世界上较早开展高等教育入学机会公平研究的国家之一。罗宾斯在《罗宾斯报告》指出，父母的职业、教育水平与子女入学机会上存在明显相关性。随后哈尔西、罗比特森、希尔曼等人也从不同角度进行相关研究。最后得出结论：英国高等教育在一定程度上有较大的发展，但各个阶层子女的入学机会差异并无实质性的缩小,上层与下层子女入学机会差异仍然很大。

(3)法国。法国的布尔迪厄在1960年初就关注学校教育与社会之间的关系。通过对法国1961—1962学年21179名大学生家庭社会出身统计、分析发现:"社会出身不仅表现对一些出身低下子女的彻底淘汰,也表现在对那些免遭淘汰的人在选择专业方面的限制。这种不平行现象导致社会出身地位高者几乎垄断了地位最高的学府。"[15]

2. 实践进展

(1)美国的"教育补偿"囊括了教育的各个阶段。学前教育阶段从20世纪60年代颁布的针对3—5岁儿童的《先行计划》已经执行了60年;义务教育阶段的补偿计划包括:更高视野计划、双语教育计划、免费午餐计划、黑人儿童计划等。[16]②法国:为了保障弱势群体子女在高等教育入学方面的平等权利,法国政府正式实施系统的"面向社会政策",主要包括两项措施。第一项是"优先教育协定",该协定旨在改革自主招生考试方式,提高弱势群体家庭学生录取率;第二项是"学生辅导员计划",该计划主要是一些著名"大学校"向教育优先区的高中开展合作,派出学生辅导员志愿者,帮助弱势群体子女了解未来大学的专业以及"大学校"教育的内涵与内容。③加拿大:为提高农村地区学生入学率,加拿大大学在录取过程中采取了如下措施:邀请农村籍人员作为录取委员会成员,邀请农村籍人员担任面试官,确保来自农村的学生不会在招生过程中处于不利地位。④爱尔兰在扩大社会处境不利群体入学规模的同时,也高度关注其受教育的质量,这主要表现在两个方面:一是关注社会处境不利群体在基础教育阶段受教育的质量;二是关注社会处境不利群体进入高校的层次。

(二)国内高等教育补偿的理论研究及实践进展

1. 国内理论研究

(1)国内开展弱势群体高等教育权益问题的研究始于杨东平先生。杨东平先生主持的全国"十一五"教育科研规划课题的研究报告——《我国高等教育公平研究》,该项研究的主体内容直接涉及弱势群体高等教育的权益问题,研究者建议,要从更高的社会战略层面考虑和促进高等教育的公平发展,废止重点学校模式、改革高校招生制度、加强完善困难学生资助体系等措施逐步解决高等教育发展中的不公平问题。该研究的观点具有代表性和重要的影响力。(2)厦门大学高等教育学谢作栩教授的"十一五"规划课题"高等教育大众化与缩小社会阶层高等教育差异的研究。"在实证研究的基础上,探讨了当前十大社会阶层子女高等教育的差异状况,得出"改革开放以来,伴随着高等教育从精英阶段向大众化阶段发展,各阶层子女高等教育入学机会差异呈现出先扩大后缩小的基本特征"的结论,提出出身于较高阶层的子女拥有较多的入学机会,公办高职院校中各阶层子女入学机会差异最小,拥有较多家庭文化资源的子女获得更多的入学机会。(3)万秀兰在《高等教育困难群体权益保护:中美比较研究》一书中,梳理了中美政府高等教育困难群体权益保护政策的发展历程,比较分析了中美两国权益保护的差异并提出相应的政策建议。[17]

2. 国内实践层面的进展

(1)政策及文件。2007年政府工作报告明确提出"教育是国家发展的基石,教育公平是重要的社会公平"。2008年的"两会"关注全国范围内全面免除城乡义务教育学杂费政策。2010年5月审议通过的《国家中长期教育改革和发展规划纲要》(2010—2020年)把"促进教育公平作为国家基本教育政策"。2010年"两会"代表呼吁关注农村人才需求,关注高等教育资源分配公平。2011年人大代表呼吁高校自主招生不能忽略农村子弟。

(2)农村子弟高等教育机会补偿实践。①2007年秋季,教育部6所师范大学对中西部地区实行师范生免费教育。②2008年起,实施"支援中西部地区招生协作计划"。③2012年,开始"异地高考"的尝试。④2012年人大代表建议实施农村学子高等教育机会补偿制度,保障农村学子重点高校的教育机会。2012年起,清华大学首次推出"自强计划",中国人民大学推出"圆梦计划"旨在向欠发达地区和农村弱势家庭提供招生指标补偿。复旦大学实行"腾飞计划"。2014年起,浙江大学、南京大学、中国科学技术大学、西安交通大学等向中西部农村地区、边远贫困地区扩大招生名额。⑤2012年开始实施农村贫困专项招生计划。⑥就笔者能力所及,李立国、崔盛、吴秋翔专著《中国高等教育公平新进展——重点高校招收农村和贫困地区学生专项计划研究报告》一书,第一部分阐述了我国高等教育公平的现状与问题,重点诠释了重点高校招收农村和贫困地区学生专项计划成因与目的。第二部分,基于国家专项计划和高校专项计划的行政数据,对实施地域、覆盖对象等情况进行描述分析,给出专项计划的实施成效。第三部分,为了更好地评价专项计划实施成效,从微观层面探讨了专项计划学生的成长与发展概况。

(3)国内外研究比较:国外的研究,具有如下一些特点:①研究的内容主要集中在"教育补偿""高等教育入学机会"以及移民与土著民之间的平等方面;多数的研究结论认为,教育补偿是推进教育公平的举措之一;高等教育入学机会与其家庭背景具有正相关性,出身较好的孩子具有更多选择权,反之,其机会较少。不同阶层之间入学机会差异较大。也有个别的研究者从不同视角开展教育补偿研究,得出不同的结论,形成百家争鸣的局面。②研究时间较早,开始于20世纪年60年代;持续的时间较长,进入21世纪以来,各国仍然为教育机会的均等而不断尝试新的改革措施。③教育补偿贯穿学前教育—中学教育—高等教育,彼此之间形成一个严密的系统,教育均衡发展具有连续性。④具有相应的法律法规保障,专门机构监管,实施效果显著。⑤全社会宣传教育补偿和教育公平理念,动员全社会的力量,形成合力,共同开展教育补偿活动。

与国外研究相比,我国高等教育补偿理论研究与实践发展还有一定差距,主要表现在:①学术研究层面:研究起步较晚,时间较短,因而理论基础研究较为薄弱,缺乏有中国特色的理论基础支撑;研究团队分散,没有形成合力,缺乏相互沟通与联系;一般是现状分析,建议对策等,实证研究较少。②国家政府层面:教育经费投入不均,优质高校分布不平衡;教育补偿实践刚刚起步,弱势群体教育补偿政策还不完善,有些政策还需要细化,有些政策流于形式,需要贯彻执行;教育补偿制度还没有建立,缺乏相关法律制度保障;教育补偿缺乏连续性,学前教育、中学教育、高等教育补偿之间缺乏系统联系。尤其是高中阶段的教育补偿还处于空白阶段。③社会民间层面:整个社会的教育补偿观念缺失,教育发达地区保护主义严重,导致有些政策流于形式而无法开展实施;教育补偿政府属于第一责任人,还需要全社会的支持与理解。

综上所述,"探讨弱势群体的教育补偿,促进教育公平"是当前教育政策研究的重要议题,这是我国社会现实的强烈吁求、教育公平的理性诉求和公共政府的责任使然。近年来,国家层面采取了一些实践措施来推动高等教育公平,取得了一定成效,然而高等教育公平问题依然存在。尤其是城市与农村、大城市与小城市、发达地区与欠发达地区在高等教育入学机会方面存在的问题愈发突出。纵观已有学术研究成果,能够为本研究提供一定的指导和借鉴,然而弱势群体的高等教育权益保障是一项应用性极强的研究,与社会发展程度紧密相关。弱势群体的产生总是与社会经济发展和阶层分化紧密相联。伴随着社会转型的加快和经济体制改革的深入,我国社会中的弱势群体开始显现,并带来一系列的社会问题。因而,研究的目标、研究的内容、研究的对象、研究的方法必须与时俱进。实现教育公平的基本途径在于制度建立和创新。本书尝试从弱势群体补偿政策、制度和实践研究来促进高等教育公平,是深化高等教育公平、推进高等教育公平实践必须重视的重要课题。综上所述,本书具有较高的理论和实践价值。

第四节　研究方法与研究内容

"工欲善其事,必先利其器",意在告诫人们做一件重要的事情,想取得良好的效果,必须有一套科学合理的工具。学术研究中的"器",就是科学的方法。

高等教育公平及弱势群体教育补偿问题是一项复杂的社会问题,需要科学的方法与思路进行研究。科学研究的方法有助于我们认清问题的本质,从而科学地解决问题。本书是在前人研究的基础上,立足我国现实环境及相关弱势群体教育补偿政策,将理论探讨与实践探索密切结合,国内研究与国外研究综合研究分析,为我国弱势群体高等教育补偿机制进行一次大胆而有益的尝试。

一、研究方法

任何一种研究方法都有其局限性,为了研究更加科学、全面,本书坚持理论联系实际、洋为中用的原则,采用了计量分析法、文献研究法、文本分析法、比较分析法、访谈法、案例研究法,力求在研究方法方面有所进步与突破。

1. 文献研究法

文献研究也称资料研究或文献调查。根据研究课题或者研究目的的需要,对记录相关研究领域的图书、期刊、报告、文件、学位论文、专利材料以及各种音像视听资料等载体进行检索、收集、鉴别、梳理、分析并运用的一种科学研究方法。高等教育公平是世界各国关注的热点话题,教育补偿是推动高等教育公平重要的途径,因此有大量的文献资料,形成了丰富的文献成果。本书从学校图书馆、电子图书馆、资料室、相关部门以及网络查阅国内外相关资料和文献,并进行整理、鉴别与运用。

2. 访谈研究法

访谈法是研究者通过与研究对象进行口头交谈的方式来收集对方有关心理特征和行为数据资料的一种研究方法。利用自己作为大学教师的便利,深入调查访谈弱势群体大学生、学生工作者和相关管理部门,取得第一手资料为课题提供支撑。

3. 案例研究法

案例研究是社会科学研究的一种重要形式,案例研究方法是社会科学研究者或研究团队常考虑运用的方法之一。根据本书章节撰写计划、思路以及案例研究方法的标准与要求,从微观层面上讲,精心选取从寒门出来的弱势群体大学生案例,探讨分析这些个案成功的因素;从宏观层面讲,精心选取相关国家,探讨其教育补偿政策、实践。

4. 比较教育研究法

比较法是根据一定的标准,对不同国家或地区的教育制度或实践进行比较研究,找出各国教育的特殊规律和普遍规律的方法。整理分析美国、爱尔兰、印度三个国家采取的弱势群体补偿措施,结合国情吸取精华为我所用。理坚持论结合实际研究:尊重客观事实,查阅到的资料要和我国实际情况结合,不能盲从轻率下结论。

5. 可视化分析和计量方法

利用 CiteSpace 软件、Excel 软件和 python 软件分析我国高等教育 20 多年来研究的发展演变、热点与前沿问题。

二、研究内容框架

本书分为四篇:我国高等教育机会公平问题的变迁与发展;教育补偿理论基础及国外高等教育补偿变迁;新时期我国高等教育补偿政策实施及成效;高等教育补偿政策趋势与展望。包括导论部分共计十三章,每章核心内容如下:

导论:研究的背景与缘起,研究的目的意义、研究的方法与研究内容。

第一章:利用 CiteSpace 软件、python 软件和 Excel 软件,通过分析 1998—2020 年 22 年间年发文量、机构合作、作者合作、关键词聚类探讨我国高等教育公平研究发展的轨迹、热点以及前沿。

第二章:系统阐述了我国高等教育入学机会公平现状与问题,重点阐述了高等教育机会的区域差异、城乡差异问题,探讨了这些问题的成因。

第三章:根据不同时代的社会背景以及招生特点,梳理了新中国成立以来,我国高校招生制度改革历程中四个阶段农村学生进入重点高校入学机会的政策与举措。从历史发展维度呈现了我国高等教育机会公平的历史进程:从国家发展政治导向—时代发展的效率导向—以人为本的公平导向。

第四章:高等教育补偿具有很强的社会现实意义,同时也需要一定的理论作为支撑。通过分析中国梦战略思想、和谐社会理论、多中心治理理论、人文关怀伦理、责任伦理等理论的核心内容,这些理论高度契合高等教育补偿的价值取向,为高等教育补偿打下坚实的理论基础。

第五章:介绍美国、爱尔兰、印度三国高等教育机会公平政策的发展特点,特色与不足,用比较的视角分析世界各国政府为维护高等教育公平采取的政策与措施,以此为我国政策制定与实施提供借鉴。

第六章:梳理了我国公费师范生政策发展历程,以一地方高校公费师范生为例,通过问卷调查,详细分析了该校的招生培养特色,存在的问题,以期为我国公费生师范生的培养提供借鉴和思考。

第七章:梳理了异地高考政策的三个发展阶段,分析了异地高考政策实施的背景与价值。异地高考政策面临的困境与两难,提出完善异地高考政策的机制与路径。

第八章:分析了重点高校面向农村贫困地区招生专项计划政策实施的国际

和国内因素;通过梳理政策文本、实施高校、实施区域、报考条件、招生办法的演变,全面呈现了重点高校面向农村贫困地区招生专项计划政策的脉络、变化趋势。分析了政策实施以来取得的成效和社会影响,存在的问题,提出来发展有针对性的建议。

第九章:以优质在线课堂为例,探讨教育技术对教育公平的影响。教育信息化通过多媒体网络进行资源共享,使得不同区域的人获取优质资源进行学习成为可能,在一定程度上打破了优质教育资源集中垄断的局面,促进了教育公平的发展。

第十章:以赣南一农村家庭叔侄阶层流动为例,探讨分析"寒门出贵子"的各种影响因素:特有的家庭文化是寒门子弟突破社会阶层束缚的原动力;老师是寒门家庭子女实现社会阶层跨越的重要他人;目标是寒门子弟打破阶级再生产的重要推动力量;寒门子弟自然放养式的家庭教育模式导致融入城市的困难;个人的成长镶嵌着社会变迁的烙印同时也是个人选择与努力的结果。

第十一章:我国高等教育补偿:现状、困境与反思。梳理了我国高等教育补偿的特质、面临的困境、高等教育补偿的发展与完善。

第十二章:高等教育补偿的趋势与展望。智慧时代高等教育公平制度设计应坚持公正性、发展性和包容性原则。公正性的制度中培育规则公平的价值基础;包容性制度中建立弱势群体利益补偿机制;发展性制度中融入个体自由发展的目标。

参考文献:

[1] 李帆.教育公平需要政府"重点作为"[J].人民教育,2005.23.

[2] 陈新忠.高等教育分流对社会分层流动的影响研究[D].华中师范大学,2010.

[3] 教育部教育发展研究中心专题组.近年来世界各国教育政策的趋势及特点[J].教育研究,2011,032(001):15-26,77.

[4] 教育部教育发展研究中心专题组.近年来世界各国教育政策的趋势及特点[J].教育研究,2011,032(001):15-26,77.

[5] 李智会.爱尔兰高等教育入学公平性行动计划研究[D].西南大学,2014.

[6] 李贤智.英国高等教育入学政策:扩招与公平[J].湖南师范大学教育科学学报,2012,11(001):15-18.

[7] 中国驻加拿大大使馆处.加拿大弱势群体接受高等教育状况调研[J].世界教育信息,2015,(4):17.

[8] [美]罗伯特·帕特南著,田雷,宋昕译.我们的孩子[M].中国政法大

学出版社 2017 年 6 月.

[9] 刘云杉,王志明,杨晓芳. 精英的选拔:身份,地域与资本的视角——跨入北京大学的农家子弟(1978－2005)[J]. 清华大学教育研究,2009,30(005):42－59.

[10] 刘慧珍. 社会阶层分化与高等教育机会均等[J]. 北京师范大学学报:社会科学版,2007,(1):17－22.

[11] 侯志腾. 努力就可以上清华北大吗?[J]. 青年与社会:上,2017:41.

[12] 本刊编辑部,孟迁. 寒门再难出贵子?[J]. 婚姻与家庭:性情读本,2011(10):8－12.

[13] 全国 100 万高中生放弃高考 弃考背后的喜与忧[N]. 西安晚报－西安新闻网,2013－6－9.

[14] 李娟. 美国弱势群体补偿教育政策形成与变迁研究[D]. 上海:华东师范大学,2016.

[15] 路守香. 布尔迪厄教育社会学理论研究[D]. 上海:华东师范大学,2005.

[16] 赵紫钰. 美国弱势群体的教育补偿及其对我国的启示[D]. 苏州大学,2013.

[17] 万秀兰. 高等教育困难群体权益保护 中美比较研究[M]. 吉林人民出版社,2006.

第一篇
我国高等教育机会公平问题的变迁与发展

第一章　我国高等教育公平发展轨迹、热点以及前沿

——基于CNKI数据库1998—2020年核心期刊文献的可视化与计量分析

第一节　背景及意义

在智慧+时代,当科学研究者面对众多研究成果时,如果仍然采用传统的文字形式对其开展定性、纯粹、经验性研究,那么研究就可能将受科研工作者主观意识影响,从而很难将研究领域的发展脉络直观形象地展现出来。尽管传统的定量研究对信息计量的整体把握比较到位,但其在生动性、直观性等方面仍然存在缺陷,并难以形象地揭示研究领域的整体知识框架。相比之下,科学知识图谱具有图和谱的双重特性,能够较好且直观而形象地显示出科学知识的发展演进与结构关系。科学知识图谱是一种将传统的文献计量学与现代化的数据挖掘、信息处理可视化等技术相结合的方法。当前,学界利用CiteSpace知识图谱等可视化软件能有效地将海量的期刊或硕士、博士论文等以图像的形式呈现出来,进而有助于揭示某一学科领域的研究热点、主题演进,以及预测未来的发展趋势。

21世纪以来,高等教育公平成为世界各国关注的热点问题;在国内也为社会各界所关注,亦成为学界研究的重要主题。赵新亮、张彦通[1]通过对美国5种SSCI高等教育期刊近十年研究成果的分析,认为高等教育公平亦是当前美国高等教育研究的热点之一。胡洪彬[2]基于CNKI 2002—2012年教育公平文献的分析,发现国内学者在研究教育公平过程中对高等教育领域给予了足够关注,大量成果从高等教育视角出发探讨教育公平问题。杨海燕[3]通过对CSSCI 2004—2014年收录高等教育文献的关键词进行共现计量和可视化分析,认为高等教育公平是公平理论在高等教育领域的体现,是近十年来的研究热点。虽然樊万奎、段兆兵[4]对1999—2010年我国核心期刊发表的高等教育公平主题论文进行了计量分析,汪立琼[5]和章露红[6]从不同维度对我国高等教育公平进行

了理论述评,陈新忠、卢瑶[7]基于 CNKI 数据库 2005—2014 期刊论文,探讨了十年间高等教育公平发展演变;但是基于大数据样本全面深入地勾画我国自高等教育扩招二十余年的高等教育公平研究状况的较少。因此本章使用文献计量学方法和可视化软件 CiteSpace 探寻二十余年我国高等教育公平研究的轨迹、热点以及前沿。

鉴于上述情况,本章以高等教育公平为主题,通过文献计量和图谱可视化等方法,以国内二十余年(1998—2020 年)高等教育公平的相关研究文献为对象,探讨国内高等教育公平研究的时空特征和前沿热点,以期能为我国高等教育公平的研究开展和实践推广提供思路和方法借鉴。

第二节 数据来源与研究方法

一、数据来源

本研究利用中国学术期刊网络出版总库 CNKI 获得研究所需文献样本。于 2021 年 4 月 16 日,进行检索(CNKI)。检索时,采用高级搜索的方式检索相关文献,主题为"高等教育公平",数据库的来源类别为"期刊"中的核心期刊,时间跨度设置为 1998 年至 2020 年,(1998 年我国高等教育开始扩招,因此,选择起始年份为 1998 年),得到 1576 篇,初步检索后,再手动筛选并剔除书评、通知、会议纪要、征稿启事、期刊目录、人物传记、人物访谈、学会简介、科技成果、新闻报道、新闻通讯及文章内容与本研究主题关联性较差的文献,共得到 1498 篇文献,本研究运用 CNKI - Study 对上述有效全部文献进行了以"标题""作者""题录类型"为条件的查重。查重结果表明,本研究的中文文献未见重复文献。最后,按 CiteSpace 软件的文献数据要求(Refworks 格式)下载上述的 1498 篇文献,并作好格式的转换。

二、研究方法

为有效把握我国高等公平研究演进、研究热点、研究前言,本章基于中国知网(CNKI)数据库中收录的 1998—2020 年国内高等教育公平研究的期刊论文,在 JAVA 平台下,运用陈美超博士开发的 Citespace5.1R6 版本软件进行知识图谱分析研究。知识图谱是将信息可视化技术与科学计量学有机结合起来的一种方法,其主要用作分析研究领域的前沿与热点、演化进程、科学合作网络等等。学者们对知识图谱有着不同的概述,如陈悦认为知识图谱是以科学知识为对象,显示科学知识的发展进程与结构关系的一种图形。尽管学者们对知识图谱的概述不同但是大体意思一致:知识图谱是以科学知识为研究对象,显示科学知识的发展进程与结构关系的一种图形,具有"图"和"谱"的双重性质与特征。借助 CiteSpace 可视化软件、python 编程软件、Excel 软件。采用文献计量法、数理统计法等方法,对文献进行作者机构、关键词频次与中心度、关键词聚类、关键词共现和关键词突现等图谱分析,以揭示高等教育公平领域的研究脉络、研究重点和研究前沿。

第三节　图谱分析

一、发文时间分布分析

学术论文数量变化特征是评价该领域发展历程、研究现状、研究前沿及热点、未来趋势的重要参数,对衡量该领域的发展具有重要意义。D. S. prince 作为文献计量学的奠基人之一,他在根据文献数量增长的规律对不同领域的科学文献增长数量进行了研究,提出了文献增长分为四个阶段,称之为"科技文献增长四阶段理论"[8],第一阶段为学科领域研究的初始阶段,该阶段论文数量较少且增长不稳定,一般年发表论文数量为个位数。第二阶段为大发展阶段,该阶段学科领域的专业理论发展迅速同时研究论文也相应地大幅度增加,增长趋势严格地服从指数增长规律。第三阶段为理论成熟阶段,该阶段学科领域的理论越来越成熟,相对的研究进展也越来越慢,学科论文数量增长也减缓,增长形式也有第二阶段的指数增长变为线性增长。第四阶段为理论完备阶段,该阶段学科理论已经较为完备,学科论文大幅度减少曲线逐渐靠近 x 轴或出现不规则各类振荡。

研究论文数量的年度分布如图 1-1 所示,年均发文量约为 75 篇。根据图中的拟合线性趋势可知,1998 年至 2020 年高等教育公平相关研究的文献整体呈增长趋势。其中,2008 年文献最多(169 篇)。具体来看,1998 年至 2008 年高等教育公平研究的发文量呈增长态势;其中 2004—2008 年发文量整体飞速增长,2008—2015 年发文量呈现下降趋势。2015—2017 年文献呈回暖趋势,2017—2019 年呈下降趋势,2019—2020 年呈上升趋势。由此可把高等教育公平近二十年的研究发文量分为以下三个阶段。

第一阶段:1998—2008年10年间文献数量稳势增长。为了解决就业问题,1998年开始扩招。1999年教育部出台的《面向21世纪教育振兴行动计划》。文件提出到2010年高等教育毛入学率将达到适龄青年的15%。高等教育的极剧扩招,高等教育公平问题成为社会关注的问题,也成为了学者研究的热点问题。

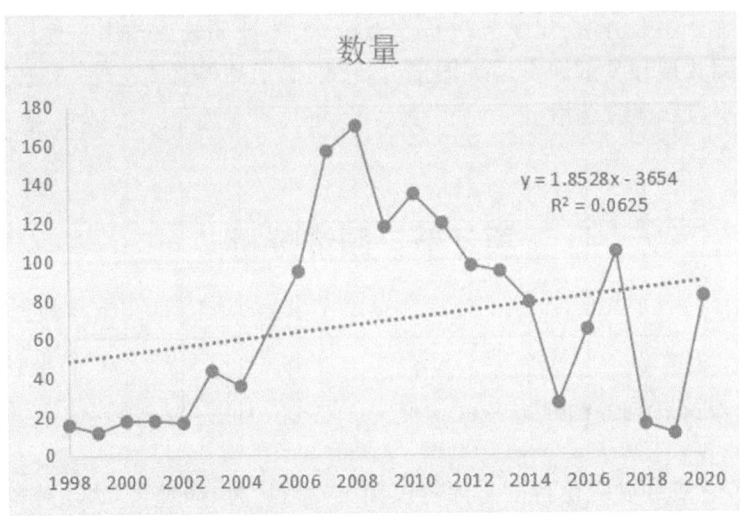

图1-1 1998—2020年高等教育公平文献数量变化趋势

第二阶段:2009—2016年7年间文献数量有所下降,2010年稍有回升。2010年7月国家颁布《国家中长期教育改革和发展规划纲要(2010—2020年)》《教育规划纲要》明确了教育改革和发展的指导思想,提出"优先发展、育人为本、改革创新、促进公平、提高质量"的工作方针。高校扩招的同时,质量提升也是重要建设目标。由于教学投入不足等原因,高等教育质量问题逐渐凸显,受到国家乃至社会各界的关注。2007年,教育部、财政部印发《关于实施高等学校本科教学质量与教学改革工程的意见》,"高等学校本科教学质量与教学改革工程"启动,从质量层面研究高等教育公平问题。

第三个阶段:2016—2020年,总体呈上升趋势。2016年64篇文献,2017年达到104篇文献,2018和2019年略有下降,2020年上升到81篇,高等教育公平紧跟社会的政策与形势变化,总体上升源于国家颁布的相关政策。2016年5月初公布《2016年部分地区跨省生源计划调控方案》,方案发布后,引发社会关注。2019年政府出台《关于实施中西部高等教育振兴计划升级版的指导意见》,召开中西部高等教育振兴计划升级版工作推进会,对口支援西部高校计划、省部共建等工作统筹推进,中西部高校基础能力建设工程,中西部高校综合实力提升工程,大力推进部省合建工作,引导和支持中西部高校增强"造血"功能。实施学生资助数据库与扶贫、民政、残联等部门数据库有效对接,全面推进困难学生精准资助。

二、论文发表机构分布及合作网络分析

利用 Excel 整理各研究机构的发表数据得到表 1-1。从表 1-1 可见,我国高等教育公平的研究单位集中于知名"双一流"大学的研究院教育学院或学部或者知名双一流师范类大学,发文数量排名前 10,其中厦门大学高等教育研究院发文数量占首位,67 篇。该统计数量为发文单位排名第一的数量。

表 1-1　1998—2020 年高等教育公平文献数量变化趋势

	1998—2020 年发文数量前十的单位				
序号	单位名称	发表篇数	序号		
1	厦门大学	67	6	华东师范大学	27
2	北京大学	46	7	南京师范大学	22
3	北京师范大学	45	8	浙江大学	18
4	华中科技大学	38	9	南京大学	18
5	华中师范大学	30	10	中国社会科学院	14

通过 CiteSpace 对高等教育公平机构合作网络进行统计与分析。操作具体参数如下:node types 选择 instution、selection ceiteria 选择 top N = 100、threshold 调为 5、font size 为 40、note size 为 30,最终获得高等教育公平机构网络图谱(见图 1-2)。由图 1-2 可知,国内运动处方研究的作者合作网络图谱中共有节点 118 个(N = 118),连线 32 条(E = 30),网络密度为 0.0046(Density = 0.0046)。由图 1-2 可见,国内高等教育公平研究已形成了若干科学研究合作团体。其中,最大的合作网络是厦门大学、华中科技大学、华中师范大学、三峡大学形成的合作网络,其中厦门大学与华中师范大学、华中师范大学与华中科技大学之间强强联手,形成稳定的合作关系;第二大合作网络由北京师范大学、北京大学、中国人民大学、南京大学、中山大学、北京理工大学、湖南师范大学形成的合作网络,其中北京大学与哥伦比亚大学教育学院也有合作关系。其三由华东师范大学与其他单位合作形成的网络。

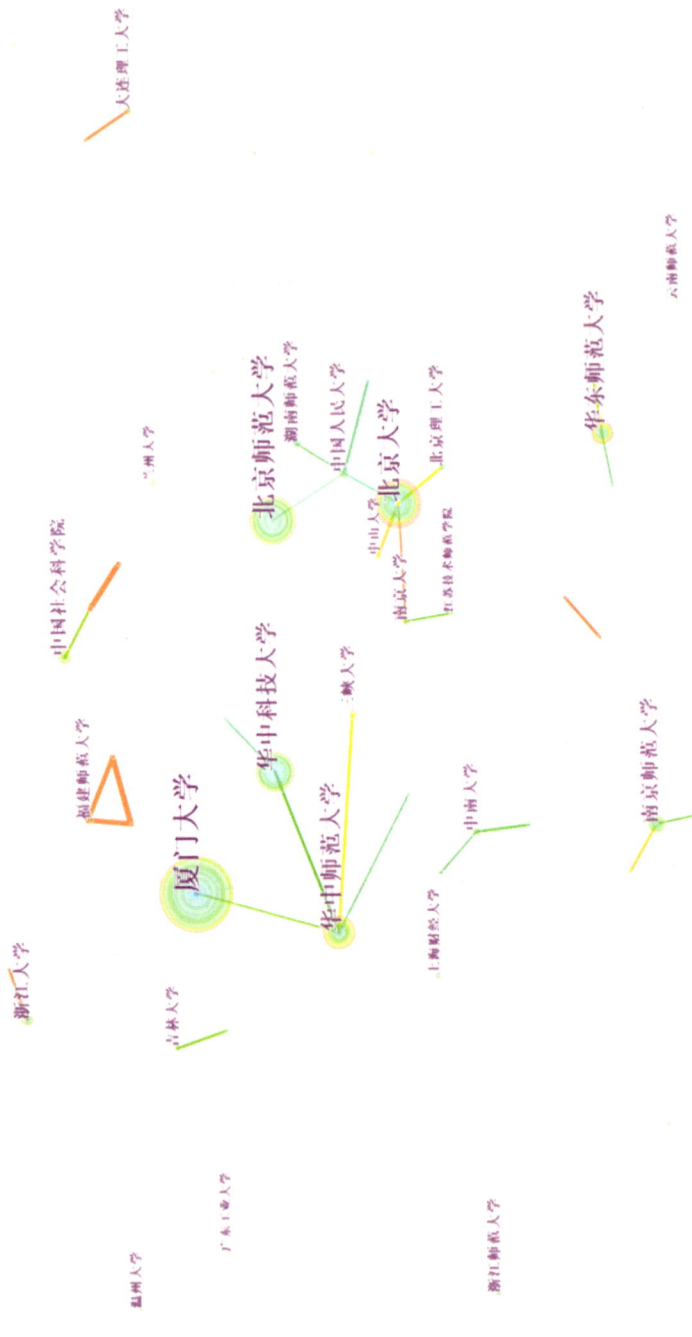

图1-2 发文单位合作网络图

三、高等教育公平演进分析

CiteSpace 计算数据中,中介中心性大于 0.1 的被称为关键节点,在主题研究中占有重要的位置,中心度 0.1 以上的关键词如表 1-2 所示共有 16 个,其中"社会分层"最高,中介中心性为 0.3,出现年在 2002 年。2002 年的国内社会形势面临着这样情形:经过 20 多年的改革开放,社会取得了巨大的进步,然而经济收入差距拉大,下岗问题突出,社会分层严重。李文玲在论文"当前中国社会各阶层的社会经济政治地位状况分析"指出当时社会分为十个阶层;2001 年为媒体和公众所普遍使用的一个词就是"社会弱势群体",它反映了当时中国社会人群分化的一个重要层面。高等教育公平呼吁不同阶层之间的高等教育资源平等分配。同时也与"高等教育重要功能之一就是促进社会分层"的观点相契合。如果一个社会的高等教育公平,高等教育将成为社会流动的助推器,反之,则成为阶层固化的助力器。"高等教育大众化"中介中心性程度紧随其后,首次出现在 1998 年。这与 1998 年高等教育扩招后,高等教育逐渐从"精英教育"转向"大众化教育"有关;2004 年出现的关键词"社会阶层""弱势群体"以及 2010 年出现的"家庭背景",这几个关键词与社会分层有关,显示了高等教育公平问题研究的连续性。同时也说明学者从关注某一阶层人群具体到"家庭背景"层面,研究从宏观层面到微观层面;从关注群体到关注个体,更加以人为本;研究程度也逐步专业化,精细化。由表 1-2 可以看出,作者定义关键词时主观因素较大,公平一词太宽泛,可以具体到社会公平、教育公平或者公平与效率。入学机会和高等教育入学机会可以合并。

表 1-2 中心词大于 0.1 以上的关键词

中介中心性大于 0.1 以上的关键词							
序号	year	centrality	关键词	序号	year	centrality	关键词
1	2002	0.35	社会分层	9	2000	0.18	高等教育机会
2	1998	0.29	高等教育大众化	10	2002	0.17	入学机会
3	2004	0.27	社会阶层	11	2004	0.15	弱势群体
4	2000	0.27	机会均等	12	1998	0.14	社会公平
5	2006	0.21	大学生	13	2010	0.13	家庭背景
6	2002	0.21	教育机会	14	2002	0.12	效率
7	1999	0.2	公平	15	2000	0.1	教育公平
8	2006	0.2	高等教育入学机会	16	1998	0.1	公平与效率

高等教育公平研究关键词聚类分析,见图 1-3。通过 CiteSpace 对 1998—

2020年国内高等教育公平研究的核心期刊文献的关键词进行统计,操作具体参数如下:years per slice 选择2,node types 选择 keyword,select top 值为100,网络裁剪 pruning 选择 pathfinder,threshold 调为0,font size 调为5,note size 调为2。由图1-3可知,高等教育公平研究的关键词共现网络图谱中共有节点315个(N = 315),连线443条(E = 443),网络密度(Density = 0.009)。图1-3中聚类标签显示#0、#1编号数值越小聚类的规模越大,反之则相反,CiteSpace 系统在聚类时自动显示成员超过10个以上的聚类,不满足这一条件则不显示聚类标签,事实上系统默认的聚类标签显示的是最大连通集,因此无须调整聚类标签[8]。通过 CiteSpace 对国内高等教育公平研究1998—2020年核心期刊文献关键词进行聚类,根据纽曼(2004)提出的评价指标,如果聚类的效果越好那么Q值就会越大,Q值的区间在[0,1)之间,当Q值结果大于0.3时那么聚类的结果就是显著的。根据考夫曼、卢梭(1990)提出的平均轮廓值为衡量聚类的效果又一评价方式,S值区间在[-1,1),当S值大于等于0.7时聚类结果是高效的,当S值大于等于0.5时该聚类为合理的。图1-3中,modularity Q = 0.8192说明高等教育公平研究关键词聚类的结果是显著的、mean silhouette = 0.4607,本章中的1498篇文章都是细心筛选得出,由于S值为1998—2020年的平均值,本研究的数据较大使得总S值较小,各聚类S值符合大于且等于0.5的要求,其中1个S值0.767,有8个聚类的S值大于0.9,有5个S值大于0.8。鉴于此,这些聚类是合理的,显著的。

图1-3和图1-4所示分别为高等教育公平研究聚类和高等教育公平研究的主题脉络。由图1-3和图1-4可知国内高等教育公平研究聚类共有14个,根据知识点的内容,为了研究需要,把14个聚类归纳内5个知识群。需要指出的是本研究重点关注城乡之间、不同阶层之间的教育资源分配与获得,对于性别差异、身体生理差异造成的不公平不在分析讨论之列;另外,因为"教育公平"为研究主题,故也不对其进行分析讨论。鉴于此,资源、高等教育资源归为知识群A1;教育改革发展、高考制度改革归为知识群A2;教育机会均等、入学机会、均衡发展、家庭背景、社会流动归为知识群A3;高校、质量和效率归为知识群A4。

A1知识群(教育资源):涵盖空间分布、农村学生、教育资源分配、财政投入、制度公正等词汇。由于历史发展等主客观原因,目前我国高等教育优质资源空间分布极不平衡,经济发展不平衡,导致了东西部之间、城乡之间教育发展的不平衡,高等教育入学机会的不平等。从研究的逻辑层面来看,教育资源问题是高等教育公平研究的逻辑起点,因此,高等教育资源问题是我国学者研究的重要问题。比如:刘华军等[9]利用中国大陆的分省数据,采用高校数、学生数、教育经费投入、师生比、生均经费等五种指标对中国高等教育资源空间分布的非均衡与极化进行了实证研究。研究结论如下:(1)GIS表明中国高等教育

第一篇　我国高等教育机会公平问题的变迁与发展 | 29

图1-3　高等教育公平研究聚类

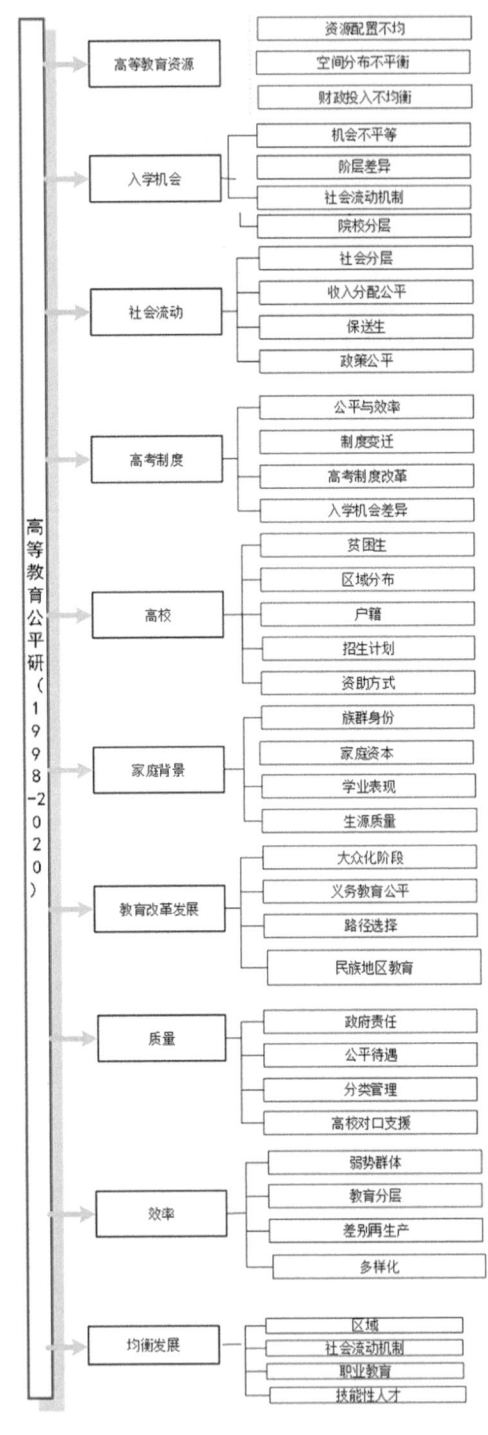

图1-4 高等教育公平研究的主题脉络

资源分布存在显著的空间非均衡特征。(2)基尼系数测算及分解结果表明,以总量指标衡量的中国高等教育资源分布的地区差距要远远高于相对指标衡量的地区差距;地区间差距是造成总体差距的主要来源。(3)极化测度表明,中国高等教育资源分布的极化程度呈明显上升趋势。

A2 知识群(改革):包含了高考改革、制度变迁、路径、弹性学习、区域、高等职业教育、示范高中、技能型人才、民族地区教育、大众化阶段、义务教育公平。实现高等教育公平的重要路径在于教育改革。学者们从不同的视角谈改革的主张、路径以推动教育公平的实现。郑若玲[10]从高考的形式、内容与录取三个环节,基于国际与现实两个视角,理性反思了高考改革的公平问题。从世界范围看,虽然各国在国情、文化、制度、社会发展等方面千差万别,但在高等教育入学机会的公平理念与追求上并无二致。目前我国在高考的形式、内容与录取三方面都存在不公平问题。高考的不公平是一个不容忽视的社会隐患,高考改革必须重现公平。当然,绝对公平的高考改革永远是一种理想,不可能存在满足各种公平要求和各方利益诉求的改革方案,但相对公平应成为我们的现实追求。姚继军和张新平[11]研究指出,教育均衡发展是指在一定的资源条件下,教育的发展与社会经济发展相协调,在各级教育之间、地区之间、城乡之间、学校之间、人群之间相对均等地配置教育资源,为每一位受教育者尽可能提供相对均等的教育机会和教育条件,使其平等的受教育权利得到充分的保障。通过建立教育均衡发展指标体系,可以定量地测度新中国教育均衡发展的历程,这对于理论研究和政策制定均具有重要意义。教育均衡发展指数的计算结果表明,中国的教育均衡发展状况在 1949 年以后已经获得了显著的改善,而进一步缩小差距则仍是当前教育均衡发展的主要内容与核心任务。

A3 知识群(机会均等):涵盖了教育民主化、学业表现、家庭资本、院校分层、社会分层、机会不平等、阶层固化、土著、过程公平、保送生、女性主义、社会性别教育、高等教育地位。2010 年,党中央、国务院颁布《国家中长期教育改革和发展规划纲要(2010—2020 年)》,明确提出"把促进公平作为国家基本教育政策。教育公平的关键是机会公平,基本要求是保障公民依法享有受教育的权利,重点是促进义务教育均衡发展和扶持困难群体"。《纲要》就"健全国家资助政策体系"做出了全面部署,将"家庭经济困难学生资助"纳入重大教育改革发展项目,并提出"不让一个学生因家庭经济困难而失学"的工作目标。2013年 9 月,习近平在联合国"教育第一"全球倡议行动一周年纪念活动上发表讲话中指出努力发展全民教育、终身教育,建设学习型社会,努力让每个孩子享有受教育的机会,努力让 13 亿人民享有更好更公平的教育。政府层面颁布相关政策法规促进教育公平,学者们从学术研究呼吁机会均等。然而,经济发展不平衡导致的社会分层严重,不同的家庭资本在子女接受高等教育方面的机会不同,研究结果表明,家庭资本优渥的子女更容易获得优质高等教育的机会。例如,刘志民和高耀[12]研究指出,江苏省14所高校大学生的调研数据显示,整体而言,家庭资本对子女高等教育数量获得和质量获得有显著的正向促进作用,社会分层导致的教育机会差异在高等教育系统中依然存在,且随着高等教育的扩展,这种差异逐步由显性的"量的不平等"向更为隐性的"质的不平等"方向转移。从作用机制看,优势家庭通过直接资源排斥和间接文化传递将家庭资本优势转化为教育机会优势,实现高等教育获得的优势,最终实现优势社会阶层的代际传递。如何破解贫困代际传递、提升弱势群体接受优质高等教育的机会?提高农村子弟在知名高校的比例?党和国家政府一直在努力。

A4 知识群(质量效率):包含弱势群体、贫困生、区域分布、教育分层、差别再生产、文化资本、户籍、招生计划、"资源平等"理论、高校对口支援计划、贫困专项计划。近几年来,为缩小区域差距,进一步推动高等教育入学机会的公平,政府先后颁布了一系列的政策和措施,为了提升中西部地区师资力量,进一步促进区域间教育公平。2007年我国政府决定在教育部直属的六所师范大学实行免费师范生定向招生计划。为了贯彻落实十七大关于促进区域协调发展的要求,进一步促进高等教育入学机会公平,教育部决定从2008年起,开始实施"支援中西部地区招生协作计划"。旨在为中西部学生提供更好的教育机会,促进高等教育入学机会的公平。为了提升高等教育公平质量,政府从2012年开始实施农村贫困专向招生计划,主要针对集中连片特殊困难地区的考生,在普通高校的招生计划中专门安排适量的名额,实行定向招生计划。从2012年开始招生至今,国家政府根据实际情况,对招生规模、招生地区、招生高校、专业投放、报考资格、专业转换、户口迁移等方面不断进行修正和调整。报考方面审核更加严格,入学后管理更加人文化,招生规模逐年扩大。为保障农村学生考取重点高校的机会,从2012年起,一批知名高校开始面向偏远落后农村学子实行高等教育机会补偿制度。从2014年起,清华大学、浙江大学、南京大学、中国科学技术大学和西安交通大学等学校更加倾向贫困边远地区招生,共设600多个名额,一些乡镇中学也在名单范围之内。教育帮扶成为近年学者研究的热点问题。如陈小文和宋小娇[13]研究指出,公平是人类基本的价值向往和目标追求。城乡二元结构、区域经济社会发展差距、阶层差异等非个人能力因素所导致的高等教育公平失衡议题备受关注。围绕高等教育公平,高等教育实践的实证研究十分匮乏。我们试图以中国政府正在推进的农村贫困专项招生政策为研究对象,观察中国推进高等教育公平的努力,以期为高等教育公平补偿政策的优化提供建议。

本研究通过 CiteSpace 软件对高等教育公平研究关键词出现的时间进行了解,操作参数为 threshold 调为 0、font size 调为 20、node size 调为 0,year per slice

改为两年一切。随后对关键词进行 timezone view 分析处理,手动调节图谱的节点,在不影响关键词出现时间的对应上对关键词节点上下调节。Timezone view 将相同时间内的节点集合在了相同的时区中,节点对应的时间就是该关键词首次出现的时间,该图能清晰地展示时间维度上知识领域的演进过程,某一时区的关键词数量较少就说明该时区有影响的成果比较少,反之则相反,节点的连线表明研究的传承情况。

图 1-5 呈现了 1998—2020 年间,总的趋势发文量呈上升趋势。其中,1998—2003 年发文逐年递升,相关论文数量也较少,还没有形成高等教育公平的路径与措施,属于发展时期;2004 到 2014 年,发文一直保持持续的研究热度,属于高等教育公平研究的繁荣时期;2016—2019 年属于该主题研究低谷时期;2020 年至今该主题研究有回暖趋势。年学者们从不同的学科领域开展相关研究:主要有教育学、教育社会学、教育经济学、教育哲学、管理学、统计学;研究的主题主要有高等教育资源、高等教育入学机会、高考招生制度改革、教育发展改革、高等教育收费制度、高等教育成本补偿、效率、质量、农村学生、贫困资助、家庭背景、社会阶层流动与固化、社会流动指数、终身学习、学习型社会、过程公平、高质量公平、欠发达地区、和谐社会、社会资本、国外高等教育公平。

1998—2001 年,学者们开始研究:高等教育规模、高等教育机会均等、收入分配、高等教育成本补偿、录取分数线等;2002—2005 年主题主要围绕:高等教育多元化发展、高等教育办学体制、大众教育取向、弱势群体、制度创新、政府角色、教育政策、社会阶层、区域经济、教育差距;2006—2009 年,主题更新为:多元化社会、和谐社会、高等教育毛入学率、教育结构、教育收益率、教育关怀、考试公平、贫困生、学生资助、高校扩招;2010—2013 年主题主要围绕:区域资助招生、教育规划纲要、城乡差距、资助制度、低收入家庭、教育失衡、政府责任、财政投入、教育质量、高考加分、农民工随迁子女、阶层流动、现代大学制度、异地高考、父母受教育程度;2014—2017 年主题演进为:制度障碍、大学生就业、名牌大学、阶层差异、高质量高等教育入学公平、高考政策、教育改革等;2018—2020 年最新主题围绕:终身学习、学习型社会、机会不平等、过程公平、学业表现、治理现代化。

综上所述,1998—2020 年我国高等教育公平问题研究主题开放、务实,扎根中国大地;研究视角开阔、多元、紧跟社会形势;研究对象:大学生、大学生家长受教育程度、家庭、高校、中学、政府、社会、教育部;研究内容:从宏观政府政策、中观层面地方政府和学校到微观家庭和个人层面;从观念宣传、社会伦理到制度建立与规范。高等教育公平研究从最初的权利平等、入学机会公平、发展到过程公平,最后到就业公平。高等教育公平研究主题从单一到多元化发展,依旧是学者们关注研究的热点问题。需要指出的是,高等教育公平问题也是社会

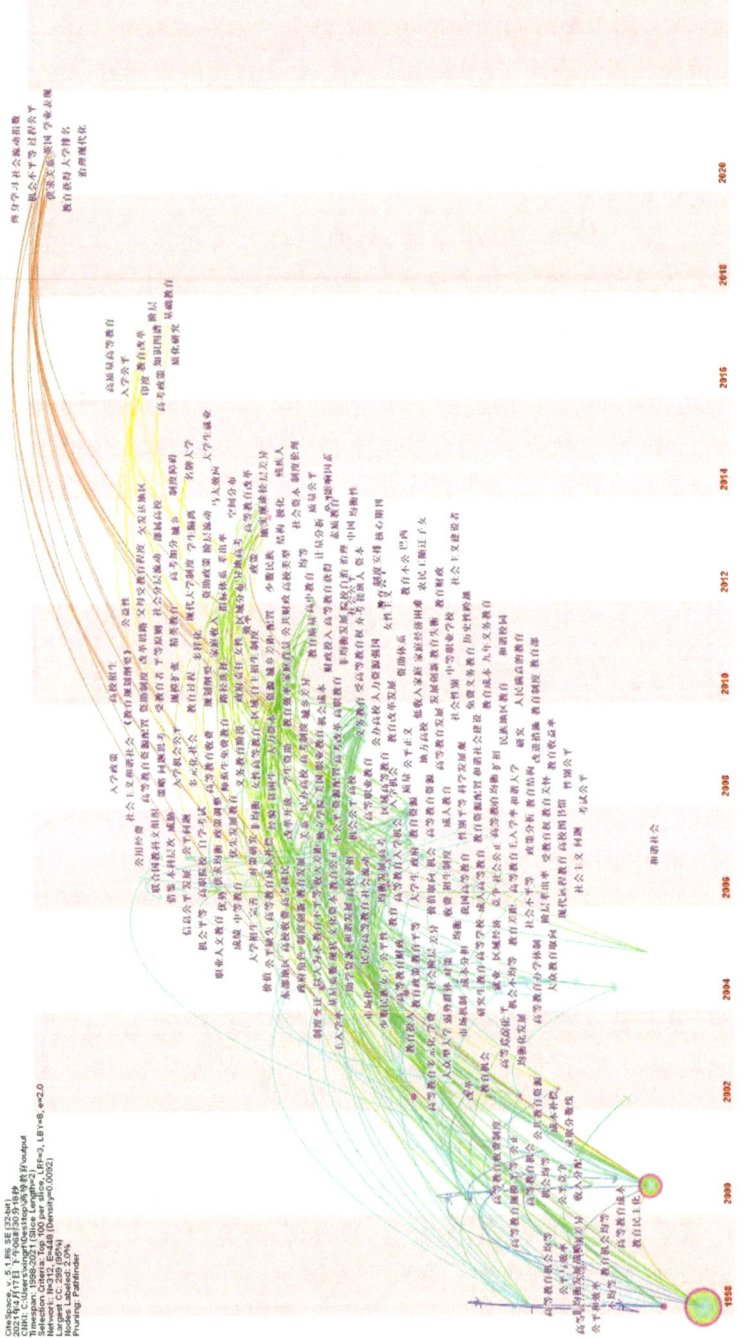

图1-5 国内高等教育公平研究时区图

发展过程中必然面临的问题,随着社会形势的发展变化,呈现不同的主题与热点。

四、高等教育公平热点前沿分析

研究前沿问题是代表学科发展方向的问题,将对该学科研究的理论与实践产生重大的影响。2002年学者 kleinberg J 提出了突现词检测算法,该算法主要是从文献中寻找在某个时间段突然爆发性增长的词汇,它能较为直观地揭示某一研究领域的前沿发展趋势[15]。关键词突显(爆发)提供了某一关键词及其出现频率激增的关联证据,表明该研究领域某一潜在话题已经或正在引起学者的关注,因此,关键词突现检测被认为是研究新趋势的有力证据[15]。本研究对高等教育公平文献突显检测后共获得17个突显关键词,其强度和起止年限见图1-6(高等教育公平关键词突现时间图。)从由1-6可以看出,在1998—2020年核心期刊1498篇文献中突显较高的关键词有17个(因为主题就是高等教育公平,所以高等教育公平和教育公平不在分析之列),分别是和谐社会、效率、机会均等、异地高考、均衡发展、社会流动、家庭背景、社会分层、弱势群体、机会公平。从突现时间来看,"社会公平""公平与效率""高等教育大众化"出现较早(1998),从突现强度来看"和谐社会"的突现值6.8065,出现在2006年。2006年政府提出构建和谐社会以来,从社会和谐视角研究"高等教育公平"备受学者青睐;从"效率""公平"和"效率公平"突现值来看,也是学者关注的问题。二十世纪九十年代末期,高校扩招是民心所向,势在必行。1998年全国高校的招生人数为108万,1999年则招生159万人,比1998年增加了51万人,增幅达47.4%;到2002年,我国普通高校招生320万人,高等教育毛入学率已达到15%,正式进入大众化阶段。此后,这一数字仍大跨步增长,2010年达到26.5%,2018年达到48.1%……高等教育向普及化阶段快速迈进。效率和公平是当时研究的主旋律。"弱势群体""机会公平""家庭背景"是近年来高等教育公平的热点问题。黄四林等[14]研究指出:谁家孩子进了重点大学呢?为考察家庭背景与其子女获得高等教育机会的关系及其发展趋势,本文分析了北京某重点大学2007—2012年的调查数据,结果发现:家庭社会经济文化地位的预测作用呈现明显扩大化趋势,并且以中上阶层家庭之间的相互竞争为主;家庭所在地和户籍的巨大作用持续存在,城市和非农业户口家庭处于绝对优势地位;高校自主招生更有利于中上阶层家庭子女获得高等教育机会,进一步扩大了不同阶层家庭之间的差距。由图1-6高等教育公平关键词突现时间图可以看出,高等教育公平研究热点紧跟社会政策、社会形势变化而不断变化,有些热点持续时间较长,比如"公平与效率"突现时间在1998—2004年;"机会公平"和"家

Top 21 Keywords with the Strongest Citation Bursts

Keywords	Year	Strength	Begin	End	1998 - 2021
公平与效率	1998	4.0309	1998	2006	
机会均等	1998	4.8003	2000	2007	
效率	1998	4.9669	2002	2003	
大众化	1998	4.5706	2003	2007	
和谐社会	1998	11.3366	2005	2009	
和谐发展	1998	3.3617	2005	2009	
教育公平	1998	7.9423	2006	2007	
教育机会均等	1998	4.3718	2006	2007	
公平	1998	4.095	2006	2008	
入学机会	1998	4.0947	2006	2007	
高等教育公平	1998	3.81	2006	2010	
对策	1998	4.5012	2007	2010	
教育政策	1998	3.2231	2007	2008	
高考	1998	3.2192	2007	2010	
高等教育入学机会	1998	4.2546	2008	2011	
教育资源	1998	3.9835	2008	2013	
均衡发展	1998	7.179	2009	2013	
高等教育	1998	7.3748	2011	2012	
教育质量	1998	3.3706	2011	2017	
异地高考	1998	4.6943	2012	2014	
社会流动	1998	3.9765	2012	2016	

图 1-6　高等教育公平关键词突现时间图

庭背景"突现时间在2014—2020年,经查阅文献2021年仍是持续热点。

五、小结与建议

1. 小结

本研究通过对中国知网(CNKI)1998—2020年核心期刊1498篇文献进行分析得出以下结论。

(1)二十年来,每年有关高等教育公平的文献发表数量虽有起伏,但整体上均表现出了持续增长的态势。2008年,我国教育史上一个里程碑式的事件是在全国城乡普遍实行"九年义务教育"免费制度。高等教育公平研究也受到了学界的空前重视,文献的数量陡然增加。

(2)高等教育公平问题研究多发表在教育学类学术期刊,部分发表在学报等综合性期刊,少量发表在社会学、管理学学术期刊。

(3)从高等教育公平研究的高产作者和作者合作网络可知,高等教育公平研究中高产作者占据了主力军作用,比如杨东平、郑若玲、谢作栩、王宜伟等。但是作者之间的合作较少。

(4)研究的高产机构和作者机构网络得出以下两个结论。一是国内高产机构为高等教育公平研究的主力军,国内高产机构总体较少,主要有厦门大学高等教育研究院、华中科技大学教育学院、北京师范大学教育学院。二是机构与机构之间的合作不受限地理位置的限制,跨区域跨国合作较少,仅有北京师范大学与哥伦比亚大学教育学院有合作。

(5)从高等教育公平研究热点演进与前沿分析可得出,首先,研究对象广泛,国家政策、高校和中小学均衡发展、资源配置、家庭背景、社会阶层、农村学生。其次,研究方法多元,定性研究和定量研究相结合。再者,当前热门的研究主要包括:家庭背景、社会分层、社会流动等。最后,高等教育公平仍是学者们青睐的研究课题。

2. 建议

(1)国内学者应该加强作者之间的合作以及团队间的合作。合作可使得资源共享更有利于科研探索,可推动高等教育公平领域迅速的发展。国内学者应加强同国外学者以及团队合作。

(2)国内发文量较多的是师范类院校和大学的教育学院(教育学部),这样具有一定的局限性并不利于学科间的相互渗透。合作不应受限地理位置,学术没有地域界限,跨区域跨国合作将有利于高等教育公平研究的迅速发展。科研机构团队之间的合作方面还需要加强。

(3)关键词是为了满足文献标引或检索的需要,而从论文中选取的词或词组。学术论文中的关键词对于揭示论文的主题检索文献具有重要的作用。在检索 1998—2020 年高等教育公平核心期刊文献中,发现关键词的提取不够严谨,建议按照《汉语主题词表》中规范提取使用。

(4) 学术成果较为丰富,研究主题有重复现象,建议学者多开展有特色有独特价值的研究,探索具有中国特色的解决高等教育公平问题路径与方案。

参考文献:

[1] 赵新亮,张彦通. 近十年美国高等教育研究的现状热点与趋势——基于美国 5 种 SSCI 高等教育期刊的可视化分析[J]. 中国高教研究,2015,(10):63-69.

[2] 胡洪彬. 我国教育公平研究的回顾与展望——基于 2002-2012 年 CNKI 期刊数据的分析[J]. 教育研究,2014(1):54-59.

[3] 杨海燕. 我国高等教育研究的热点领域及前沿——基于 CSSCI 数据库 2004-2014 年收录文献关键词共现的计量和可视化分析[J]. 复旦教育论坛,2015(04):46-56.

[4] 樊万奎,段兆兵. 我国高等教育公平研究的回顾与思考——基于 1999-2010 年核心期刊论文的计量分析[J]. 当代教育科学,2011,(11):50-52.

[5] 汪立琼. 高等教育公平研究述评[J]. 江苏高教,2006,(2):21-23.

[6] 章露红. 二十年来我国教育公平研究的学术进展——基于 1994—2014 年间的文献分析[J]. 复旦教育论坛,2015,(4):39-46.

[7] 陈新忠,卢瑶. 我国高等教育公平研究的现状、热点与前沿——基于 CNKI 数据库 2005—2014 年文献的可视化分析[J]. 国家教育行政学院学报,2016,(9):32-37.

[8] 陈超美,李杰. CiteSpace 科技文本挖掘及可视化(第二版)[M]. 北京:首都经济贸易大学出版社,2017.

[9] 刘华军,张权,杨骞. 中国高等教育资源空间分布的非均衡与极化研究[J]. 教育发展研究,2013,(09):1-7.

[10] 郑若玲. 高考公平的忧思与求索[J]. 北京大学教育评论,2010,8(002):14-29.

[11] 姚继军,张新平. 新中国教育均衡发展的测度[J]. 华东师范大学学报(教育科学版),2010,(02):33-42.

[12] 刘志民,高耀. 家庭资本、社会分层与高等教育获得——基于江苏省的经验研究[J]. 高等教育研究,2011,(12):22-31.

[13] 陈文,宋小娇. 高等教育公平补偿政策优化前瞻——以农村贫困地区专项招生政策为例[J]. 江苏高教,2015,000(001):22-23.

[14] 黄四林,辛自强,侯佳伟. 家庭背景与高等教育入学机会的关系及其趋势——基于北京某重点大学2007-2012.

[15] 白如江.科学研究前沿探测主要方法比较与发展趋势研究[J].情报理论与实践,2017(05)年的调查[J]. 中国青年研究,2014,000(003):46-52.

第二章 我国高等教育入学机会公平现状研究

我国自实施大学扩招政策之后,高等教育实现了"井喷式"的发展,不仅毛入学率不断提高,而且规模迅速扩大。2020 年 5 月,教育部发布的《2019 年全国教育事业发展统计公报》显示,2019 年,全国高等教育毛入学率达到 51.6%,各类高等教育在学总规模达到 4002 万人[1]。2020 年全国教育事业统计主要结果发布显示,2020 年各种形式的高等教育在学总规模 4183 万人,高等教育毛入学率 54.4%[2]。高等教育的大众化和普及化发展让更多的人,尤其是弱势阶层家庭的子女享受到接受高等教育的机会,并据此改变人生际遇,成功实现了向上流动和阶层跃迁,有效促进了高等教育公平的发展。但是,教育公平问题却仍然是目前引起社会公众最广泛关注的民生问题之一。目前,高等教育公平问题主要集中在城乡公平、区域公平、阶层公平等方面。本章节主要探讨城乡公平、区域公平以及不公平的主要因素。

第一节 我国高等教育入学机会城乡公平

随着高校扩招,城乡子女均获得了较多的高等教育入学机会,但农村学生的入学机会仍处于弱势,城乡差异较大。总体而言,自 1999 年我国高校扩招以来,高校提供了较多的入学名额,城乡学生的高等教育入学机会均得到了提升,农村适龄人口获取上大学的机会增多,但农村学生的入学机会仍处于弱势,城乡差异较大。我们可通过农村高考报名人数和录取人数看出城乡间的差异,1999 年有 180.3 万人报名高考,其中录取了 74.4 万人;到 2005 年时,482.96 万人报名,303.81 万人被录取,其中农村高考报名录取率从 1999 年的 41.3%上升至 2005 年的 62.9%,城市的报名录取率从 1999 年的 53.8%上升至 2005 年的 68.4%;马宇航和杨东平基于微观数据库(CGSS2008),对小升初、初升高及高升大三次教育分流分别加权计算,认为 1980—2008 年间城市学生的高等教育入学机会是农村学生的 2.56 倍[3]。王香丽基于档案调查法对广东、河南四所不同类型的高中学校进行了分析,研究表明,在 2006 年,乡镇普通高中学生的高考报名录取率为

35.6%,乡镇重点高中为68.7%;城市普通高中为83.5%,城市重点为97.3%[4];以上研究表明城乡之间仍存在较大差距,农村学生在高等教育起点上处于不利地位。李春玲基于2005年人口抽样调查数据,采用不同出生年龄群,发现城市学生与农村学生的入学机会差距进一步扩大,大学扩招导致了城乡之间的教育不平等上升[5];吴愈晓基于2008年CGSS数据库考察了1978—2008年城乡教育机会不平等的变化发展趋势[6],同样认为在高等教育阶段,城乡差异有所扩大。

农村学生在重点高校的比例呈下降趋势,优质高等教育入学机会城乡差异加大。自高校扩招以来,高校招生名额增多,高校本科招生人数从1999年的112万人增长至2014年的698万人,扩招了6倍之多[7],但其中部属大学的招生名额从2001年的27万上涨至2013年的33.6万[8],其仅扩招了1.2倍左右;部属大学本科招生数占全国高校总招生数的比例从2001年的10.1%下降至4.8%;优质高校入学机会的竞争性增加了1.1倍,优质高校的入学机会仍是稀缺资源。在优质高等教育入学机会方面,农村学生进入重点高校的比例呈下降趋势。罗立祝以南开大学为例,对1998—2009年南开大学的新生城乡比例进行了分析,研究发现农村学生的优质高校入学机会远低于城市学生,在1998—2009年间,南开大学新生中城市子女的入学机会是农村子女的3.1倍;罗立祝在已有研究的基础上,对其他高层次优质高校新生城乡比例也进行了分析,得出1996—1999年北京大学新生中城市学生的入学机会是农村学生的7倍,表明学校层次越高,农村学生生源比例越小[9]。刘云杉基于北京大学新生档案信息得出,1978—1988年间,农村新生比例在20%—30%之间,而到了2000—2005年,农村新生比例则在15%上下[10],这些研究均说明了农村学生进入重点院校的比例在逐年下降。刘慧珍等通过对19所普通高校1996—2005年新生家庭职业背景进行分析,研究发现,相比其他家庭职业背景学生(如企业、公务员等),农民子女进入专科院校比例高达56.2%,进入地方普通院校的比例为38.7%[11]。笔者认为,虽然罗立祝和刘云杉只对一所优质高校进行研究,但北京大学是国内一流大学的代表,南开大学也是我国重点大学,故研究具有较大的代表性。高校的扩招促使农村学生上大学的人数增加,但较大比例的农村学生进入了普通院校和职业院校。

第二节 高等教育入学机会地区公平

一是入学机会总量上,东部地区高于全国平均水平,中西部处于弱势地位,地区间差异大。

高校扩招为各地区适龄人口提供了较多上大学的机会,各地区入学机会均呈现稳定增长的趋势,但中西部地区的入学机会仍远远落后于东部发达地区。曹妍等探讨了 2007 年至 2014 年 31 省(市、区)高等教育入学机会的变化发展趋势[12],研究发现在 2007—2014 年间,高等教育入学机会总增长幅度高达 32%,各地区的高等教育入学机会均出现了不同程度的增长,其中增长幅度较大的地区主要为中西部地区,表明高校扩招对提升中西部地区的高等教育入学机会有突出作用;虽然中西部入学机会增长幅度较大,但我国东部地区在获取高等教育入学机会上仍占据绝对优势,中西部地区仍处于弱势地位。赵叶珠和陈海燕对 2007 级大一新生进行了抽样调查,其样本涉及 31 省(市、区)的 175 所高校和独立院校,采用卡方检验方法对高等教育入学机会的差异进行横向研究,其研究结果也表明东部地区学生享有较高的入学机会,中西部的高等教育入学机会较少[13]。

二是京津沪和民族地区享有较多的优质入学机会,人口大省和优质高校资源匮乏的地区入学机会较小,地区差异固化。

高校扩招虽然增长了各地区的入学机会,但短期内并未缓解优质入学机会地区差异[14]。早在 20 世纪初,中国高等教育的发展重心就已经愈加倾向于中国东部沿海地区,后来随着高等院校向北京、上海等地区集中,这种高等教育体现出的不平衡性更加突出了。国家照顾了北京、上海和沿海发达地区的考生,而暂时忽略了西部落后地区的考生。由于我国传统实行分省划分招生名额制度,北京、上海和沿海发达地区的重点院校对本地的考生给予了特殊照顾[15]。研究发现,优质高校入学机会较高的前八位地区主要是直辖市和少数民族地区,而后八位地区主要是人口大省和中部地区;上海享有全国最高的优质入学机会,河南的优质入学机会则处于最不利地位[16];如果考虑当地适龄人口数,京津沪地区依然享有较高的优质入学机会,河南、广东等人口大省依旧处于弱势地位。对 2008—2015 年的 31 省(市、区)的优质入学机会进行了研究,在获得上述结论的基础上,发现海南、重庆、广东和四川省份的入学机会在 2008—2014 年没有增长,反而有所下降,原因在于这四个地区的高考报名人数大幅度上涨,但优质高校在这些地区投放的招生名额却没有根据报名人数而适当调整,故这四个地区的优质入学机会不升反降[17]。重点高校入学机会的地区差异出现固化。

一本线上线率是衡量一个省升学率的重要指标,本研究通过分析表 2-1 所示,2017—2020 年各省和直辖市的一本上线率的数据情况,可得出如下结论:不计各省市所用试卷分析,总体上看,从近四年一本线的上线率来看,2020 年北京、天津、上海、江苏、宁夏位于前五名,后五名分别是广西、河南、贵州、江西和山西。2019 年前五名分别是北京、天津、上海、江苏和陕西;后五位分别是河南、贵州、江西、吉林和山西;2018 年度前五名分别是北京、天津、上海、江苏和辽宁,2018 年后五位分别是贵州、江西、山西、云南和广东;2017 年前五名北京、天津、上海、宁夏和福建,2017 年后五个省份河南、江西、山西、四川和云南。从各省市近四年一本线的上线率来看,北京、天津、上海一直稳居前三,宁夏、江苏、福建轮流在前五位,江西、贵州、山西、基本在后面三位,河南、广东、云南在后面五位轮流徘徊。

表 2-1 2017—2020 年各省市一本上线率

排名	省份	2020	2019	2018	2017
1	北京	45.68%	36.27%	34.12%	30.50%
2	天津	30.50%	35.89%	33.64%	24.10%
3	上海	30.29%	29.60%	29%	21.80%
4	江苏	29.43%	27.11%	25.12%	12.10%
5	陕西	24.18%	24.03%	17.74%	14.60%
6	黑龙江	25.12%	22.01%	21.90%	13.50%
7	福建	21.66%	20.40%	20.86%	18.70%
8	宁夏	26.49%	19.94%	13.24%	19%
9	山东	20.90%	1963%	15.07%	10.60%
10	辽宁	22.68%	19.34%	24.81%	16.1%6
11	河北	19.04%	19.10%	10.43%	14.55%
12	安徽	19.72%	18.85%	18.86%	14.20%
13	重庆	18.79%	18.75%	19.04%	11.50%
14	湖北	17.09%	16.95%	9.56%	15.80%
15	甘肃	16.68%	16.75%	无	15.22%
16	浙江	16.50%	16.63%	17.35%	14%
17	内蒙古	17.50%	16.53%	16.21%	14.03%
18	青海	25.78%	16%	20%	15.20%
19	湖南	17.42%	15.41%	15%	11.20%
20	四川	14.79%	14.72%	15.03%	10.60%
21	云南	13.17%	13.56%	7.79%	10.60%
22	广东	12.99%	12.87%	11.57%	11.20%
23	吉林	14.11%	12.72%	13.24%	12.40%
24	山西	11.90%	12.65%	12.20%	9.80%
25	河南	11.48%	12.54%	12.64%	7.80%
26	江西	11.89%	11.97%	8.89%	10.40%
27	贵州	11.72%	11.90%	11.84%	14.50%

资料来源于各考试院官网

总体上讲,是京津沪和民族地区处于优势,究其原因在于东部地区拥有较多的优质高校资源,西部地区享有较多的国家优惠政策。具体到各省(市、区)来说,北京、上海和天津处于绝对的优势地位,而中部大省河南是享有重点高校入学机会最为匮乏的省份。各省之间又存在很大的差异,这势必会对全国和各地区教育发展和经济社会平衡发展产生一定程度的负面效应。

据此,本研究推测,当前我国实施的主要针对贫困、边远、民族地区农村学生的贫困专项计划、西部援助计划,对提高弱势地区农村学生的优质高等教育入学机会同样具有重要的作用。在没有新的政策支持下,河南、广东、四川等人口大省仍处于不利地位。在变化发展趋势上,不管在入学机会总量上还是在质量上,城乡均存在着较大的差异,城市学生比农村学生享有较多的入学机会;至于人口大省、优质资源较少且没有优惠政策支持的中西部地区,入学机会较低,且优质高等教育入学机会的地区仍然存在差异固化。

第三节 机会不平等的因素分析

一、地域经济发展不平衡是高等教育机会不平等的根本原因

党的十九大报告中明确指出:"中国特色社会主义进入了新时代,我国社会的主要矛盾已经转化为人民日益增长的美好生活需要和不平衡不充分的发展之间的矛盾。"[18]当前我国进入了新的发展阶段,人均国内生产总值增长迅速,如图2-1所示2001年我国人均GDP超过1000美元,2006年超过2000美元,2008年超过3000美元,2011年超过5000美元,2015年超过8000美元,2016年为8129.3美元,2017年为8819.91美元,已经进入到上中等收入的发展中国家的行列,人民生活水平大幅度提高[19]。伴随而来在教育的需求方面,从有学上到上好学的需求。与此同时,改革开放后,我国城乡收入差距不断加大,以衡量城乡收入差距的常用指标城镇居民人均可支配收入与农村居民人均纯收入比值为例(如图2-2所示),1978年为2.57,2000年为2.79,2002年我国城乡人均可支配收入之比开始进入"3"时代,在2009年达到历史最高水平3.33,2012年为3.10,2013年为3.03,2014年为2.97,2016年为2.72,2017年为2.71,总体上呈现先"上升后下降"的趋势。

然而,城乡收入差距拉大导致了教育发展水平的差距逐步拉大。各地经济发展水平主要表现在教育经费投入、城乡人均水平和城乡教师质量三个方面。在我

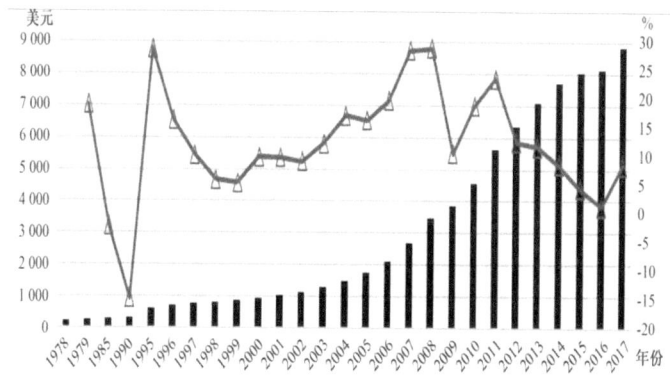

图2-1 1978—2017年中国人均GDP及增长率

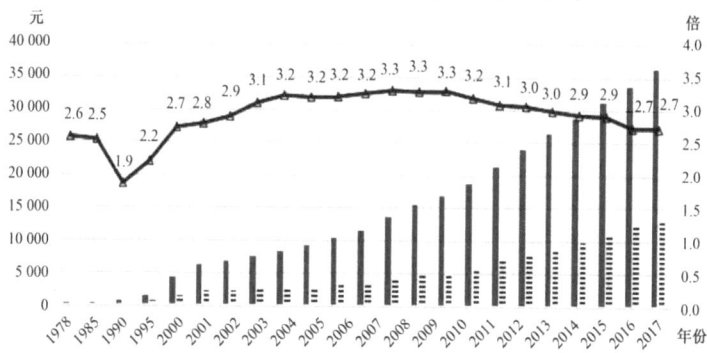

图2-2 我国城镇人均可支配收入与农村纯收入的比值

国,经济发达地区的教育水平远高于欠发达地区是不争的事实,尤其是我国广大农村地区,九年义务教育虽已普及,但整体教学质量并不理想。首先,这些地区师资匮乏,公共教育服务体系不健全,优秀师资流失严重。低廉的工资待遇水平、落后的硬件设施条件无法吸引师范类高校的毕业生前来任教,留守师资往往没有接受过正规师范类教育,自身业务水平有限,加之不能得到长期有效的培训、进修来提高,能指导学生完成义务教育已属勉强。其次,这些地区多数家庭经济状况不理想,父母本身文化水平不高,加上平时基本把时间放在工作及养家糊口上,很少能够辅导孩子的功课;孩子也鲜见去参加各类课后辅导班提升眼界以及知识水平,所以来自这些地区的学生整体素质,创新及接受能力较经济发达地区明显有很大差距。与之相反的是,在经济相对发达地区,教育的高度产业化催生了一批"超级中学",这些所谓的"超级中学"是各省级、市级重点中学的升级版,他们往往拥有丰厚的教育经费、优秀的师资力量和优质的生源,在每年重点高校的录取名单上,他们将绝大多数普通高中远远甩在了后面。以河北省衡水一中为例,2016年,有97人被北大、清华大学录取,几乎垄断了这两所顶尖高校在河北省的生源。由于高校在录取时,其录取原则要求只能按分数从高往低录取,不可能区分考生是农村生源,还是城市生源,是来自条件优越的高收入家庭,还是来自贫困家庭。所以,虽然我国政府已经对高等教育入学公平问题给予足够重视,但是各大重点高校的农村和贫困地区生源比例,还是不可逆转地下滑。区域经济的不平衡导致基础教育的落后,从而导致了高等教育的入学水平的差异,最终呈现了高等教育的不公。

二、高等教育资源分布不平衡是教育机会不均等的直接原因

我国优质高等教育资源分布不均如图2-3所示,"985"和"211"工程大学分布图,"985"高校和"211"高校集中在大城市和东部沿海发达城市。比如,北京有8+18所,上海有4+6所,天津有2+2所,江苏2+9所,湖北有2+5所,陕西有3+5所。其他中西部基本没有"985"高校,只有1所"211"高校。由于政府对本地高校经费的支持,而教育经费来源于本地居民的税收,高校为反馈本地经费支持,会增加本地的招生名额,即高校招生属地化现象。目前高校招生属地化非常严重。

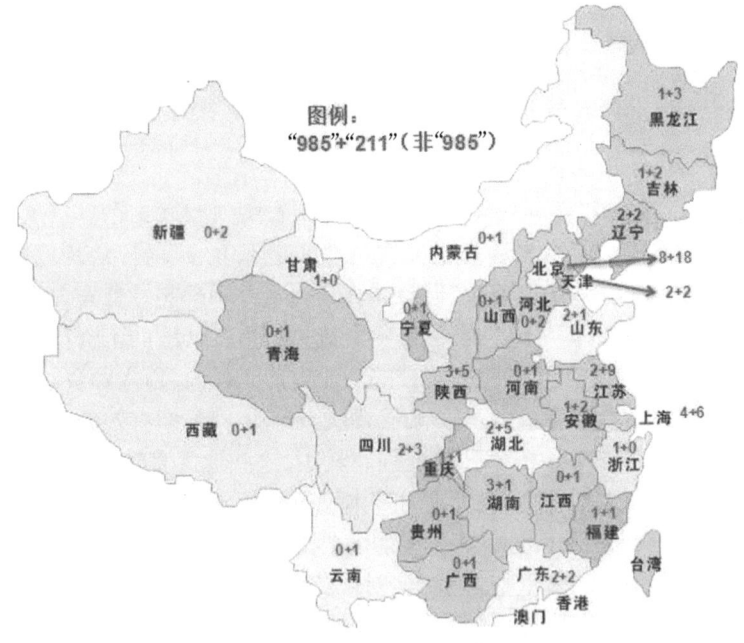

图2-3 全国"985""211"工程大学分布图

随着高等教育的进一步发展,政府提出建设"双一流大学"目标。2017年1月,经国务院批准同意,教育部、财政部、国家发展和改革委员会印发《统筹推进世界一流大学和一流学科建设实施办法(暂行)》;9月21日,教育部、财政部、国家发展和改革委员会联合发布《关于公布世界一流大学和一流学科建设高校及建设学科名单的通知》，正式公布世界一流大学和世界一流学科建设高校及建设学科名单，首批"双一流"建设高校共计137所，其中世界一流大学建设高校42所（A类36所，B类6所），世界一流学科建设高校95所；双一流建设学科共计465个（其中自定学科44个）。世界一流大学和一流学科（First-class universities and disciplines of the world），简称"双一流"。建设世界一流大学和一流学科，是中共中央、国务院做出的重大战略决策，也是中国高等教育领域继"211"工程、"985"工程之后的又一国家战略，有利于提升中国高等教育综合实力和国际竞争力，为实现"两个一百年"奋斗目标和实现中华民族伟大复兴的中国梦提供有力支柱。

总体目标是到2020年，若干所大学和一批学科进入世界一流行列，若干学科进入世界一流学科前列；到2030年，更多的大学和学科进入世界一流行列，若干所大学进入世界一流大学前列，一批学科进入世界一流学科前列，高等教育整体实力显著提升；到21世纪中叶，一流大学和一流学科的数量和实力进入世界前列，基本建成高等教育强国。从图2-3可以看出，双一流建设高校是在原来"985"和"211"的基础上推进的，能进A类学科的，是"985"高校。进入B类学科的来自"211"高校。我国双一流大学基本位于我国的京津沪穗等一线城市，东南沿海和中部地区的省份；另外，我国大部分一流大学的分布基本上是位于环江西省地区和河北省内外地区。

通过对各个省市自治区的一流大学数量进行具体统计发现，北京地区共有8所高校入选一流大学建设高校，分别是北京大学、清华大学、中国人民大学、北京师范大学、北京航空航天大学、北京理工大学、中国农业大学、中央民族大学。除了北京之外，排在第二位的是上海市，共有复旦大学、上海交通大学、同济大学和华东师范大学四所一流大学入选。排在第三位的是陕西省和湖南省，两地分别有三所高校入选一流大学建设名单，但是各有一所进入了一流大学B类高校建设名单中，分别是西北农林科技大学和湖南大学。再往下，分别有天津、辽宁、江苏、山东、湖北、广东和四川七个省份，分别有2所高校入选一流大学建设名单中。

目前我国大陆地区，共有包括河北、山西、江西、内蒙古、海南、广西等省（区）在内的10个省份还没有一流大学建设高校。但是相比于原来的"985"工程来说，为了推动高等优质教育资源的均衡化，"双一流"高校在原来的基础上又有所扩充，河南、云南和新疆三地各增加了一所一流大学建设高校。不管是传统的"985"和"211"工程还是现在的"双一流"高校建设，都没有从根本上改变高等教育资源均衡的现状，也没有改变重点大学招生属地化的现状。以2018年北京市招考名额为例，当年北京市共有63073人报名参加高考，其中56370人参加统考，6703人参加高职单考单招，只有参加统考的学生才有资格报考本科院校。北京大学、清华大学、中国人民大学、北京师范大学、北京航空航天大学、北京理工大学、中国农业大学、中央民族大学8所在京高校，不仅是"一流大学"建设高校，其校内多个学科也入选世界一流学科建设名单,这8所"双一流"2018年共计在京投放统招计划1399个,据此计算,5.6万余报名参加统考的考生中,约2.5%的考生能考取在京"双一流"。北京约2.5%考生能上在京"双一流"大学。

再以北京大学和清华大学2019年录取数据为例,表2-2是北京大学入学数据,自主招生463人,北京录取了20人,占比4.3%,是广西和贵州的20倍;博雅计划招生494人,北京录取了91人,占比18.42%,是广西的8.27倍,是贵州的22.75倍;高水平运动员共录取69人,北京录取14人,占比20.29%,是广西的4.67倍;高水平艺术团录取26人,北京录取5人,占比19.23%。北京2019年招生1292人,在北京市招录147人,占比11.38%。以清华大学2019年的招生数据为例,表2-3是清华大学入学数据,自主招生在大陆各省份招生286人,在北京招录7人,占比2.44%,是海南、宁夏的7倍;领军计划招生606人,在北京招生99人,占比16.33%,是甘肃的24.75倍,是海南的19.8倍;高水平运动员招53人,在北京招生14人,占比26.42%;高水平艺术团招43人,在北京招录15人,占比34.88%;全国保送生173人,北京保送生4人,占比2.31%。2019年清华招生1255人,在北京招生139人,占比11.08%。

表2-2 2019年北京大学全国部分录取数据

招生渠道 招生范围	自主招生 录取人数	综合评价 (博雅计划) 录取人数	高校专项 (逐梦计划) 录取人数	高水平 运动员 录取人数	高水平 艺术团 录取人数	保送生 录取人数
北京	20	91	\\	14	5	7
天津	10	9	\\	\\	\\	3
河北	35	14	\\	3	\\	16
山西	8	8	\\	\\	\\	2
内蒙古	\\	5	\\	\\	\\	\
辽宁	12	18	3	5	5	2
吉林	4	22	\\	2	\\	2
黑龙江	5	22	\\	\\	\\	3
上海	14	2	\\	\\	1	3
江苏	27	29	5	2	5	13
浙江	53	15	4	3	3	19
安徽	9	19	2	5	\\	4
福建	16	17	4	\\	1	9
江西	14	13	8	3	\\	6
山东	27	32	8	4	1	12
河南	14	19	8	5	1	14
湖北	31	25	2	2	\\	14
湖南	67	18	5	6	1	12

续表

招生渠道 招生范围	自主招生 录取人数	综合评价（博雅计划）录取人数	高校专项（逐梦计划）录取人数	高水平运动员 录取人数	高水平艺术团 录取人数	保送生 录取人数
广东	22	11	1	3	1	12
广西	1	11	\\	3	\\	\\
重庆	21	16	1	3	1	5
四川	31	23	6	5	\\	12
贵州	1	4	2	\\	\\	\\
陕西	21	23	\\	1	1	6
海南	\\	\\	\\	\\	\\	\\
云南	\\	2	3	\\	\\	\\
甘肃	\\	6	1	\\	\\	\\
宁夏	\\	6	1	\\	\\	\\
新疆	\\	14	\\	\\	\\	\\
合计	463	494	64	69	26	176

表2-3 清华大学2019年全国部分录取数据

招生渠道 招生范围	自主招生 录取人数	综合评价（领军计划）录取人数	高校专项 录取人数	高水平运动员 录取人数	高水平艺术团 录取人数	保送生 录取人数
北京	7	99	\\	14	15	4
天津	10	19	\\	\\	\\	\\
河北	15	18	3	1	\\	11
山西	8	13	1	\\	\\	4
内蒙古	2	15	1	\\	\\	\
辽宁	10	29	4	2	8	2
吉林	12	26	\\	\\	\\	3
黑龙江	3	27	2	\\	\\	1
上海	5	1	\\	1	1	8
江苏	11	39	7	1	1	17
浙江	19	\\	2	2	2	12
安徽	7	16	9	2	1	3
福建	8	23	\\	\\	\\	5
江西	6	16	8	1	1	6
山东	5	25	4	1	\\	8
河南	13	33	12	1	\\	17
湖北	22	37	4	\\	1	21
湖南	55	20	8	\\	1	13

续表

招生渠道 招生范围	自主招生 录取人数	综合评价 （领军计划） 录取人数	高校专项 录取人数	高水平 运动员 录取人数	高水平 艺术团 录取人数	保送生 录取人数
广东	9	23	\\	11	3	9
广西	2	8	\\	\\	\\	1
重庆	7	18	6	10	3	3
四川	27	24	9	2	4	20
贵州	\\	12	5	\\	\\	\\
陕西	15	31	2	2	\\	5
海南	1	5	\\	1	\\	\\
云南	3	5	2	\	\\	\\
甘肃	3	4	3	1	1	\\
宁夏	1	8	\\	\\	\\	\\
新疆	\\	12	\\	\\	\\	\\
合计	286	606	94	53	43	173

三、童年期教育的不均衡是造成地区间高等教育入学机会城乡差异的主要原因

家庭环境与家庭教育方式差异。教育具有传递性和累积性，高等教育入学机会的不均衡其实从孩子的童年教育就开始了。正如安妮特·拉鲁（Annette Lareau）的专著《不平等的童年》所言，孩子天然就是家长的延续，不仅是父母遗传的基因，比如智商、体貌、身高等，也大概率顺延父母的阶层、社会地位等。美国一项长达40年的成本——效益追踪研究表明：接受1—2年优质学前教育的儿童与没有接受学前教育的相比，其学业成就、就业率和经济收入高，犯罪率低。该研究的成本收益分析发现，待儿童成长至27岁时，投入回报率为1:7.16；待这些儿童40岁时，投入的总体回报率已高达1:17.07，其中对幼儿个人的回报率为1:4.17，对社会的回报率为1:12.9。

教育与心理学界的大量研究发现，儿童入学前的准备状况对其后的学业成就和发展高度相关。城乡家庭对孩子的教育方式、教育投资会影响到孩子以后的成长；通常情况下，孩子人生道路起点上的差别很大程度上取决于其父母拥有的文化资本总量的多寡，出身于拥有较多文化资本家庭的孩子起点相对较高，很容易形成良性循环，即较高起点——优质的初等学校教育——进入高一级一流学校接受精英教育——获得名校文凭——从事较好工作——获得较高社会地位，并很容易产生代际传递。早期受到的教育会影响孩子的一生。城市精英阶层的孩子从一出生就接受有规划的教育；贫困地区的家长忙于生计，无暇顾及孩子的早期教育。

四、城乡学生接受的基础义务教育差距累计的结果

学界就城乡基础教育差距对高等教育机会公平的影响达成共识。王伟宜（2013）认为农村基础教育质量与城乡子女高等教育入学机会均等化程度密切相关。李春玲（2014）发现城市人口接受高级中等教育的机会是农村人口的4.7倍；后又基于2006、2008和2011年全国抽样调查数据，考察了1940—2010年各教育阶段城乡教育机会不平等的变化趋势，通过5个出生年龄组比较分析，发现小学教育的城乡机会不平等在下降，初中教育的城乡机会不平等没有变化，而高中及其他高级中等教育的城乡机会不平等持续上升，大学阶段的城乡机会不平等略有上升。最终得出的结论是：中等教育的城乡不平等是教育分层的关键所在，初中升入高级中等教育阶段的城乡机会不平等持续扩大才是农村子弟上大学相对机会下降的源头。Rui Yang基于我国基础教育普及率、适龄人口录取率等数据指出，从小升初的报名录取率来看，1999年农村学生的初中教育报名录取率为91%，其中15省的农村录取率低于90%，其中贵州、广西和西藏地区农村小升初的录取率分别为72.4%、75.7%和38.1%；在完成学业方面，从1978年至2002年，每年都有500万的适龄学生没有完成初中教育；在高中教育阶段，城乡差异更加明显，2000年，当城市的高中教育已普及时，农村的9年义务教育到2004年还有10%未普及，在这10%中，甚至6年小学教育未普及；在中国31省（市、区）中，15省（市、区）的城乡基础教育差距高达300%，其中5省高于400%。学者们认为基础教育阶段的外部因素是加剧城乡差异的重要原因。应星、刘云杉（2015）认为改革后被强化的重点中学制度虽然构筑了少数农村学生进入重点大学的通道，但这种制度不仅不是缓解城乡教育不平等的良方，反而是固化城乡教育不平等的机制。而庞圣民（2016）对中学阶段升学过程展开专门分析，发现"课外补习班市场"是重要的诱因，受益最大的是就读于非重点初中的城镇子弟，正是这类高中候选人与同样就读于非重点初中的村子弟在市场转型后升学机会差距迅速扩大。农村学生在早期教育阶段处于弱势地位，到高等教育阶段，农村学生的入学机会必然更加不利。

五、各类特殊类型招生加剧了高等教育入学机会不平等

特殊类型招生主要包括"保送生""自主招生""高水平运动队"和"高水平艺术团"四个项目，高等学校开展"特殊类型招生"的目的是适应新世纪以来我国社会对人才的多样化需求。然而，它的开展却客观上加剧了农村及贫困地区学生入学率的下滑。自主招生的考题涉及面广，要求知识面丰富，往往是视野相对开阔

的城市孩子才可能接触到的事物。譬如,2017年华南理工大学自主招生面试题"你知道波音747的时速是多少吗?"2017年山东大学新闻专业有道面试题"你有没有想过井盖为什么是圆的?"华中师范大学有道面试题目"城市居民是否可以养宠物?"2019年"浙江大学三位一体"语文试题之一是"多年以后,奥雷连诺上校站在行刑队前面,准会想起父亲带他参观冰块的那个遥远的下午。"这句话出自哪里。这些题型不论是常识题还是需要创新思维题,都离乡村背景是如此遥远,可能这些偏远山村的孩子从来没有坐过飞机;由于家庭经济条件以及学校教学理念的差异,他们的时间被高考题库所占据,较少去接触大量的课外读物。

而"高水平艺术团"考试要求考生本身具有较高的艺术素养和才艺,这些才艺的培养要求投入大量精力和财力,则更是与寒门子弟绝缘。阳光高考平台资料显示,2007—2011年间,北大招收的"高水平运动队"考生绝大部分来自东南部经济发达地区,七成来自大中城市,来自农村的只有6%;近年来各高校"高水平艺术团"考生则没有一位来自农村。2019年北京大学、清华大学两所高校在湖南省招收保送生共25名,其中长沙的雅礼中学和长裙中学共占15名,其余10位同学分别来自湖南师范大学附属中学、湖南省长沙市第一中学、湖南师范大学第二附属中学。2019年在河南省共有282名保送生资格。2019年保送生主要包括三类考生:省级优秀学生、外国语学校推荐保送生、国际五项学科奥林匹克竞赛国家集训队员。其中外国语学校保送生资格有142名,全部来自郑州外国语学校。2019年国际生物奥林匹克竞赛国家集训队有4名,其中3位来自郑州外国语学校。2019年复旦大学自主招生录取102人,有100人来自大中城市重点学校,仅有2名同学来自县级中学。[20]

六、投资成本和就业结果的影响

农村家庭对高等教育的认识观念与高等教育机会的城乡差异问题也有很大联系。社会舆论中"寒门难再出贵子"等消极言论的影响,农村家长与子女争取接受高等教育的信心在减弱、信念在动摇。辛晓红(2013)研究了高等教育投资城乡差异,研究表明,在教育投资方面,农村学生的投资成本高于城市学生,但教育收益却小于城市学生,这自然打击农村学生的投资意愿[21]。随着扩招引起的大学毕业生数量的激增,近年来大学生就业受到家庭背景、社会资本等其他非人力资本因素的干扰。也就是说,不同社会阶层掌握的不同资源影响了子女职业获得和职业地位。尤其是在中国特殊的社会文化制度与转型背景下,由亲属、朋友构成的"强关系"社会网络在求职与职业流动中发挥的"人情"作用尤其突出。"内部招聘""萝卜招聘"等都反映了求职过程存在不公平,导致"垄二代""官二代""拼爹"等现象频繁出现,严重破坏了就业公平原则。由于就业不公平导致了社会中下阶层出身的大学生在就业市场上处于弱势地位,难以充分兑现自己的人力资本价值,且获得相应的教育回报。大学毕业生就业难、找工作"拼爹"等现象,使人们对"教育改变命运"产生怀疑,并出现新的"读书无用论",导致农村学生出现弃考现象。这些现象绝非偶然,而很可能是在城乡二元体制结构下,弱势群体基于成本、风险与收益的考量而不得不采取的一种次优性教育决策。

综上所述,首先,我国高等教育机会不公平现象依然十分普遍,主要表现为区域间高等教育入学机会差异、城乡学生高等教育入学机会差异、省际高等教育入学机会差异显著,特别是在优质高等教育机会获得上的差异更为突出。中西部地区偏远经济落后地区的农村学生更难得到重点高校的入学机会。这种优质高等教育机会的区域、城乡差异还在大学扩招政策后有扩大趋势。其次,高等教育机会公平问题应放置于综合的社会环境中探讨其成因。一方面,高等教育机会入学机会不平等主要源自地区社会经济发展水平不均衡、基础教育资源分布不均衡和高等教育资源分布不均衡以及高校选拔方式的"城市化"。另一方面,高等教育机会的城乡不公平是城乡学生家庭背景因素(包括家庭经济、社会、政治与文化资本等)、接受基础教育的差距(包括基础教育阶段的入学率、毕业率、升学率、学校教育质量等方面)以及农村家庭教育观念等因素综合作用的结果,而"重点中学制度"、"影子教育"以及重点高校青睐城市学子的选拔方式等外部环境加剧了农村子女的升学压力。

参考文献:

[1] 2019 年全国教育事业发展统计公报 http://www.moe.gov.cn/jyb_sjzl/sjzl_fztjgb/202005/t20200520_456751.html.

[2] 教育部发展规划司. 2020 年全国教育事业统计主要结果 http://www.moe.gov.cn/jyb_xwfb/gzdt_gzdt/s5987/202103/t20210301_516062.html.

[3] 马宇航,杨东平. 城乡学生高等教育机会不平等的演变轨迹与路径分析[J]. 清华大学教育研究, 2015, (2): 7-13.

[4] 王香丽. 我国高等教育入学机会差异研究:以高中阶段教育为视角[M]. 世界图书出版广东有限公司, 2011.

[5] 李春玲. 教育不平等的年代变化趋势(1940—2010)——对城乡教育机会不平等的再考察[J]. 社会学研究, 2014, 029(002): 65-89.

[6] 吴愈晓. 中国城乡居民的教育机会不平等及其演变[J]. 中国社会科学, 2013, (3): 4-21.

[7] 李莉. 扩招背景下高等教育入学机会地区差异的实证研究[D]. 上海:华东师范大学, 2016.

[8] 数据来源:(2001 年-2013 年)教育部直属高校基本情况统计资料汇编.

[9] 罗立祝. 高校招生考试制度对城乡子女高等教育入学机会差异的影响[J]. 高等教育研究, 2011, 32(1): 32-41.

[10] 刘云杉, 王志明, 杨晓芳. 精英的选拔: 身份、地域与资本的视角——跨入北京大学的农家子弟(1978-2005)[J]. 清华大学教育研究, 2009, 30(5): 42-59.

[11] 王英杰, 刘慧珍. 中国教育发展报告: 高等教育的发展、问题及对策[M]. 北京:北京师范大学出版社, 2005.

[12] 曹妍. 高校入学机会——差异缘何存在[N]. 光明日报, 2016-3-31.

[13] 赵叶珠, 陈海燕. 大众化背景下我国高等教育入学机会的多维度分析[J]. 现代大学教育, 2011, (4): 57-62.

[14] 钟秉林, 赵应生. 我国高等教育大众化进程中教育公平的重要特征[J]. 北京师范大学学报(社会科学版), 2007, (1): 5-10.

[15] 许美德. 中国大学 1895—1995: 一个文化冲突的世纪[M]. 许洁英, 译. 教育科学出版社, 2000.

[16] 乔锦忠. 优质高等教育入学机会分布的区域差异[J]. 北京师范大学学报(社会科学版), 2007, (1): 23-28

[17] 曹妍, 张瑞娟. 我国一流大学的入学机会及其地区差异: 2008—2015[J]. 华东师范大学学报(教育科学版), 2016, 34(4): 52-65.

[18] 习近平. 决胜全面建成小康社会夺取新时代中国特色社会主义伟大胜利——在中国共产党第十九次全国代表大会上报告[M]. 北京: 人民出版社, 2017.

[19] 王凯, 庞震. 从社会主要矛盾变化看我国城乡收入差距的不平衡[J]. 当代经济管理, 2019, 041(005): 1-9.

[20] 王振存. 文化视阈下城乡教育公平研究[D]. 开封: 河南大学, 2011.

[21] 辜晓红. 基于筛选理论的高等教育投资城乡差异研究[J]. 财会通讯, 2013.

第三章 我国高校招生制度改革历程中农村学生重点高校入学机会考察

历史的最大特性就是变,历史分期的目的就是找出"变点",观察历史的"质变"与"量变",从而了解各时代的特性[1]。我国高校招生政策有四次"质变": 1952年我国首次全国统一高考;1978年恢复高考;1999年高考扩招;2007年开始招生计划开始向中西部农村倾斜。本研究将我国高校招生政策演变发展(1949—2021)划分四个时期,政治导向:大学向工农开门(1949—1976);改革探索,择优录取导向(1977—1998);效率导向:扩招带来的入学机会的不平等(1999—2006);公平导向:向农村倾斜(2007至今)。

第一节 政治导向:大学向工农开门(1949—1976年)

新中国成立之初,经历了1949年高等学校单独招生。1950年同一地区高校联合招生。1951年以全国大行政区范围统一招生。1952年迎来了全国第一次统考。1949年时任教育部部长马叙伦在全国教育工作会议的开幕词中提到,"由于我们的国家是以工农联盟为基础的人民民主专政的国家,因此我们的教育也应以工农为主体……我们的中学校和大学校,也应该有计划有步骤地为工农青年大大开门,以便培养工农出身的新型的知识分子"(杨学为,2003)[2]。20多年间,高等学校贯彻的是向工农开门的基本方针,重点考察招录学生的政治质量,学生的出生身份高于一切,工农子弟成为高校的主要招收群体与教育对象。1952年,全国录取新生中工农子弟仅占20.46%。此一时期,高等学校招生是重政治,贯彻阶级路线,执行党的"向工农开门"的方针。到1958年,工子弟的比例已经超过50%,1964年后更是超过了70%,工农家庭出身及本人工农身份新生成了高等教育招收学生的主体。鉴于"文化大革命"期间高校停止招生,本研究不再详细分析此时期的招生政策与特点。

从1949年到1965年,我国高校招收农村学生的政策不断发展完善。例如,在招录对象上,工农学生是招生中优先录取与照顾的对象之一;在招考对象的年龄上,农村考生的年龄可放宽;在招考内容上,允许没有学习过外语的农村考生免试外国语;在经济支持上,对家庭困难的学生给予路费、学费相关补助,等等。1958年,国家为促进基础教育的发展,尤其是农村基础教育的发展,大力兴办中小学,实施保送生制度。国家为协调基础教育与高等教育关系,开辟基础教育直接为高等教育输送人才的通道,从而促进基础教育与高等教育的衔接。例如,《教育部关于工农速成中学毕业生、工人、农民、工农干部和老干部以及优秀的高中毕业生保送入学的通知》为农村学生入学开辟了另外一条通道。

研究二十世纪五六十年代颁布的几个重要文件,我们可以了解当时高考招生的具体办法,并从中发现其招生制度的变迁。比如《教育部关于高等学校一九五〇年度暑期招考新生的规定》,首次提出凡具备"有三年以上工龄的产业工人""参加工作三年以上的革命干部及革命军人""兄弟民族学生""华侨学生"中条件之一者,考试成绩虽然稍差,得从宽录取。对此类群体考试成绩的放宽,体现了我国高等教育招生中倾斜性政策的开端。在随后《教育部关于高等学校一九五一年暑期招考新生的规定及一九五〇年招生总结》中,将从宽录取的条件修改为"工厂、矿山、农场等产业部门的青年工,工龄在三年以上者""工农家庭出身或本人是工农成分的干部,参加革命三年以上者""非工农家庭出身,本人又非工农成分的干部,参加革命五年以上者""少数民族学生""华侨学生"等五条,并且工农青年、革命干部、少数民族学生等可以申请外语免考(杨学为,2003)[2]。从宽录取的范畴囊括了外语科目的免考,并进一步强调工农主体。在《教育部关于高等学校一九五一年暑期招考新生的规定及一九五〇年招生总结》中,文件明确提出"各高等教学招生,在录取名额中对曾长期从事革命工作的工农干部、知识分子干部及产业干部,应使达到一的比例"(杨学为,2003)[2],这论述标志着新中国成立初期高等教育招生的主要对象,面向工农出身,并实行了一定比例的配额制度。在《一九五四年暑期全国高等学校统一招生录取办法》及《一九五四年暑期全国高等学校统一招录取办法的几项补充规定》中,明确解释工农学生优先录取分配问题,并提出符合优先录取条件的学生单独抽出排列考虑分配。为照顾这些考生的特点,使他们有更多地被录取机会,规定其各科成绩适当加分;参与第一类考试者,除政治常识外,每门科目平均增加10分,总分增加50分;参加第二类考试者,每门科目平均增加15分,总共增加60分,然后将其报名单分类混入一般考生报名单中按成绩顺序录取分配(杨学为,2003)[2]。在《高等教育部一九五五年全国高等学校统一招生录取、分配办法》中,对优先录取的工农青年干部、工农子女提出了明确的倾斜政策:他们的入学条件不能降低,只是当他们的学科考试成绩达到所报考专业的录取标准,在与一般考试成绩相同或相近(指总分相差在十分以内)的情况下,优先录取(杨学为,2003)[2]。从"放宽条件"到"优先录取"体现了对工农学生入学机会的保障性策略。1958年,教育部发布《关于工农速成中学毕业生、工人、农民、工农干部和老干部以及优秀高中毕业生保送入学的通知》,那些政治、健康条件符合标准,并且坚持跟班上课原则的工农速成中学毕业生,有条件免试直升高等学校,根据中学所属单位,可以直升入所属高等学校、本省(市、区)的高等学校甚至是全国性的高等学校。而那些工人、农民、工农干部等,政治、健康条件符合标准,文化程度经接收的高等学校测验认为学后能够跟班上课的,可以保送入学(杨学为,2003)[2]。在 1964 年高等学校招生工作中,对于高中毕业生中的产业工人、贫农、下中农的子女、烈士子女和学生干部,由中学提名,县(大中城市为区)教育局批准推荐。推荐报考的学生享受优先录取的待遇,录取时单独编排,亦可以跨段录取。对于规定试点的学校可以给予推荐报考考生更多照顾,达到全国规定的最低录取线可以优先录取(杨学为,2003)[2]。保送入学与推荐入学,实际上是给予工农学生最大程度的招生倾斜与录取照顾。

通过研究这一时期的高等学校招生办法,新中国成立后二十多年间的高考制度,先后经历"从宽录取"、配额"优先录取"到"推荐保送政策",逐步形成录取新生工作在保证政治质量的前提下,结合学业和健康条件择优录取,并放宽了工农子弟入学的门槛与限制,短时间内极大地提高了工农学生进入高校的比例。这些做法凸显了当时浓烈的政治色彩。教育必须服务于社会,高考制度也是社会发展的产物。

第二节 改革探索:择优录取导向(1977—1998)

这一时期,国家逐渐出台一些针对特殊群体的补偿性政策,具体如下:

第一,照顾基础教育比较薄弱县的相关政策。在《国务院批转教育部关于一九七九年高等学校招生工作会议的报告》中,首次提出面向本省、市、自治区的院校,对教育基础比较薄弱的县(没有考生进入最低录取分数线的),可以低于最低录取分数线,择优录取若干名(杨学为,2003),政策直至《一九八一年高等学校招生工作的规定》中依然明确可见,说明这是高面向本省招生且针对基础教育薄弱县的倾斜性照顾政策。

第二,定向招生、定向分配。1983 年,我国开始实施"定向招生、定向分配"政策。在教育部印发《关于一九八三年全国全日制高等学校招生工作会议的报告》中,明确提出要打开人才通向农村的路子。在招生方面,省、市、自治区所属农、林、医、师院校实行大部分定向招生,必要时可以适当降低分数要求,择优录取。学生毕业后一般回到本地区、本部门工作。中央部门所属农、林、医、师院校实行部分定向招生;农、林、医、师专科学校要面向农村,原则上在本地区范围内招生,按地区范围划录取分数线,就地招生,就地培养,就地分配。允许农业中学、农村职业中学毕业生以及农业技术人员报考面向农村的高等学校,其中报考短学制的,除特殊专业,可免试外语(杨学为,2003)[2]。当年,部分院校"定向招生、定向分配"的办法,受到了热烈欢迎,但存在的主要问题是有的地方比例大了一些,招生办法还不完善。

第三,招生制度从原来的"双轨制"到"并轨制"的重大变化,对农村地区和城市下岗家庭的学子产生了极大影响。1985年,中共中央在《关于教育体制改革的决定》中明确提出,改变高等学校按国家计划统一招生、毕业生全部由国家包下来分配的办法,实行国家计划招生、委托培养招生、在国家计划外招收少数自费生三种。并提出对毕业后工作环境特别艰苦的专业的学生,国家供给膳宿并免收学杂费。对学习成绩优异的学生实行奖学金制度,对有经济困难的学生给予必要的补助(杨学为,2003)[2]。由此,我国改变原先统一的国家计划招生模式,采用计划招生与调节招生(委托培养与自费生)两种招生模式,"双轨制"正式实施。"双轨制"实施,出现了"花钱买分"的腐败现象。1994年政府决定把原来两种分数两种收费的标准统一为在录取时使用同一分数线与收费标准的"并轨制"。并轨制的实施,一方面维护了教育制度和招生制度的公平;另一方面,收费制度的实施更有利于经济资本和社会资本较高的发达地区的考生,不利于贫困地区和农村地区的学生。

第四,20世纪80年代中期的保送制度。20世纪80年代中期开始,国家在大规模统一招生考试的基础上,逐渐推出了保送生制度。保送生制度是由高中学校推荐综合素质优异、具有学科特长的学生及突出贡献者或其子女,经高校考核同意,免予参加统一高考。然而,保送条件过于弹性,权力在保送机会竞争中发生明显作用等问题的存在,使得保送生制度在实践中造成了阶层之间的巨大差异。研究表明,干部阶层子女获取保送重点大学的机会要远远高于农民子女,前者是后者的37倍,呈现极大的阶层不平等[3]。为了维护保送制度的公平性,增加了保送的硬性条件,比如清华大学主要招收两类保送生:一类是全国16所具有推荐保送生资格的外国语中学的优秀应届高中毕业生。另一类在高中阶段获得全国中学生奥林匹克竞赛决赛一等奖并被中国科协遴选为参加奥林匹克竞赛国家队集训的应届高中毕业生[4]。这种硬性条件的加强,看似强化和保证了保送制度的公平性,实际上这些保送条件农村孩子只能"叹为观止",无法达到;这些保送条件只是强化了城市优势阶层孩子之间的竞争。这些有保送资格的高中也是城市优势阶层孩子的聚集地,农村学生极少有机会就读其中。因此,从教育公平的角度来看,保送生制度必然会造成城乡和阶层差异,农村和农民阶层子女在保送生制度中明显处于劣势地位。

第三节 效率导向：扩招带来的入学机会的不平等(1999—2006)

随着国务院出台《面向21世纪教育振兴行动计划》，我国开启了高等教育大众化进程。这段时期我国高等教育事业蓬勃发展，高等教育机会供给持续增加，但也存在一些问题，此时期的做法有三个特点。

1. 扩招发展迅速

随着1999年国务院出台《面向20世纪教育振兴行动计划》，我国开启了教育大众化进程。文件提出到2010年，高等教育毛入学率将达到适龄青年的15%。1999年，录取人数从108万突然跳涨到160万。比1998年扩招了52万人。从1999到2001年，高校三年扩招后，普通高校招生数和在校生数均翻了一番。高考录取率从1998年的36%提高到2002年的58%。1998年全国高校的招生人数为108万，1999年扩招比例高达47.4%，到2002年我国高等教育毛入学率达到15%，标志着中国高等教育进入大众化阶段。此后，这一数字仍大跨步增长，2010年达到26.5%，2017年达到45.7%[5]，高等教育向普及化阶段快速迈进。扩招一方面从国家层面，大幅度发展我国高等教育规模，借此拉动内需，形成新的经济增长点，并带动经济的增长；提高国民素质，使更多的适龄青年接受高等教育，提升学历，缩小与国外受教育水平差距；推迟初次就业时间，缓解就业压力。从个人层面，大学急剧扩招，升学率持续上升，使更多学生圆了大学梦，进入普通高校不是难事。近年来我国很多省份高考升学率达到80%左右，本科升学率达到35%左右。另一个方面扩招政策首先导致的问题是教育质量的下滑和基础设施的不足；师生比远远高于教育部的规定，师资力量的缺乏导致了学校教学质量的大幅下滑，以湖南为例，从1998年到2005年，高校在校生数量增加了4.2倍，而教师数量仅仅增加了2.1倍。同时，扩招加剧了高等教育入学机会的不平等。

2. 扩招加剧了高等教育入学机会的不公

高等教育的扩招更多地关注了效率，忽略了教育的公平。潘懋元先生指出，一方面，有必要强调效率在高等教育改革与发展中的重要性；另一方面，教育公平的价值高于效率的价值，效率优先最终是为了达到更高层次的公平，要注重两者在发展中的统一。扩招带来的不公其一是与扩招一同大踏步前进的，还有高等教育学费的连年翻番。1994—2004年10年间，我国大学学费猛涨约20倍，而这10年间，国民人均收入增长不到4倍。学费的增长必将进一步加剧贫富的分化，形成不同社会阶层之间的裂缝，引发新的社会不公。

扩招带来的另一个不公就是部属院校招生属地化现象。从部委下放到地方的高校以及教育部和地方共建高校为了得到地方的大力支持,招生属地化严重。中央和地方共建以及教育部、省、市三级共建的70多所院校中以"互利"原则为地方培养人才,"本地效应"严重在招生指标分配上向院校所在地倾斜。就实质而言,这种倾斜已经超出了正常的范围,在某种程度上形成了对其他省区的招生不公,如同济大学共建后把50%的招生指标分配给上海;中国纺织大学(现东华大学)1997年实行共建,1998年首次将41.6%的招生指标分配给上海。到2004年复旦大学招收的上海籍新生就占了40%左右,而浙江大学招收浙江籍的学生更是占到了近70%,其他部属高校都大同小异(潘昆峰等,2017)[6]。此时期,我国高等教育事业蓬勃发展,高等教育机会供给持续增加,使得我国高等教育机会的地区差异在总体上呈缩小态势,但在优质高等教育机会的地区差异并未缩小,甚至有进一步扩大的趋势。城市学生获得了更多优质大学的入学机会,而这些高校大都集中在东部经济发达地区,中西部地区优质高等教育入学机会越来越少。

3. 自主招生政策进一步扩大了优质高等教育入学的城乡差异

自主招生又称自主选拔,是高校选拔录取工作改革的重要环节。通过高考自主招生笔试和面试之后,可以享受相应的高考降分政策。2001年东南大学等3所高校开始试点自主招生,到2003年全国已有22所部属高校实行自主选拔录取,其自主招生名额限定在当年招生总量的5%。此后,实行自主招生的高校逐年增多,发展至今,自主招生已经成为重点高校招生的重要方式。学者研究表明,获取自主招生资格的学生大都来自超级中学。通过对一所教育部直属重点大学2005—2009年5届学生招生数据的调查表明,该大学在这5年中的自主招生名额逐步扩大,而录取名额越来越向超级中学集中而且还不断加剧。超级中学的学生占该大学录取人数2005年比例为35.4%,2009年提升到43.8%,而该大学中来自一般中学学生中农村户籍的比例是超级中学的8倍[7]。这一方面表明超级中学聚集了更多的城市学生;另一方面表明在重点高校录取名额越来越集中于超级中学的情况下,农村学生就读重点大学的机会则越来越少。

第四节 公平导向:向农村倾斜(2007至今)

2007年10月,党的十七大报告进一步提出"教育是民族振兴的基石,教育公平是社会公平的重要基础"。教育涉及千家万户,事关人民群众切身利益,实现教育公平既是建设中国特色社会主义和构建和谐社会的基本要求,也是我国教育改革和发展始终不懈的追求目标。近年来,为缩小区域差距,进一步推动高等教育入学机会的公平,政府先后颁布了一系列的政策和措施。本章将弱势群体高等教育补偿政策,按实施的先后顺序梳理如下。

1. 公费(免费)师范生定向生招生计划

为了提升中西部地区师资力量,进一步促进区域间教育公平。2007年我国政府决定在教育部直属的六所师范大学实行免费师范生定向招生计划。从2007年秋季起,北京师范大学、华东师范大学等六所部属师范大学实施师范生免费教育。江西省政府从2013年秋季开始,在江西师范大学推行本科师范生免费教育,2021年江西省又增加了江西科技师范大学和赣南师范大学两所本科院校招生公费师范生。福建省政府于2015年开始在福建师范大学、闽南师范大学等院校推行免费师范生教育。2018年3月,免费师范生定向生招生计划改成公费师范生定向生招生计划。

2. 支援中西部地区招生协作计划

为了贯彻落实十七大关于促进区域协调发展的要求,进一步促进高等教育入学机会公平,国家教育部从2008年起,实施"支援中西部地区招生协作计划",由高教资源丰富、办学条件较好的天津、辽宁、上海、山东等11个省份承担,面向预计录取率较低、高教资源缺乏的内蒙古、安徽、河南、贵州、甘肃等5个中西部省份招生,旨在为中西部学生提供更为良好的教育机会,着力缩小区域差距。

2009年,全国共安排协作招生计划6万人,支援中西部地区。2010年,由高等教育资源丰富、办学条件较好的包括天津、辽宁等14个省份承担该计划,招生名额分配到高等教育资源缺乏、升学压力较大的山西、内蒙古、河南、安徽广西、贵州、云南、甘肃等8个中西部省(区)招生。全国共安排招生计划12万人(其中本科7万人),比2009年增加6万人。

2011年,招生计划共15万名,增加3万名。为了加强宏观调控,教育部安排北京、天津、辽宁等15个支援省市继续面向山西、内蒙古、安徽、河南、广西、贵州、云南、甘肃等中西部8省区开展"支援中西部地区招生协作计划",并要求教育部直属高校继续降低属地招生计划比例,在属地安排计划平均比例为25%,调出2900名计划全部投放到中西部地区。协作计划实施9年间(2008—2016年),录取率最低省份与全国平均水平差距缩小了12个百分点,如果按在校生规模1万人折算,相当于为中西部地区增设了100多所普通高校,圆了100多万中西部地区学子的大学梦。[8]

《教育部关于做好2021年普通高校招生工作的通知》指出2021年继续实施国家支援中西部地区招生协作计划,综合考虑生源数量及学校办学条件、毕业生就业状况等因素,继续将招生计划增量向中西部地区和考生大省倾斜,促进区域协调发展。中央部门所属高校要严格控制属地招生计划比例,合理确定分省招生名额。

3. 农村贫困专项招生计划

为促进教育公平,国家落实新阶段扶贫宏观战略布局,从2012年开始实施农村贫困专向招生计划,主要针对集中连片特殊困难地区的考生,在普通高校的招生计划中专门安排适量的名额,实行定向招生计划。从2012年开始招生至今,实施十年来,国家政府根据实际情况,对招生规模、招生地区、招生高校、专业投放、报考资格、专业转换、户口迁移等方面不断进行修正和调整。报考方面审核更加严格,入学后管理更加人文化,招生规模逐年扩大。《教育部关于做好2021年普通高校招生工作的通知》指出进一步实施重点高校面向贫困地区专项招生计划。

4. 重点高校专项招生计划

为保障农村学生考取重点高校的机会,从2012年起,一批知名高校开始面向偏远落后农村学子实行高等教育机会补偿制度。从2014年起,清华大学、浙江大学、南京大学、中国科学技术大学和西安交通大学等学校更加倾向贫困边远地区招生,共设600多个名额,一些乡镇中学也在名单范围之内。重点高校专项招生计划连续执行至今,《教育部关于做好2021年普通高校招生工作的通知》指出进一步实施重点高校专项招生计划。

5. 异地高考政策

随着城市人口的大量流动以及大量农民进城务工,其子女在流入地参加高考问题日益迫切。异地高考是指为解决外来务工人员随迁子女在其父母所在务工城市参加高考制度,是对现行以户籍报名为条件的高考制度的补充。本书中的"异地高考"是指在城市务工人员的子女,因为跟随父母在流入地生活学习多年,满足了当前所在地区参加高考的条件而参加高考。异地高考与高考移民有本质的区别。"高考移民"则是指在教育水平较高的地区接受教育,到教育水平落后而录取率较高的地区参加高考的学生。政府从2008年开始关注异地高考问题,2012年开始异地高考尝试。截止到2013年1月,除西藏外,全国30个省份都已经出台了异地高考政策。《教育部关于做好2021年普通高校招生工作的通知》指出进一步完善随迁子女在流入地参加高考政策。各地要加强中高考报名政策统筹衔接,确保符合条件的进城务工人员及其他非户籍就业人员随迁子女能在当地参加高考。

新时期采取的一系列弱势群体帮扶政策是我们国家发展到一定程度,人民美好的需求与社会现实矛盾的产物,是社会发展进步的产物,相信随着一系列政策的出台与实施,更进一步提升中西部贫困地区子弟接受优质高等教育的机会,给每一个孩子出彩的机会!

综上所述,根据有关高考历史文献以及有关招生考试制度的政策文本梳理,我国高校招生制度改革历程中农村学生重点高校入学机会政策的变迁分为以下四个阶段:

第一,从1949年至1976年,是我国高等学校招生考试制度的初建期,其间经历了社会大动荡,高校入学制度也几经波折与变化。此时期执行的是向工农开门的"优先录取"政策,高等学校招生主体应是工农子弟,并先后实行过从宽录取,配额制度,优先录取,保送入学与推荐入学制度,极大地向工农子弟倾斜招生。到20世纪60年代,高等学校招录新生中工农子第成分占比70%以上。

第二,从1977年高考恢复到1998年,1978年我国高等学校招生考试制度得以恢复,形成择优录取的原则。同时,伴随着改革开放以及社会形势的发展,招生考试制度也发生重大变化。此时期,国家先后实行过面向基础教育薄弱县的照顾性政策、"定向招生、定向分配"政策。此外,我国高等学校的招生制度、收费制度和毕业生就业制度经历了一次系统性改革,发生了从原来的"双轨制"到"并轨制"的重大变化,对农村地区和城市下岗家庭的学子产生了极大影响。

第三,从1999年大学扩招到2006年,在《面向21世纪教育振兴行动计划》指导下,我国高等学校开始大规模扩招,高等教育事业蓬勃发展,高等教育机会供给持续增加,使得我国高等教育机会的地区差异、城乡差异在总体上呈缩小态势,但在优质高等教育机会方面呈现扩大的趋势。

第四,从2007年至今,国家为推动社会公平正义与和谐发展,从教育入手。全面深化考试招生制度改革,重点改进招生计划分配方式。此时期,国家先后实施"公费师范生制度","支援中西部地区招生协作计划""异地高考"政策,尤其是"重点高校招收农村和贫困地区学生专项计划"的实施,给予农村地区和贫困地区学生更多优质高等教育的机会,标志着我国高等教育公平从追求数量公平向追求质量公平目标迈进。

参考文献:

[1] 张玉法 现代史的分期问题[M].台南:久洋出版社,1985:1.

[2] 杨学为. 高考文献(上)(1949—1976)[M].北京:高等教育出版社,2003.

[3] 罗立祝. 社会阶层对保送生高等教育入学机会的影响[J].高等教育研究,2008(8):32-41.

[4] 来源于清华大学招生. http://www.tsinghua.edu.cn/publish/newthu/newthu_cnt/students/students-1.html.

[5] 十三届四中全会以来我国教育改革与发展的历史性成就 http://www.moe.gov.cn/jyb_xxgk/ 中华人民共和国教育部……

[6] 潘昆峰等 高等教育与学生迁移[M].北京:知识产权出版社,2017.

[7] 黄晓婷,关可心,熊光辉,等."超级中学"公平与效率的实证研究——

以 K 大学学生学业成绩表现为例[J]. 教育学术月刊, 2016(5): 32-37.

　　[8] 庆祝改革开放 40 周年教育改革纪事·高考改革书写高考改革的时代篇章.

第二篇
教育补偿理论基础及国外高等教育补偿变迁

第四章　弱势群体高等教育补偿的理论支撑

教育公平是当今社会崇高的人本价值追求之一。教育补偿是各国追求教育公平的基本途径,对弱势群体实施教育补偿是以期达到教育结果的公平的理论和实践。为了全面、深刻地研究现阶段我国高等教育补偿与高等教育公平的关系,很有必要先清楚地辨析几个密切相关的概念。本研究涉及的重要概念主要有高等教育公平、弱势群体、教育补偿以及其中的逻辑关系。

弱势群体的高等教育补偿关系到高等教育公平的实现,关系到社会各阶层的利益以及社会的和谐发展。需要从社会学、政治学、伦理学、教育学等理论沃土中汲取丰富的给养。本章在界定核心概念的基础上,从社会学、伦理学、政治学、教育学的角度探讨高等教育补偿的理论基础。相关的理论支撑,为后面科学有效地架构弱势群体高等教育补偿支持系统奠定良好的理论基础,为丰富高等教育公平的内涵提供思想源泉。

第一节　核心概念界定

一、高等教育弱势群体

弱势群体最早源自一个社会学概念,在英文中用 the disadvantaged groups 或 the vulnerable groups 是表示。英文中有关弱势、脆弱以及虚弱的相近表达还有 disabled, weak, disadvantaged, unfavourable condition 等。Disadvantaged 相较于 advantaged 而言,一般指代人,通常被译为"处境不利者","弱势群体"或"弱者";disabled 一般指身体受到伤害或具有精神疾病的,一般译为"残疾人"或"残障人士";而 weak 则指人的力量或精力较差,或是掌握的知识和技能有限,而对某个领域不熟悉,可指人的缺点,一般译为"虚弱的"、"软弱的"或"(能力)差的"。比较而言,vulnerable 的含义宽泛一些,一词可指人亦可指物或地方,指人或其情感时,可译为"脆弱的"、"易受伤害的"或"敏感的",指物或地方时,可译为"保护不好的"或"易受攻击的"。由此可见,每个词含义不同,各有侧重。英语一般用"the disadvantaged Social groups"表示。根据研究需要,本研究选用 disadvantaged-groups 一词。西方社会学理论认为,弱势群体是由于某些自身残疾或是缺乏经济、教育、政治等在社会上处于相较不利地位的人群,特指社会中需要给予特殊关爱和照顾人群共同体。

在我国,直到 20 世纪末,有关"弱势群体"的研究才逐渐成为学者们关注的焦点。一种观点认为弱势群体就是生活困难的人群。从生活贫困的层面对弱势群体界定,如郑杭生认为"社会弱势群体是个人凭借自身的力量维持生活,但是生活标准低下,生活存在困难。"[1]一种观点认为弱势群体即社会地位低下的人群。从社会地位层面来对弱势群体进行界定,认为处于不利地位的人群即弱势群体。如蔡继明认为弱势群体就是指在社会资源的分配过程中,诸如收入、教育、就业等处于不利地位的群体。王思斌认为:"弱势群体是指在社会中,政治力量弱小,经济能力低下的群体,在整个社会经济和权利结构中处于不利地位的群体。"[2]到目前为止,国内外还没有形成有关弱势群体的权威概念。笔者认为弱势群体具有如下几个特点:社会地位处于边缘;经济方面需要社会支持;知识或能力而言,有限群体。因为研究主题所限,本书中高等教育弱势群体,也就是接受高等教育入学机会受限的群体。根据研究的目的,本书的研究对象主要指处于中西部偏远地区的农家子弟和城市打工农民随迁子弟;本书中弱势群体主要是由地域和社会发展造成的。生理性、身体性弱势群体等不在本书讨论范围。

二、高等教育补偿

二十世纪五六十年代,教育补偿这个概念作为对西方民主政府解决问题的政策的建议,第一次被正式提了出来。最初的教育补偿,是以文化剥夺作为理论基础的。教育补偿的初衷,旨在让来自贫困家庭和少数民族家庭的儿童得到较为公平的教育。胡森要求政府和学校对那些处于不利地位的学生给予更多帮助,也就是对他们进行教育补偿。西方学者对于教育补偿有三种观点。其一教育补偿是"试图纠正那些因社会环境和历史原因造成教育上处境不利的孩子,正是这些原因抑制了他们的成就和智力发展。"其二教育补偿补"旨在为来自贫困家庭、学业失败的高危人群提供特殊的教育。"其三教育补偿项目旨在弥补因社会和经济因素造成的、影响儿童学术和社会发展的教育项目。这些项目主要用于那些来自低收入和贫困地区(包括农村和城市)学业成就较差的儿童。[3]综上,教育补偿是由"教育"和"补偿"组成的复合词,从词义上看,它包括两个基本要义:(1)"教育损害补偿",即政府和非政府组织对在社会改革和发展中利益受损群体(或个人)进行的教育弥补;(2)"教育正义维护",即政府和非政府组织为保障弱势群体(或处境不利群体)的基本教育权利而对其进行的额外教育救助。第一层含义暗含了国家、社会的过失或称之为"改革和发展的代价",第二层含义则重在强调国家、社会对社会公平和正义的维护。

根据罗尔斯提出的"要对教育发展过程中弱势群体的教育进行必要补偿"的原则,要实现教育公平就应该是最少受益者得到最大利益。教育补偿是保障弱势群体得到最大利益最重要的方式。教育补偿是指国家或社会为保障处境不利群体接受合格的教育,所应采取的各种补偿措施或行动的总称。高等教育补偿是指国家或者社会为保障处境不利群体接受的高等教育,所应采取的各种措施或行动的总称。

三、高等教育公平

目前学术界对于高等教育公平的概念众说纷纭,莫衷一是。高等教育公平本质上蕴含着对人的终极关怀和现实关怀。从哲学上讲,终极关怀体现的是对人的存在本质的关注,而现实关怀则体现的是对人的具体存在方式的关注。对人的终极关怀也即对自己、对他人、对人类的终极关怀,从而把促进一切人的发展和人的全面发展作为高等教育公平的奋斗目标。正如马克思所认为的,教育的根本目标在于实现人的自由而全面的发展。从这个意义上说,作为现代高等教育的基本理念,高等教育公平具有明显的价值指向,主要是应更多地关注弱势群体、改变处于不利地位的社会阶层的教育状况,保障处境不利人口的受教育权利和机会。现实关怀具体是指这几个方面:第一,公民接受高等教育机会应该的是均等的,先天条件相同的人应该有同样的受教育的机会;第二,不同社会阶层有获得同样质量的教育机会;第三,受教育者因为教育对生活前景影响是均等的。

高等教育公平应该包含以下几个方面的含义:其一,从内容上讲,高等教育公平是教育权利均等、教育机会均等、教育过程和教育结果均等的有机统一,缺一不可。其二,从性质上讲,高等教育公平是一种竞争性的公平。1998年联合国教科文组织提出高等教育公平的重要原则:"高等教育应是对一切人平等开放,使更多的人接受高等教育"。[4]这条原则揭示出高等教育机会的性质是靠个人的能力和努力获得的,属于一种争取性的平等与公正而不是以地位与金钱等因素,更不是受教育权利的平均。这就决定了高等教育公平是一种竞争性的公平。其三,高等教育公平应保障处境不利人口的受教育权利和机会。高等教育公平具有明显的价值指向,主要是改变处于不利地位的社会阶层的教育状况,保障处境不利人口的受教育权利和机会。最后,从目的上讲,高等教育公平就是让受教育者都有机会获得"相适应"教育。所谓"相适应",就是根据受教育者当前的发展水平,在尊重其认知特点和个性特征的基础上,提供合适的高等教育,以促进其能力和个性得以最大限度地发展。

综上所述,限于本研究的内容、对象和目的,根据罗尔斯提出的"要对教育发展过程中弱势群体的教育进行必要补偿"的原则,笔者认为高等教育公平是指在确保相对公平的前提下,国家从对人的终极关怀出发,有目的的调配高等教育资源,确保其公正合理;对因处于社会不利处境,尤其是中西部偏远地区农村子弟采取补偿政策,确保他们不因自身的地域以及社会转型发展因素在接受高等教育时面临不公平的待遇或歧视,并享有均等的高等教育机会;同时不利处境下的每一个人,都积极努力争取获得与自身相适应的高等教育。

四、高等教育公平和高等教育补偿的关系

1. 对弱势群体进行高等教育补偿,是高等教育公平的理性诉求,也是实现高等教育机会公平的重要指标和重要原则

平等原则、差异原则和补偿原则是教育公平包含的教育资源合理配置的三个原则。平等原则就是指个体接受教育的权利和入学机会的平等;差异原则是指根据受教育个体的差异,实行教育资源的不同分配。补偿原则是指根据受教育者的不同社会经济地位状况,对其中的弱势者给予合理的教育资源配置补偿。补偿原则本身并不等同于教育补偿,只有把上述三个原则综合起来,从法律、政治、社会各个角度关注弱势群体的教育处境,并进行合理有效的改善,才能称之为教育补偿。高等教育补偿的方式和途径是多种多样的,但无论在什么层面上进行讨论,它都是高等教育公平实现高等教育资源合理配置的重要原则,二者密不可分。

2. 高等教育补偿是实践高等教育公平理想的必要途径和关键环节

高等教育公平是公平在高等教育领域内的体现和延伸。同样地,高等教育不公平也就是不公平在高等教育领域内的必然表现。如果没有适当的举措来填平这道不公平的鸿沟,那么高等教育公平的理想只能化作一纸空谈。而高等教育补偿是在当前教育不公平的现实下,政府和社会为了解决问题所进行的各种专门立法、实施的各项政策措施和改革。也正是由于高等教育公平的理念存在,让教育界、社会学界等人士"对不利地位群体进行教育的补偿"的呼声越来越高,从而能够进一步推动高等教育补偿的完善和发展。

第二节　弱势群体高等教育补偿的政治学基础

政治是一门对政治事务、政治生活与政治现象进行反思的学问。在古希腊时期,伦理学与政治学其实是分不开的,伦理学关注的核心问题是善,而政治学讨论的则是政治共同体的善,也是最高的善。国家或政府应该如何对待公民？在国家的强制性权力之下,个人可拥有何种范围的自由,又拥有何种权利？反过来,一个公民对其他公民和整个共同体是否负有责任？如果有的话,他负有什么样的责任？这些问题集中起来,就是公民的权利和美德问题,它同时关联着两种基本的政治关系,即公民与国家或政府、公民与公民之间的关系,尤其是公民与国家的关系。在如何处理国家或政府与中西部农村子弟高等教育入学机会等弱势群体的关系上,政治学中的社会主义理论、正义理论、多中心治理理论,为构建弱势群体高等教育补偿支持体系提供了宝贵的理论启迪。

一、社会主义思想理论

（一）和谐社会发展理论

邓小平 20 世纪 80—90 年代提出通过"解放生产力,发展生产力,消灭剥削,消除两极分化,最终达到共同富裕"[5],以及物质文明和精神文明"两手抓,两手都要硬"的途径迈向和谐社会。江泽民在邓小平提出的"一手抓物质文明,一手抓精神文明"社会建设思想的基础上,提出构建社会主义社会建设"三位一体"的总体战略布局。党的十六大以来,胡锦涛进一步发展了"三位一体"的社会主义社会建设理论,提出了构建社会主义和谐社会的战略任务,明确将社会建设与经济建设、政治建设、文化建设并提,提出"四位一体"的社会建设理论,明确了构建社会主义和谐社会在中国特色社会主义事业总体布局中的地位,标志着党对和谐社会建设认识不断深化,从而构建了完整的广义社会建设理论。2006 年 10 月,党的十六届六中全会审议通过的《中共中央关于构建社会主义和谐社会若干重大问题的决定》,第一次在党的正式文献中提出了"建设富强民主文明和谐的社会主义现代化国家"的重要论断。胡锦涛指出,我们建设的和谐社会,应该是民主法制、公平正义、诚信友爱、充满活力、安定有序、人与自然和谐相处的社会。其中民主法治就是社会主义民主得到充分发扬,依法治国基本方略得到切实落实,各方面积极因素得到广泛调动;公平正义,就是社会各方面的利益关系得到妥善协调,人民内部矛盾和其他社会矛盾得到正确处理,社会公平和正义得到切实维护和实现。社会发展的最终目的在于促进每个人的自由而全面的发展,这是一个漫长的过程。构建社会主义和谐社会,是中国特色社会主义社会建设理论的价值取向,它要求我们必须立足当前,放眼未来,正确处理个人和社会之间的关系,充分发挥和尊重主体的能动性、自主性、创造性。"努力形成全体人民各尽其能、各得其所而又和谐相处的局面,为发展提供良好的社会环境。"[6]它要求我们关注当下社会主体的个人的生存境遇,研究主体所面临的现实问题、现实矛盾,真正满足主体的物质文化等方面的发展要求;它要求我们从人的发展的视角考量社会全面进步和发展的现实意义,以中国特色社会主义社会建设理论为价值指南,在坚持以人为本的科学发展观的基础上,在促进财富增长的同时,缓解各种对立和冲突,实现构建和谐社会的目标。

(二)中国梦战略思想

习近平总书记对中国梦战略思想是现阶段我们奋斗的目标。他指出,实现全面建成小康社会,建成富强、民主、文明、和谐的社会主义现代化国家的奋斗目标,实现中华民族伟大复兴的中国梦,就是要实现国家富强、民族振兴、人民幸福。既深深体现了今天中国人的理想,也深深地反映了我们先人们不懈追求进步的光荣传统。

中国梦的基本内涵有三个层面:国家、民族、人民。从国家层面看,中国梦就是强国梦。中国要成为强大的现代化国家,赢得世界认同,并成为引领世界发展的主导力量。从民族层面看,中国梦就是民族复兴梦。中华民族要对人类发展做出更大、更多、更重要的贡献。从人民层面看,中国梦就是每个中国人的梦。"中国梦归根到底是人民的梦",每一个中国人共同享有人生出彩的机会、共同享有梦想成真的机会,同时,实现中国梦也需要每一个人的努力。

(三)教育扶贫战略思想

在我国扶贫工作如火如荼地开展过程中,教育扶贫已经成为我国摆脱贫困,走向未来的治本之策,也是我国阻断贫困代际传递的根本良方。教育扶贫关乎个人成长,关乎民族和国家的长远发展。教育扶贫旨在扶智,利国、利民。百年大计,教育为本。2012年12月习近平总书记在河北省阜平县考察扶贫开发工作时的讲话就强调"治贫先治愚"。2013年11月,习近平总书记在湖南省湘西州花垣县排碧乡十八洞村调研扶贫攻坚,强调要从实际出发,因地制宜,精准扶贫,切忌喊口号,也不要定好高骛远的目标。首次提出精准扶贫重要思想。教育扶贫是在精准扶贫提出之后,国家重点出台的政策,作为彻底稳定脱贫的重要推手着重解决贫困特别是农村的贫困问题。2015年4月,中央全面深化改革领导小组第十一次会议提出"发展乡村教育,让每个乡村孩子都能接受公平、有质量的教育,阻止贫困现象代际传递,是功在当代,利在千秋的大事"。

在现实生活中,富贵和贫困都可以通过代际传递,但这种传递不是遗传因素,不是与生而来,后代的先天资质和成长,是决定这种代际传递是否可以继续下去的重要因素。因此,要把下一代的教育工作做好,做到位,要让下一代带领家人和自己过上幸福的生活,就不能让孩子输在起跑线上。马克思主义基本原理坚持"物质决定意识,意识对物质具有反作用。"脱贫关乎物质,更关乎意识,而教育正是意识脱贫的重要途径。事实证明,教育扶贫既是减贫的重要途径,也是有效防止返贫问题产生的途径。

正如是美国社会学安妮特·拉鲁教授的代表作《不平等的童年——阶级、种族与家庭生活》一书所揭示的那样:教育不公平从人一出生就开始了[7]。我们党中央意识到这一点,教育政策扶贫是从学前教育开始,2011年开始实行三年行动计划,支持贫困地区学前教育发展,并且按照"地方先行、中央补助"的原则进行资助;2017年还实行了"一免一补"政策;义务教育阶段实施"免费午餐制度";高中教育实施了奖助学金制度,中等职业教育公费,公费师范生制度等。教育扶贫本身具有两方面内涵,即"扶教育之贫"和"依靠教育扶贫"。"扶教育之贫"即指国家通过经济投入、政策倾斜等方式,对教育领域进行规模化的发展,以实现教育领域的减贫脱贫。"依靠教育扶贫"即指国家将教育作为减贫的重要手段、工具等,通过发展贫困地区的教育来提高贫困人口的个人素质、能力以及脱贫意愿,从而带动区域发展[8]。

与本研究的契合性及其启示:

第一,社会主义社会发展的最终目的——在于促进人的全面发展;和谐社会发展的重要内容——全社会互帮互助,全体人民平等有爱、融洽相处,人民群众安居乐业。社会和谐发展思想是我们伟大领袖们集体智慧结晶,是马克思主义和谐社会发展思想的深化和升华,是弱势群体高等教育补偿研究的重要理论支撑,也为该研究指明了方向和路径。社会公平不仅是和谐社会的重要特征,而且是构建和谐社会的关键。只有切实维护和实现社会公平,才能充分调动人们的积极性、主动性和创造性,使社会逐步融洽协调,从而促进整个社会的稳定和谐。由此可见,在弱势群体高等教育补偿中,同样要把社会公平放到更加突出的位置,才能形成全体人民各尽所能、各得其所而又和谐相处的社会局面。

第二,中国梦的战略思想是把国家、民族和个人作为一个命运共同体,从而使国家利益、民族利益和每个人的具体利益都紧紧地联系在一起。中央在实现国家梦、民族梦的同时,也积极为个人的出彩与梦想实现创造条件,积极创造底层青年向上流动的机会。中国梦让中国的每一位有志青年都能看到光明和希望,尤其给弱势群体带来奋斗的信心、勇气和坚持的力量。中国梦战略思想为弱势群体的高等教育补偿研究创造了良好的社会环境与条件。

第三，教育扶贫是我党新时期精准扶贫的重要举措，有效地减少了辍学率；"治贫先治愚"，让教育能够脱贫，防止返贫的观念深入民心；在防止贫困的代际传递中起着十分重要的作用，为弱势群体的高等教育补偿创造了良好的社会氛围，打下坚实的基础。

和谐社会发展思想，中国梦以及教育扶贫的重要战略思想，这些与时俱进又独具中国特色的民生思想，理念上是一脉相承的——构建一个社会成员彼此团结友爱、民主公平正义的社会，是推行实施弱势群体高等教育补偿政策的前提基础，不仅营造了良好的社会氛围，同时也为高等教育公平理论提供了丰富的思想源泉。

二、正义论

正义（justice）一词的使用由来已久。在亚里士多德的著述里，它主要用于人的行为。然而，在近现代的西方思想家那里，正义的概念逐步被专门用来评价社会制度的一种道德标准，被看作社会制度的首要价值。美国著名哲学家、伦理学家约翰·罗尔斯（John Rawls）提出的著名的正义原则，对于我们弱势群体高等教育补偿的原则可以借鉴。罗尔斯提出了"作为公平的正义"原则：第一原则为"平等自由原则"，每个人对与其他人所拥有的最广泛的基本自由体系相容的类似自由体系都应有一种平等的权利。即平等地对待所有人，是均等性的公平，用于处理公民的政治权利，保障公民的平等自由。第二原则是"差别原则"和"机会公平原则"，社会和经济的不平等应这样安排，使它们：（1）被合理地期望适合于每一个人的利益（差别原则）；（2）依系于地位和职务向所有人开放（机会公平原则）。第二原则用于处理有关社会和经济利益问题，适用于收入和财富的分配，是一种不均等的公平，突出了要为处境不利者提供补偿。一般情况下，第一原则优于第二原则，第二原则中的机会公平原则又优于差别原则。这两个原则最后强调"合乎最少受惠者的最大利益。"[9]

罗尔斯认为他的两个正义原则相应于传统的"自由、平等、博爱"的口号，即第一原则和自由优先性的规则相应于自由；机会公正平等的原则以及第一原则中强调的人人对自由的平等权利相应于平等；照顾最少受惠者利益的差别原则相应于博爱。罗尔斯的正义论不仅表现出一种平等主义的倾向，而且也表现出一种自由主义的倾向。[10]

罗尔斯还论证了上述"原则"之间的关系。他认为，"自由的优先性意味着自由只有为了自由本身才能被限制。"[11]相对于第二条原则，第一条原则是确保人们享有平等的自由权利，因此，它拥有优先地位。在第二条原则中，相对于差别原则,由于机会平等原则确保了人们享有平等的就业权利,所以,它拥有优先地位。这里,只有差别原则存在某种"不得不存在"的不平等,因而差别原则应是重点处理的原则,不能因为差别而导致社会的实质不平等。因此,罗尔斯直接把对社会最不利者的最大利益作为差别存在的前提条件。

与本研究的契合性及其启示:

公平正义是文明民主社会的追求和重要标志,公平正义也只有在文明民主的社会才能更为彻底地实现。公平正义是人类不懈奋斗追求的永恒目标,公平正义永远是相对而言的,也正因为此,在其感召和指引下使人类社会永远不断向前,去创造更加美好、灿烂的未来。

1. 为研究弱势群体高等教育补偿问题提供了前提和原则

正义论认为:公平不是平均,公平是平等地对待相同,有差别地对待不同,对弱势群体进行补偿;公平应坚持平等原则、差别原则、弱势补偿原则。这为我们探讨、剖析弱势群体高等教育公平问题提供了前提和原则;弱势群体高等教育补偿的研究和推进同样应遵循平等原则、差别原则、弱势补偿原则,对中西部农村教育及弱势教育群体进行教育补偿。

2. 为剖析弱势群体高等教育补偿提供了依据和标准

正义论的理念和原则为全面、深入剖析高等教育公平问题提供了依据和标准,既对高等教育起点、过程、结果公平中的差距过大问题进行了呈现、剖析,又对高等教育课程、评价中的无差别对待问题进行了梳理和分析,为后面的研究奠定了坚实基础。

3. 为弱势群体高等教育补偿策略提供启示借鉴

公平与正义联系密切,正义价值是教育公平、高等教育公平的核心追求之一。正义论是公平理论的经典理论,其提出的平等原则、差异原则、补偿原则对弱势群体高等教育补偿推进策略的构建有重要的启示和指导意义,正义论及其正义原则尤其是其照顾最少受惠者利益的差别原则和补偿原则的提出为公平正义的达成,为推动农村等弱势地区教育的发展,为破解高等教育公平问题,提供了理论范式和现实路径,为以后的相关研究和实践探索奠定了坚实的基础,为本研究分析高等教育公平问题提供了很好的分析工具和研究思路,是本研究重要的理论基础。

根据罗尔斯的观点,教育政策的制订应均等地分配社会资源,更应考虑差别原则和补偿原则,要为弱势群体提供更多的资源,以补偿他们先前的不利地位。在这方面,国外有很多经验值得我们借鉴与学习,如美国的"教育补偿"囊括了教育的各个阶段:学前教育阶段,义务教育阶段,高等教育阶段。义务教育阶段,美国政府通过"放学后计划"对低收入家庭的儿童进行教育补偿。在高考招生方面,美联邦政府一直为高等教育的入学机会均等而斗争,把入学机会均等作为反对经济贫困和种族歧视运动的一部分。

三、多中心治理理论

多中心治理理论主要由治理理论与"多中心"的思维概念结合发展而来,认为提供公共服务、进行公共治理的权力中心不再是单一的,而是由多个相互独立的部门组成决策中心,通过订立合约,开展合作,并以一定机制来解决矛盾与冲突。埃莉诺·奥斯特罗姆等人(Elinor Ostrom)将经济领域的多中心现象应用到公共服务领域并提出了多中心治理理论的框架,这是基于对传统单政府治理模式的批判而形成。奥斯特罗姆认为政府不应该成为公共服务供给的单一主体,而是要和企业、非营利组织、社区及个人等独立主体要素相互协作,使各方相互博弈、相互调适,进而形成多样化的公共服务治理模式。

奥斯特罗姆提出的多中心治理理论打破了传统意义上管理主体的单一性和过程的单向性,更加强调供给过程中管理主体的多元性、过程的竞争性与协作性,以及目标的共同性。这些特点使多元主体间能够优势互补,实现公共产品的优化配置,为解决地方性公共事务提供多途径多渠道。与以往政府作为单一治理主体相比,多中心治理理论强调治理主体的多元参与,这对于解决公共事务问题、提供公共服务有着较大的优越性。但是,社会主体(包括除政府外的市场主体、社会组织、公众个人、媒体主体)的参与意愿强度以及政府主体的主动介入程度,都影响着公共事务治理的有效性以及公共服务供给存量的大小。多中心治理理论与弱势群体高等教育补偿的契合性分析。多中心治理理论作为公共事务管理的一种理论已经在很多学科领域得到了应用,如管理学中的环境治理,政治学中的政府工作管理及村民自治,经济学中的公司治理等。这也表现出多中心治理理论在一些学科领域的研究中具有一定的普适性,但是它并不是分析所有事务"放之四海而皆准"的万能理论。多中心治理的对象必须是涉及多方利益主体的公共产品,因此,判断多中心治理理论对于弱势群体高等教育补偿研究的适切性也需从这几点出发:

1. 高等教育补偿具有准公共产品的属性

根据奥斯特罗姆的多中心理论,多中心治理的根本目的是要向社会有效地提供公共产品,这是多中心治理理论存在的基础,也是多中心治理的逻辑起点。因此,只有了解弱势群体高等教育补偿的属性才能从根源上判断多中心治理理论对该问题研究的适用性。提出的公共产品理论的美国经济学家保罗·萨缪尔森(Paul Samuelson)认为,社会的产品主要由公共和私人两种产品组成。公共物品或是产品具有非竞争性和非排他性。纯粹的公共产品必须满足三个特征,一是效用的不可分割性(non-divisibility),二是消费的非竞争性(non-rivalness),三是受益的排他性(non-excludability)。由此,现实中纯粹的公共产品或是私人产品是极少存在的,大多物品都是介于公共产品和私人产品之间的混合物,也就是准公共产品。教育就属于准公共产品。

2. 弱势群体高等教育补偿:牵涉到不同的利益主体

弱势群体的高等教育补偿牵涉到国家、不同的阶层利益,家庭和个人。弱势群体高等教育补偿,需要借助多中心主体——中央政府、高校、地方政府、中小学、家庭、个人,充分发挥社会力量共同分担社会责任,使得弱势群体高等教育补偿问题得到更多关注、更多力量的支持和分担。

第三节 弱势群体高等教育补偿伦理学基础

伦理学是一门独特的学科,即对道德进行研究的一门学科,也可表示某个伦理学家、某种伦理学流派对道德的一整套道德认识,还可表示某一文化对道德规则的一整套规定。伦理学理论的生命力不仅在于对道德现象的解读和对德性的倡导,更在于对伦理问题和道德问题的干预并推动问题解决。弱势群体的高等教育公平问题,如果不能得到有效地解决将会影响到社会的分层与合理流动,影响到社会的稳定与发展,因此,全社会从道德上对弱势群体高等教育补偿问题进行伦理关怀迫在眉睫。

一、人道主义伦理学

埃里希·弗洛姆(Erich Fromm)是二十世纪西方著名的地理学家、哲学家,也是现代西方著名的人道主义伦理学家。弗洛姆指出"人道主义伦理学是由人自己制定规范并受制于规范,自身既是规范的管理者,又是规范的执行者"。

人的问题始终是弗洛姆思考和关注的理论聚合点,他认为,要客观地认识西方物质丰裕和精神失衡并存的病态社会,必须确立一个正确的评判标准即人的科学,而考察这一精神健康的评判标准首先要科学地把握人的本性。

弗洛姆人道主义伦理学以人为本,高扬人的理性,崇尚人的幸福,鼓励人去发展、实现自己,成为"自为的人"。这启发我们,弱势群体高等教育补偿,也应奉行人道主义道德原则。所谓道德原则,是实施道德教育过程中必须遵循的基本要求,"是处理德育过程中一些基本矛盾和关系的基本准则"。由弗洛姆人道主义伦理学的基本规定,人道主义道德原则的核心内容应包括:(1) 充分认识到自己是"人",他人也是"人",彼此之间在人格上完全平等;(2) 充分认识到自己应有的权利和义务,同时也要承认他人作为人享有与自己同等的权利和义务;(3) 尊重自己,尊重他人;爱自己,爱他人;(4) 以人类社会为中心、来处理自己与他人、人与人之间的关系。弱势群体高等教育补偿过程中,坚持人道主义的道德原则,有利于社会各阶层的彼此理解。

二、关怀伦理学

关怀伦理学兴起于 20 世纪 70 年代末、80 年代初的美国,是当代西方伦理学中的重要理论。美国心理学家卡罗尔·吉利根(Carol Gilligan)从女性特有的心理特征出发,在批判质疑传统正义伦理的基础上,提出了关怀伦理的初步观点和思想。随后,美国著名哲学家、教育家内尔·诺丁斯(Nel Noddings)从道德哲学的角度对关怀伦理学进行了深入挖掘和系统完善,并成功地将这一理论应用到道德教育实践领域,关怀伦理道德教育模式由此诞生。关怀伦理学的核心理论就是"关怀",注重情感的共鸣以及他人的需求,推崇根据具体的实际情况进行社会实践,目的在于更好的维护社会相互依存的关系。关怀出于爱、责任和道德理想,意味着对某事或某人负责,保护其利益,促进其发展。

三、责任伦理学

"责任伦理"最早是由德国社会学家马克斯·韦伯(Max Webber)提出。他指出:"一切有伦理取向的行为,都可受两种准则中的一个支配,这两种准则有着本质的不同,并且势不两立。"[11] 指导行为的准则,可以是信念伦理,也可以是责任伦理,韦伯着眼于行为本身的价值和行为可预见后果之差异,认为信念伦理属于主观的价值认定,行动者只把保持信念的纯洁性视为责任;而责任伦理则要求对客观世界及其规律性的认知行动者要审时度势做出选择,并对其后果承担责任。按韦伯的解释,责任伦理实际上是一种"尽己之责"作为基本道德准则的伦理,其判定道德主体之道德善恶的根本标准,在于道德主体在一定的道德情境中是否尽了自己应尽的责任:是则善,否则恶。而判断道德主体"是否尽了自己应尽的责任",则在于看其行为的后果是否是其所肩负的责任所要求的应然后果:是,就是尽了应尽之责;否,就是未尽应尽之责。

伦理学与本研究的契合度表现在:弱势群体高等教育补偿事关社会阶层间的合理流动与和谐,不仅仅是中央政府的职责,同时也是高校、地方政府、中小学、家庭和个人的责任。全社会关注弱势群体的高等教育补偿是一种伦理上的要求。具体而言,父母及其家庭、所在村组(社区)、学校、政府和其他社会组织或团体都应该为弱势群体高等教育补偿尽己所能。教育公平是社会公平的重要基础,有社会公平均衡器的作用。在现代社会中,教育的阳光应更多地播撒在因各种原因而处于困难之中的特殊群体身上。要健全困难学生资助体系,要完善特殊体系,要加大对特殊学生的资助力度,要着力解决随迁子女享受同等教育等问题。要让公平教育的光辉,灿烂每个家庭,使学有所教,人人出彩。

参考文献:

[1] 郑杭生等. 转型中的中国社会和中国社会的转型[M]. 北京:首都师范大学出版社,1996.

[2] 王思斌. 社会转型中的弱势群体[J]. 中国党政干部论坛,2002;3.

[3] 李娟. 美国弱势群体补偿教育政策形成与变迁研究[D]. 华东师范大学博士论文,24页.

[4] 王卫东. 高等教育过程公平的社会学分析[M]. 知识产权出版社,44页. 2015.12.

[5] 邓小平.《在武昌、深圳、珠海、上海等地的谈话要点》.《邓小平文选》第三卷[M]. 北京:人民出版社1993年版,第373页.

[6] 江泽民论有中国特色社会主义专题摘编[M]. 北京:中央文献出版社,2002.

[7] 张旭译,安妮特·拉鲁教授的代表作《不平等的童年——阶级、种族与家庭生活》,北京:北京大学出版社,2010:1-3.

[8] 苑晓杰,宋严. 中国特色社会主义社会建设理论演变历程及启示[J]. 理论学刊,2010,07.

[9] 朱艺丹. 发展中国家教育扶贫政策比较研究[D],[硕士论文]. 陕西师范大学,2018.05.

[10][11][12]约翰·罗尔斯. 正义论[M]. 何怀宏,何包钢,廖申白审. 北京:中国社会科学出版社,1998.6-9.

[13] 廖茂忠. 义务教育补偿的价值基础研究[D]. 广州:华南师范大学,[硕士论文]. 2003:45.

第五章　国外弱势群体高等教育补偿变迁与发展

高等教育机会公平问题是各国共同面临的问题。纵观世界高等教育发展，虽然每个国家高等教育发展历程各有不同，但是从精英教育发展到大众教育再到普及化阶段的大致趋势是相同的。西方发达国家先后进入了高等教育的大众化发展阶段，并朝着普及化的道路前进。高等教育逐步打破了精英教育垄断模式，让更多的人超越出身、种族（民族）、性别、年龄、地域等因素，实现"有学上""上得起"和"上好学"。高等教育每一个阶段的发展史是社会公平民主发展的产物，也是高等教育趋向公平发展的体现；高等教育公平的每一次推进，都伴随着社会弱势群体参与机会的拓展。本章主要通过国外几个国家在维护高等教育机会公平中所颁布的政策法规制度，采取的具体措施和经验的梳理，从宏观政策以及实践执行成效方面进行比较分析，通过比较的视角对我国高等教育入学机会公平实现中弱势群体教育补偿制度、政策及实践提供有益的借鉴与参考，从而推动我国教育事业的发展。

第一节　美国弱势群体高等教育补偿政策发展与演变

"先有哈佛，后有美国"，可见高等教育在美国历史上的地位。美国高等教育起初是沿袭了英国高等教育制度，但后来者居上，很快成为世界高等教育发展中心，公平正义的价值取向成为其内部重要推动力量。美国高等教育发展历史，也是公平正义的发展史，而美国高等教育公平的每一次推进，都伴随着社会弱势群体参与机会的拓展。

一、美国弱势群体高等教育补偿的变迁

历届政府十分重视高等教育的公平发展，重视社会各阶层尤其是社会弱势群体的参与。美国是世界上率先提出"教育补偿"的国家，教育补偿贯穿了学前

教育—基础教育—高等教育整个过程。美国高等教育公平实现中弱势群体教育补偿经历了以下几个重要阶段：

（一）南北战争到二战后期美国高等教育补偿法案与实践

南北战争到二战后期，一系列法案对高等教育公平发展影响重大。其一是《莫里尔法案》对高等教育公平的影响。19世纪上半叶的第一、第二《莫里尔法案》、1914年的《史密斯利佛法案》等一系列与赠地学院相关法案的实施有力地推动了高等教育公平的进一步发展。主要表现在：

第一，高等教育大门向劳动阶级的子女开放，向民主化发展。比如第二《莫里尔法案》要求黑人和白人一视同仁接受同样的教育，改变了传统高等教育注重向上层子女开放的现实。赠地学院的建立，并向所有阶层人士开放，将实用知识传授给未来的劳动者以改善社会生活的各个层面。对普通民众而言，高等学校不再是可望而不可即的坚固堡垒。使美国新型的高等教育与传统的精英教育决裂，走上了民主化和大众化的道路。

第二，形成美国新的高等教育系统，教育补偿从补课开始。《莫里尔法案》打破了美国高等教育教会性和私立性，形成了新型的公立高等教育系统，保护了包含黑人在内的其他有色人种平等接受高等教育的权利。

第三，实施灵活课程教学，保障教育过程和结果均等。鉴于生源学习基础不容乐观，有的新生缺乏良好的基础，赠地学院根据它们实际情况创办预科系为他们补课。在课程设置和教学方面，因地制宜，开设适合他们特点的课程，使其既能学到实用技术，又能顺利完成学业。

该时期颁布了一系列重要法案，对高等教育公平产生了重要影响，比如，1944年罗斯福总统签署了《1944年军人适应法》，也称为《军人权利法案》，主要是通过联邦政府为主体资助退役军人的教育或培训，帮助他们更好地融入社会、获得工作、适应普通人的生活。退役军人进入大学或学院学习，给美国高等教育带来的巨大的变化。第一，改变了高等教育的观念。教育应是每个人的权利，不应该因种族、宗教、家庭、年龄或者性别有所不同。第二，为处境不利群体提供了接受高等教育的机会。该法案为黑人士兵提供了一个很好的改变经济和社会条件的机会，黑人大学生从1941年的37302人上升到1947年的73174人，大大超过了法案执行前的人数。

（二）20世纪60年代高等教育补偿法案与实践

二战后的30多年间，美国高等教育迅速发展，进入了以"3P"时代，即兴盛（prosperity）、威望（prestige）和普及（popularity）为主要特征的"黄金时代"。更加强调通过立法解决贫困、民族间歧视与不公问题。20世纪60年代中后期先后颁布了一系列的法案,采取了一些重要"教育补偿"措施,对美国高等教育产生了深远的影响。1958年通过的《国防教育法》是美国历史上第一次将教育问题同国防联系起来,把教育置于国防安全重要位置。《国防教育法》突破了以前法案的条例,最突出的创意在于为了保证贫困学生能够获得同样的高等教育的机会,把针对高等学校学生贷款,对高校贫困学生的资助,写进了法律。同时,为了鼓励学生学习,设立了国防奖学金。开创了联邦政府直接拨款、全面扶持教育的先例。《国防教育法》建立国防奖学金鼓励寒门子弟努力学习和从事研究。一个显著影响就是增拨大量经费,提供财政资助发放大学生学习贷款。1958年—1968年短短十年间,向迫切需要资助的教育系统提供了30亿美元。[1]1965年通过的《高等教育法》,该法案具有划时代的意义也是最核心的内容,就是关于贫困大学生资助内容。为补助落后的高校及学生,向全民提供平等的教育机会,国会每年拨款6.5亿元。《高等教育法》在20世纪70年代进行了三次修订,其中1972年的修订影响最大,增加的主要项目有:①通过了佩尔提出的"基本教育机会助学金",扩大了资助范围,从传统的大学生扩展到整个中学后的学生,联邦政府每年可对贫困大学生提供最高为1400美元的助学金。②建立"州学生配套助学金"(the state student incentive grants),即联邦政府向各州提供相匹配的学生助学金。③为完善学生贷款管理,建立了"学生贷款营销协会"(the student loan marketing association)。[1]

(三) 20世纪80年代高等教育补偿法案与实践

20世纪最后20年,美国经济衰退,财政收入锐减,通货膨胀严重。很多家庭无法支付昂贵的学费,毕业后找不到工作,高校老师工资缩水,纷纷跳槽到别的部门工作。面对严峻的社会形势,美国的高等教育改革理念致力于"追求优异,兼顾公平",为了提高教育质量,提升本国国民素质;使更多的少数民族学生有机会进入大学接受进一步教育,美国政府主要从三方面入手,扩大这些以往被忽视群体的教育机会:首先,为少数民族学生提供辅导和暑期服务。少数民族学生由于传统文化和价值观的差异,在融入美国主流生活时会存在着一定障碍。因而,"在正规教育早期阶段就应该给这些学生以特殊鼓励和辅导,打牢他们的知识基础,树立他们的自信心,帮助他们步入适合的学院"。其次,扩大针对低收入学生的资助。为了保障贫困家庭学生不会因为经济原因而被阻挡在大学之外,联邦政府相继颁布了《学生贷款合并与技术性修改法》(1983)与《综合预算平衡法案》(1985),修改了对学生的资助条例,以更加多元的方式给予学生入学以经济援助。1986年里根政府对《高等教育法》做出了修改:"恢复更适合和公平的学生资助的作用;对真正有需要的学生给予帮助。"一方面,联邦政府加大了佩尔助学金计划对贫困学子的倾斜;另一方面,建议高校调整资助模式,按照学生的实际需求来颁发助学金。同时,受"成本分担"理论的影响,纳税人、企业纷纷承担起了高等教育的成本,不少企业和雇主增加了对学生的资助,为大学生提供多种奖学金和助学金项目。已有的基金会比如福特基金会,十分关注未来发展,涉及的项目多数与少数族裔、女学生等议题相关。最后,通过法律保障学生的合法权益。以加利福尼亚州为例,1986 年,加利福尼亚州议会通过了《入学考试法案》,该法案规定"大学不得将那些学习能力低的学生排除在大学校门之外,大学可以通过补习课程帮助学生提高阅读、写作和算术水平"。此外,联邦政府也在公告中强调"任何相关项目、计划或活动如果对于种族、信仰、肤色性别、生理缺陷等有歧视性规定,政府的健康与人类服务部门将拒绝给予财政援助"。强调被忽视群体的利益诉求,对处于不利地位的弱势群体以差异补偿,是美国在 20 世纪 80 年代落实"公平"理念所采取的重要举措。20 世纪 80 年代美国以"追求优异,兼顾公平"为核心思想的高等教育理念虽然使美国高等教育摆脱了困境,提升了高校学生的成绩和能力,进一步保障了学生的入学权力,改善了教师队伍的质量,但是在一些方面还存在着不足。例如,教学在实际中仍受忽视,优质教育资源的共享未充分考虑学生的个体差异,通识课程的深化面临多重障碍。[2]

(四) 21 世纪美国高等教育补偿法案与实践。

21 世纪以来,美国高等教育面临诸多的挑战,美国高等教育补偿内容和形式也发生了深刻的变化。首先,由于受到金融经济危机以及通货膨胀等因素的影响,导致州政府对公立大学的财政支持逐渐减少,高昂的学费成为阻碍教育机会均等的重要因素。奥巴马政府非常重视高等教育的作用,并想通过提高高等教育质量来促进美国经济的恢复。因此,联邦政府不断加大其在教育行动中的作用,以拨款、资助的形式加强对教育的主导权,并通过政府立法推动各项计划的实施。如 2009 年通过的《美国复苏与再投资法案》规定,从国家"刺激资金"中划拨 908.7 亿美元用以直接投资教育,其中的 156 亿美元用以弥补佩尔助学金项目的不足,将低收入家庭学生每年接受佩尔助学金资助的最高额度提升至 5350 美元,并与通货膨胀率结合起来,确保这个最大额度的增长率高于通货膨胀率。此外,分配 138 亿美元用于资助符合条件(家庭年收入少于 18 万美元)的大学生,分配 2 亿美元用于直接资助高校学生的攻读计划。[3]这样以法案的形式将每年对高等教育的各项投资加以固定,既能保证资金投入到位,促进教育改革的顺利进行,又能确保资金合理、均衡分配,最大限度发挥政府拨款的作用。美国国家教育统计中心(NCES)的调查显示,从 1999—2000 学年到 2009—2010 学年,美国少数族裔学生的比例明显增加。但是不同种族收入差距仍然存在;贫富子弟在接受高等教育的差距仍然存在。数据显示,联邦政府和州政府更多地资助了中等或中上收入家庭的学生。这一时期的中产阶级家庭成为教育补偿受益者。由于学术准备不足,很多高校大一提供了补习教育,据美国国家教育统计中心(NCES)的调查显示,1999—2000 学年,2003—2004 学年,2007—2008 学年这三个学年,大学生入学第一年参加补习课程的比例分别为:26.3%,19.3%,20.4%[4]。最后,高校学生毕业率和学生学习成效低下,如何提高大学生的毕业率,如何让大学生的学习成效和学习成本相匹配,如何有效提升学习成效,仍然是一个纵横交错、内容庞杂且正在困扰美国高等教育管理者和研究者的现实问题。

二、美国高等教育补偿的特点

1. 高等教育补偿的对象多元且随社会发展而不断变化

著名的高等教育理论家和改革家克拉克·科尔在谈到高等教育入学机会时说过:"我承认种族和性别本身可能是而且常常是一种障碍,但是……家庭、社区的性质,早期教育的质量,家庭所用语言、家长教育水平以及家长收入水平也成为不利条件。"[5]这说明美国高等教育弱势群体是多元的,包括少数民族学生、女生、偏远地区的贫困学生等。每个时期随着社会形势的变化,确定教育补偿的对象,比如二战后的军人成为重点帮扶的对象,退役军人中的黑人和白人一视同仁接受教育;20 世纪 60 年代主要帮扶贫困大学生;70 年代,除了大学生,还扩展到中学生;80 年代,中产阶级家庭也得到教育补偿。

2. 综合运用法律、技术、市场、税收优惠以及其他综合性权益保护手段

经过《莫里尔法案》、《军人权利法》、《国防教育法》、《高等教育法》及历次修订案、《学生贷学金改革法》、《中等收入家庭协助法》、《纳税人救助法》等一系列法律法规发展,法律已成为美国高教权益保护的强力手段。其数量、种类比较多,涵盖领域比较广,提出的规范比较切实、有效。它既是一项政府的事业,又是一项民间的事业;它还是一个行业,一个产业链。这个产业链中有五个环节:银行和贷方,二级贷款市场,担保机构和贷款服务者,替代性贷款业,顾问、出版商和计算机技术提供者[6]。美国政府还通过各种"赋税政策"来间接资助高等教育。在 1986 年的《赋税改革法》通过之前,美国每年因高等教育税收优惠造成的财政收入减免估计达 40 亿美元以上[7]。关于如何更为公正、有效、准确地分配政府的资助;教育部学生资助信息处理中心通过数据库等途径,详细调查学生及其家庭经济状况,对学生填写的联邦学生资助自由申请书(FAFSA)和其他申请书进行核实和修正,形成学生资助报告[8]。

3. 政府、社区、学校与家庭密切配合

《美国 2000 教育战略》指出教育诞生于家庭、学校与社区,由此扩展了教育

场所。奥巴马政府倡导"公平问责制"(Fair Accountability),该制度也将学校列为问责的主体,并主张对落后教育学区或州进行问责。因而美国教育高等教育补偿的实现,离不开社区、学校与家庭的鼎力支持。奥巴马总统在 2015 年提出关于社区学院免费的建议,他认为应为美国社会培养更多高素质的专业人才以应对未来激烈的全球竞争。社区学院应像高中一样普遍免费以减轻日益加重的大学生贷款负担。这样的学院在多个州内已经开始运作。芝加哥城市学院就是典型之一。社区学院旨在为当地重点行业培养专业技术人才,并与大学进行合作以帮助优秀学生完成更高的学业追求。

4. 美国的教育补偿囊括了学前教育—基础教育—高等教育所有阶段,并具有连续性

自 1965 年起,旨在帮扶贫困家庭的儿童施以免费早期教育的"开端计划"开始实施。1981 年继续实施《开端计划法案》(Head start Act of 1981)每年至少拨款 10.7 亿美元专项基金保证计划顺利实施;1995 年出台《早期开端计划》(Early Head Start Program);针对 3 岁以下不利儿童的相关服务标准作了详细的说明。《2007 开端计划入学准备法案》针对实施过程出现的问题做出了一系列规定。2009 年 2 月《美国复苏与再投资法案》其中用于学前教育的资金高达 50 亿美元,包括实施"自主儿童早期开端计划"、资助弱势群体、提高学前教育质量等。[9]基础教育实施了"薄弱学校改造计划","推广农村教育成就项目",项目自 2002 年开始,累计拨款 4.98 亿美元[10]。主要用于提高弱势群体学生的学业成绩、培训并招聘优秀教师和校长等方面。奥巴马总统时期推出了"卓越攀登计划",设立 43.5 亿美元基金,鼓励各州调高基础教育阶段的学业成绩改革项目[11]。

综上所述,美国弱势群体教育补偿大致经历了以下五个阶段,每个阶段都有鲜明的补偿理念与补偿目的,从中可以梳理高等教育补偿政策的发展轨迹。第一阶段:美国建国后的高等教育,具有浓厚的古典和宗教色彩,培养目标强调"绅士型"的官吏和管理人才,高等教育主要招收社会上层家庭子弟。为了改变现状,国会在 19 世纪下半叶先后通过一系列资助与法案。法案要求教育扩大到农工阶层与普通民众,有色人种、普通百姓有了接受高等教育的机会。第二阶段:20 世纪 40 年代中期至 60 年代早期。作为"为国培养英才"理念的产物,《1944 年《退役军人重新适应法》的出台,开启了高等教育成为维护机会平等的重要手段;开启了联邦政府大规模地资助个人接受高等教育的先例,为典型意义上的学生资助奠定了基础;承担军人教育和培训的社区学院得到资助而迅猛发展,形成了美国高等教育的特色。联邦政府通过《国防教育法》在法律上确定了贷学金制度。第三阶段:20 世纪 60 年代至 70 年代,在"高等教育机会均等"理念引领下,联邦政府通过《高等教育法》,目标主要是解决由于贫困问题、民族

歧视问题造成的教育机会不均等。这一时期政府不断通过立法和资助手段,保障不利群体受教育机会。第四阶段:20世纪80年代美国以"追求优异,兼顾公平"为核心思想的高等教育理念下,强调被忽视群体的利益诉求,对处于不利地位的弱势群体以差异补偿,是美国在20世纪80年代落实"公平"理念所采取的重要举措。第五阶段:新世纪初期高等教育补偿的发展。"面向全体学生",美国布什总统于2002年签署《不让一个孩子掉队》(No child is left behind)法案。此法案也是美国义务教育由数量公平转为质量公平的重要转折。但是效果不佳,辍学率不降反升;2008年奥巴马总统就职后签署《让每个孩子成功法》《改革蓝图》等法案,致力于让所有学生都享有优质均等的教育服务。新世纪初期中产阶级成为补偿的受益者。2016年11月,特朗普(Donald Trump)追求"全面优异",其涵盖"全体优异"、"全方位优异"以及"全面保障优异"三部分内容,旨在通过提供各项教育资助促使所有学生都能获得全面的成长与发展。

第二节　爱尔兰弱势群体教育补偿研究

爱尔兰(Ireland)位于欧洲西部,是一个高度发达的资本主义国家,也是欧盟、经济合作与发展组织、世界贸易组织和联合国的成员国,并且也是世界经济发展速度最快的国家之一,因经济发达赢得了"欧洲小虎"的美誉。爱尔兰高等教育资源丰富且质量很高。根据经合组织《教育一瞥(2009)》报告,爱尔兰25至34岁公民接受高等教育的平均比例为44%,高出经合组织国家平均值10个百分点,高出欧盟19国13个百分点[12]。全爱尔兰共有7所研究型大学,2009年有5所进入世界前300强,2010年有7所研究型大学和1所理工学院进入世界前500强,其中2所连续两年进入世界前100名(2009和2010年《泰晤士报·高等教育副刊》排名)。自20世纪末,爱尔兰政府重视教育投入,高等教育事业发展突飞猛进,国际排名快速提高,"凯尔特虎"十年磨一剑,将爱尔兰高等教育提升到全球高等教育强国的行列。[12]

一、爱尔兰高等教育公平的现状

实现高等教育入学公平是爱尔兰高等教育改革的优先发展目标,但实际上,由于不同区域经济发展程度以及不同群体在遗传、环境等方面存在的差异,爱尔兰高等教育在入学公平性方面仍然存在一些问题,具体表现在区域差异、群体差异和学生群体在基础教育阶段受教育程度差异等方面。

(一) 东西地域间高等教育入学情况的差异

爱尔兰共和国传统分为26个郡和4个郡级市,另外还有2个市郡。根据对爱尔兰整体经济状况的研究发现,爱尔兰东部地区经济状况明显高于中西部,而这些差异也直接影响到不同区域学生接受高等教育的比例。从高等教育入学率来看,在这26个郡中,入学率最高的斯莱戈郡达到70.5%;而入学率最低的西米思郡却仅占40.8%。[13]由此可见,爱尔兰东部地区高等教育规模明显高于其他区域,而中西部区域高等教育入学率相对较低。

(二) 阶层间高等教育入学机会的不平等

爱尔兰贫富不均严重,2011年度欧洲反贫困网络(EAPN,European anti-Poverty Network)对爱尔兰进行的调查显示,爱尔兰5%的人口掌握了全国40%的财富,如果除去房屋的价值,爱尔兰1%的人口掌握了全国34%的财富。[14]爱尔兰经济发展和中国有些相似,东部地区经济发展远远超过中西部地区。相应地,东部地区的高等教育入学率也高于西部。东部斯莱戈郡的入学率最高达到70.5%,远远高于西部的西米思郡的40.8%。[15]

从爱尔兰高校学生入学比例来看,家庭出身不同的学生在入学比例上存在着较大差距。自1980年至20世纪初,家庭经济条件不利学生以及残疾学生、成人和少数民族等群体在高等教育入学比例上远远低于其他社会群体。根据爱尔兰高等教育局年统计的数据显示,来自较高社会阶层的入学率超过20%,而来自社会处境不利地位的缺乏技术工人家庭子女入学率还不到8%;农业工作者子女入学率在0.3%—0.8%之间。

(三) 资金分配比例的不平等

在资金分配方面,爱尔兰学生资助项目多由地方政府管理,也即爱尔兰35个高等教育机构和57个社区全权负责资金的投入与分配。然而,由于区域间经济发展水平、政策等的不同,使得资金发放存在严重的不公平现象。以学生资助金(Student Assiantance Fund)的申请为例,一些机构在对学生的经济情况调查后发放资金,但有些教育机构没有调查程序;有些教育机构具有截止日期,但有些没有时间限制;在"千年伙伴"基金(Millennium fund)中,一些社区根据公民的需要分配资金,但有些社区统一分配资金。另外,不同社区和高等教育机构实施资金项目的时间段也有所不同。在这种情况下,学生获取资金的数目和种类就主要依据其所在的区域或就读的学校而有很大的差异。因此,教育部门和学生就呼吁制定统一的资金分配指导方针,对高等教育的各个项目进行有效的监督、评估和调控,使得教育实践者、高等教育机构和社区管理部门等不再孤立地实施相关政策,进而保证资金分配公平性和全民一致性。

除此之外,无论是接受继续教育或是高等教育机构的学生都有资格申请"千年伙伴"的基金援助,但实际上,却只有接受高等教育的学生能够申请到这部分资金。学生资助金由国家固定拨款发放到高等教育机构中,主要用于对学生进行课程补贴和生活补助,但一些规模较小的高等教育机构并没有接收到这部分资金。更为值得关注的是,部分需要资金援助的学生由于未能得到关于爱尔兰学生资助项目的全面信息,进而失去资助机会。这就需要政府、学校和社区等紧密结合起来,建立良性合作伙伴关系,减少这些情况的发生概率。

2001年度爱尔兰国家行动组发布的"关于爱尔兰国民接受第三级教育"的报告显示,爱尔兰社会弱势群体,包括残疾学生、经济弱势群体、成人学生、非全日制学生进入高校的比例偏低,高等教育资源分配不均,不同区域间入学机会不均等问题,呼吁政府给予高度重视。

综上所述,爱尔兰在高等教育入学方面的突出问题不仅表现在入学不同阶层之间的不平等,而且体现为东西区域间的差异以及资金分配的不公平。为解决此类问题,促进高等教育持续、健康发展,同时彰显社会公平,爱尔兰在21世纪初就开始关注此类问题,实行一系列促进公平入学的措施,以期实现这一目标。

二、政府采取的主要措施

20世纪70年代始,为保障更多学生群体进入高校,爱尔兰采取诸多措施扩大高等教育规模,提高高等教育入学率,使得高等教育不再仅仅属于少数人的权利。

(一)颁布一系列法律法规推动高等教育的公平。

1990年始,爱尔兰开始把实现高等教育入学公平作为优先发展的战略,关注不同社会阶层以及残疾学生、成人和少数民族等群体在入学方面的差异,竭力满足不同学生群体的需求,保障入学机会均等。1992年,爱尔兰政府发布《绿皮书:为了改变世界的教育》,提出增加高等教育入学率。1996年,为进一步扩大高等教育入学规模,帮助社会处境不利群体顺利入学,爱尔兰政府对首次进入高校的全日制本科生实施取消学费的政策。1997年,爱尔兰政府正式颁布《大学法令》,进一步规范高等院校入学制度。随后,相继颁布了《就业公平法》(1998年)、《教育和培训资格法案》(1999年)、《成人教育白皮书》(2000年)、《地位平等法》(2000年)《高等教育入学与公平性》,在2003年,爱尔兰高等教育机构设立专门的国家高等教育公平入学办公室,专门负责制定高等教育入学相关政策,监督政策在实践中的运行情况。《对扩大社会经济处境不利群体入学规模相关项目的评估》和《国家行动组关于第三级学校入学情况的评估》等都体现了政府对高等教育入学公平性的关注。另外,爱尔兰政府还一直将入学资金的投入置于国家政策的重心,教育经费持续增加,而且在国家预算中占据十分重要的地位。自2004年始,爱尔兰政府每年投入2300万爱榜资金用于继续和高等教育阶段的学生入学项目,1亿爱榜资金用于高等教育助学金项目。这些政策法律、公平入学机构的建立以及相当一部分资金的援助无一不体现了爱尔兰对社会处境不利群体的关注和对实现高等教育入学公平性的重视。这一系列政策文件相继出台,极力促进不同社会阶层的人群在教育上的公平地位。这些都极大地促进爱尔兰高等教育入学人数的急速增加和扩张,然而,在实际运作过程中,由于各个机构间缺乏一个统一的机构来指导相关政策的运行和实施,加上部分弱势群体入学的机会和权利没有得到完全的保障,爱尔兰高等教育迫切需要一个国家性质的行动计划去指导整个高等教育。

(二) 重点实施相关项目促进高等教育公平的实现

2004年和2008年分别制定了《促使高等教育入学公平性行动计划(2005—2007年)》与《高等教育入学公平性行动计划(2008—2013年)》,这两个国家行动计划基于"促进高等教育公平性"理念制定,旨在为社会不利群体创造条件,保障本国全体公民享有平等的入学权利和机会。该行动计划重点实施了HEAR项目、SSP项目、Bluebrick项目和DARE项目。HEAR项目是"高等教育入学路径项目"(Higher Education Access Route)缩写,是一项专为社会经济地位较低的学生而设立的一个高校入学项目。根据该项目规定,处于社会经济不利地位,如果已取得结业证书并且年龄在23岁以下的爱尔兰公民,都有机会进入高校学习。同时,高等教育机构采取额外学院支持和降低录取分数的方式支持弱势群体学生进入高校就读,每所高等教育机构都有预留名额。

SSP(School Support Program)项目主要是为保障资源薄弱的中小学校和社区的学生从基础教育阶段就平等享有优质教育资源,旨在缩小地域差异,增加其接受高等教育的机会。根据规定,凡是处于社会经济状况较差区域的社区、中小学校都可向高等教育机构提出申请,并至少有一所高等教育机构与其建立合作的关系。[16]

(三) 爱尔兰政府采取多种项目促进高等教育入学路径多样化,具体如图5-1[17]所示。

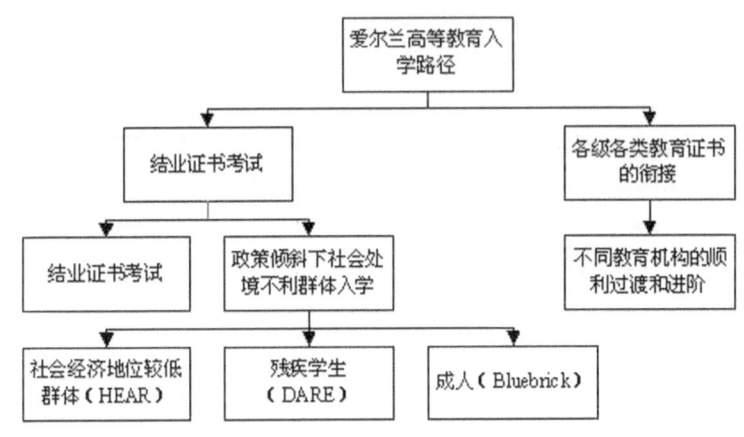

图 5-1 爱尔兰高等教育入学路径多样化示意图

为了保证这些项目的实施,2006 年爱尔兰政府先后颁布了《十年社会合作伙伴关系框架(2006—2015)》(Ten-Year Framework Social Partnership Agreement 2006—2015)采取措施将学校、企业、社区等紧密结合起来,提高社会经济处境不利条件的学生入学率,为爱尔兰 SSP 项目的顺利实施消除障碍。2008 年,爱尔兰高等教育局发布《高等教育战略计划(2008—2010)》,进一步为"促进高等教育入学公平性行动计划"的实施提供强有力的政策保障。2011 年,爱尔兰政府针对本国高等教育在国际金融危机下存在的问题,制定了《国家高等教育战略(2011—2030 年)》(National Strategy for Higher Education to 2030),提出首要目标是建立一个更为灵活的高等教育系统,以满足社会对高等教育多样化的需求。除了政策保障外,爱尔兰政府提供了《国家资格框架》的制度保障、资金支持,如学生助学金、残疾学生资金、千年伙伴基金、Top up 奖学金等。"爱尔兰政府每年投资 1 亿爱镑用于高等教育助学项目,2300 万爱镑用于对继续和高等教育阶段学生进行财政支持和入学项目。"[17]

三、爱尔兰弱势群体教育补偿的主要特色

(一) 遵循的理念

1. 以教育公平为基石

自独立后,爱尔兰政府就宣称自己是一个民主的国家,所有社会成员一律

平等。高等教育入学公平性行动计划正是对这一远大目标的践行与具体实施。2004年11月发布的《促进高等教育入学公平性行动计划》，首次将公平作为最为重要的准则提上议程，并对其进行详细阐释。该计划明确规定，所有群体，无论其民族、性别、年龄、阶层、宗教信仰、经济状况或身体、智力状况等，都有平等接受高等教育的权力。高等教育机构要尽可能扩大未被充分代表群体或社会处境不利群体的规模，保障高等教育学生群体的多样性。

在2008年发布的《高等教育入学公平性行动计划》中，爱尔兰教育与科学部、高等教育局、公平入学办公室等相关部门明确表示，追求高等教育公平有助于民主包容社会的建立、实现机会均等及促进本国文化和社会生活，无论对个人还是集体的进步都十分必要。该计划所坚持的多元化教育价值理念正是以教育公平为基石而进行的。

2. 以多元文化教育为核心

以多元化教育价值理念为指导客观上就是要尊重爱尔兰高等教育存在的差异性，即所有的学生无论其性别、社会阶级、民族或文化特征等差异，都应拥有一个自由、民主的学习氛围和平等的学习机会。这种以多元文化教育理念为指导的行动计划在实施过程中要求学校课程、入学途径、入学群体等的多元化，并努力为这种多元化创造条件。该计划重点对四类学生群体予以强调，一类是社会经济状况处境不利的贫困学生，二类是残疾学生，三类是超过25周岁的成人学生，四类是来自少数民族裔和移民的学生。

3. 以终身教育为方向

爱尔兰促进高等教育入学公平性行动计划不仅将适龄学生的入学放在重要位置，而且密切关注成人群体的学习机会，将终身学习的教育理念贯穿其中，竭力满足那些过去没能接受高等教育而现在想要继续接受高等教育的成人的需要。针对成人因家庭、工作、年龄等原因无法继续在学校接受教育的情况，爱尔兰高等教育局及公平入学办公室建立以高等教育为基础和核心的成人及继续教育，将正规教育、非正规教育及非正式教育纳入其中，全面开启社区教育、网络教育、远程教育、在职训练等成人学习通道，并提供相应的非全日制学习资金支持，突破时间、空间、区域等限制，呈现教育地区化、学习需求个性化和学习环境多样性等特点，为更多的成人群体学习提供机会，满足各个阶段人们终身学习的需要。

（二）内容特征

1. 重视社会处境不利群体的受教育质量

教育公平包括两方面的内容：人人享有受教育的机会以及人人公平接受高

质量的教育。因而,实现高等教育入学公平不仅要为社会弱势群体提供入学机会,更要帮助其接受高质量的教育。爱尔兰在扩大社会处境不利群体入学规模的同时,也高度关注其受教育的质量,这主要表现在两个方面:一是关注社会处境不利群体在基础教育阶段受教育的质量;二是关注社会处境不利群体进入高校的层次。在爱尔兰,存在严重的东西区域差异,西部地区受经济条件限制,教育发展水平不高,很多处于贫困地区的儿童和残疾学生无力接受高质量的教育,为此,爱尔兰利用SSP项目将具有优秀师资力量和资源的区域与弱势区域合作,将高校与其所在区域的中小学结合,提高学生基础教育阶段受教育质量。另外,针对部分弱势群体的实际情况,爱尔兰呼吁各高校设立一定的名额,以降低录取分数线、提供资金和其他资源援助等方法鼓励弱势群体入学,一方面提高其入学率,另一方面为其接受更高质量的教育创造条件。

2. 关注实施对象的多样化与针对性

自20世纪80年代以来,爱尔兰相继采取众多扩大高校规模的措施推进高等教育入学公平,这就意味着更多社会处境不利群体将从中受益,特别是那些来自社会经济地位较低阶层的学生、少数民族学生以及残疾学生等。另一方面,高校规模的扩大使得学生的就学空间也不断扩大,这将保障学生拥有更多自由选择的可能,从而为成人学生继续就学创造条件,这既有助于教育公平目标的实现,也有助于终身学习社会的建立。

2004年和2008年爱尔兰推出的高等教育入学公平性行动计划结合爱尔兰国内所有处境不利区域或群体学生的实际情况,将低收入家庭的学生、少数民族学生、女生以及残疾学生、成人、流浪群体等作为重点实施对象,体现了爱尔兰高等教育入学公平性行动计划关注实施对象的多样性。HEAR项目以社会经济地位较低学生为主;DARE以残疾学生为主;Bluebrick项目以成人学生为主;SSP项目以处境不利区域的学生为主;与此同时,该行动计划认为,高等教育目前的主要任务乃是尽力消除教育不利和社会排斥现象,满足各类社会弱势群体对高等教育的需要。

3. 强调实施主体的合作伙伴关系

爱尔兰的"社会合作伙伴关系"诞生于20世纪80年代,由中央政府带头,带领各社会合作伙伴共同发起,旨在促进爱尔兰经济复苏与进一步腾飞,实现民主决策与社会公正[19]。爱尔兰促进高等教育公平行动也特别重视实施主体之间的合作关系。爱尔兰促进高等教育入学公平性行动计划充分认识到政府、区域、学校和受教育群体等多方面全面合作的重要性,为社会处境不利区域的学生、学校等提供方方面面的帮助。具体而言,该行动计划主要包括两个方面:一是基于社会处境不利区域中小学校对教育发展的要求,它包括对师资、教学设施、专业化发展等的需求;另一方面是基于高校自身发展的要求,如学生群体的多元化、高校入学率等,这就需要不断满足不同种族、背景和能力的人们的需要。鉴于此,爱尔兰公平性行动计划就特别强调和重视不同社会团体的相互合作关系。

(三)实施执行特征

1. 连续性

在高等教育领域,实现入学公平是一个逐步实现的过程,绝不是一蹴而就的,它会随着时间和空间的推移而不断提高和扩展,需要长期不懈的努力。截至2013年,爱尔兰促进高等教育入学公平性行动计划分为两大阶段,以三年为一个周期,每个周期的中间年份进行一次中期评估,对前期入学行动方案的实施进行全面的质量检查,虽然二者实施的时间不同,不同时期面临的困难也有所不同,但这两个计划的最终目标一致,主题相同,皆是以提高所有群体高等教育入学率,为所有处境不利群体提供同等入学机会为主要目标,在具体实施中所采取的项目及制度保障等也是以这个计划的核心内容为依据,符合行动计划的核心内容。

2. 时效性

爱尔兰关于高等教育入学公平性的行动计划随着社会的发展变化而不断进行修订与调整。一方面随着外部世界的变化,爱尔兰在政治、经济、外交等方面面临着新问题;另一方面,由于爱尔兰自身社会的发展,使得社会处境不利群体面临一些新的问题,爱尔兰的高等教育公平性行动计划随着社会发展而不断发生变化。

3. 可操作性

爱尔兰2004年和2008年发布的行动计划规定了高等教育促进入学公平的基本框架,该框架层层逼近、结构分明、阐述具体,使得高等教育入学公平性是可测量的,在实践中具有很强的可行性与可操作性。

第三节 印度高等教育弱势群体补偿政策

在现代印度,等级制度仍然较为森严。在印度,弱势群体最初被各种法律文件称为"落后阶级"(backward classes,简称BCs),现在,有些政府部门的工作报告中也使用"弱势群体"(weaker sections)一词,包括"表列种姓"(scheduled castes,简称SCs)、"表列部族"(scheduled tribes,简称STs)和"其他落后阶级"

(other backward classes,简称 OBCs)。印度弱势群体长期遭受的极端不公正待遇,使得他们受高等教育的机会十分有限。独立后的印度政府以社会公平正义为目标,制定了一系列政策措施来保障弱势群体接受高等教育的权利。1950年印度共和国宪法第46条规定:"要增进'表列种姓''表列部族'和'其他落后阶级'的教育与经济权益——国家将特别注意落后阶级人民的教育与经济利益,尤其是'表列种姓'和'表列部族'的教育与经济利益,并保护他们免受社会歧视及各种形式的剥削。"[18]

为了发展弱势群体的教育,政府为弱势群体在升学和就业方面保留了一定的名额,这在一定程度上为弱势群体接受高等教育奠定了良好的基础。另外,政府还提高了弱势群体接受高等教育的资助力度,设立了专门机构来监督各部门的运行以及评估弱势群体项目的进展,从而对弱势群体进行全面资助。主要采取了如下措施:

1. 教育权保留权计划(Reservation Policy)

该计划是一项针对弱势群体而制定的优惠保护政策。该计划指出,中央政府和各邦政府要在宪法的保障和规定下,根据弱势群体在总人口中所占的比例,为"表列种姓"、"表列部落"以及"其他落后阶级"在升学和就业方面保留一定名额的政策,其目的在于改变他们在社会经济、政治和教育上所处的劣势地位。印度独立以后,为处于社会底层长期受压迫和歧视的"表列种姓"、"表列部族"以及"其他落后阶级"分别保留了15%、7.5%和27%的高等院校入学名额。该政策证了弱势群体学生在入学时的优先录取权。但是,该项政策因为存在着很多的争议,于2008年才开始正式实施。尽管该项政策产生了极大的社会争议,且其政策落实进展缓慢,但值得肯定的是,该政策的实施对弱势群体的社会地位、教育水平、人口素质等方面有明显的改善作用,为印度和谐社会的构建做出了极大的贡献。据统计,印度的医学院每年接收大约一万名学生,其中有将近四分之一的学生来自落后种姓和部落。[19]

2. 学生资助计划

为了发展弱势群体的教育,印度中央和地方政府提供了各类奖学金,主要包括:大学拨款委员会奖学金、高中层次以上助学金、劳动部颁发的奖学金、中央颁发的奖学金、拉吉夫·甘地全国研究生奖学金。印度大学拨款委员会在《关于"十二五"计划期间的工作报告》(The UGC's approach paper to the XII FiveYearPlan)中提出了关于对少数民族学生的建议。UGG建议扩充现行的一些计划以便提高穆斯林的高等教育入学率。这些计划包括:为表列群体和少数民族学生提供本科、研究生和博士后奖学金,建立寄宿制补习学校,开设高等院校补习班,提供书籍等计划。在语言学习方面,"巴沙计划"(Bhasha Initiative)指出,要重视印度语在提升弱势群体学习成绩方面的重要作用。根据此计划,建立有关印度的教育资源中心并开发教学和学习资源,例如图书、媒体等。[20]

3. 整合评估计划

"十二五"期间,印度政府在全纳理念的指导下,将缩小并消除性别、区域、阶层之间的差距作为高等教育关注的焦点,致力于构建公平、和谐的高等教育体系。为此,印度政府实施了众多措施,其中对教育资源的整合成了一项重要任务。在第十二个五年计划开始实施以后,印度政府加大了对弱势群体的奖学金资助力度,并提高数额、整合所有的学生资助计划并付诸统一实施。另外,印度对高等教育的各执行部门进行了整合,将在高等教育领域实施的有关教育公平和减贫的各种计划统一整合为"高等教育机会均等计划",这大大提高了各部门执行的效率和力度,方便统一管理和实施。政府还将国家多维"弱势指数"(Index of Disadvantage)机制运用到综合评判各高校对弱势群体学生的容纳和财政支持方面,从而起到监督作用。

总体而言,印度的高等教育弱势群体补偿政策为落后阶层提供了接受高等教育的机会和权利,促进了教育在各个区域、领域内的均衡发展。对广大发展中国家具有一定的借鉴和参考意义,然而,单一的预留名额政策一直处于争议状态,实现教育机会公平之路仍然任重而道远。

他山之石可以攻玉,希望本章介绍的美国、爱尔兰、印度三个国家的教育补偿做法可以带给我们有益的启示。

参考文献:

[1] 李廉水,吴立保. 和谐社会视野下高等教育公平的制度设计研究[M]. 科学出版社,2010:57.

[2] 段新龙. 美国高等教育理念研究——基于20世纪80年代美国高等教育政策的分析[D]. 中国地质大学(北京),2017.

[3] 张涛. 奥巴马政府弱势群体教育政策研究[D]. 重庆师范大学,2018.

[4] 胡寿平,梅红. 21世纪美国高等教育面临的挑战[J]. 新疆师范大学学报(哲学社会科学版),2015,036(002):124-132.

[5] 万秀兰. 美国高等教育困难群体权益保护的特点及其启示[J]. 西南大学学报(社会科学版),2010,36(1):62-66.

[6] 傅淑琼. 美国高校学生资助业[J]. 比较教育研究,2005(02):52-56+36.

[7] Michael, Marien. American Higher Education in the Twenty - First Century: Social, Political, and Economic Challenges (Third Edition)[J]. World Future Review A Journal of Strategic Foresight, 2011:174.

[8] Fossey RE, Bateman ME. Condemning Students to Debt: College Loans

and Public Policy [M]. Teachers College Press, P. O. Box 20, Williston, VT 05495 -0020; Tel: 800 -575 -6566 (Toll free); Fax: 802 -864 -7626 ($38). 1998: 77 -80.

[9] Schoeffler LE. The American Recovery and Reinvestment Act of 2009 [J]. J Okla State Med Assoc, 2009, 102(3): 80 -81.

[10] U. S. Department of Education. Rural Education Achievement Program [EB/OL] https://www2. ed. gov/nclb/freedom/ local/reap. html, 2008 -8 -14.

[11] 杨洋. 发达国家教育扶贫政策比较研究[D]. 陕西师范大学, 2018.

[12] Publishing O . Education at a Glance 2009: OECD Indicators [J]. Sourceoecd Education & Skills, 2009, volume 2009, (17): i -475(475).

[13] Chen DL, Zhao YY. Who went to college in 2004? A national survey of new entrants to higher education [J]. Journal of Hunan University(Naturnal Science), 2006, 28(Sept):127 -132.

[14] Staunton C. The Distribution of Wealth in Ireland [J]. European: European Anti -Poverty Network, 2011(2): 1.

[15] Higher education authority. Achieving Equity of Access to Higher Education in Ireland Action plan 2005 -2007 [R]. Dublin: National Office for Equity of Access to Higher ducation, 2004(11): 16.

[16] 李智会. 爱尔兰高等教育入学公平性行动计划研究[D]. 西南大学, 2014: 52, 78.

[17] 刁炜. 爱尔兰"社会合作伙伴关系"初探[D]. 河北师范大学, 2008.

[18] 安双宏. 印度高等教育优待弱势群体保留权政策研究[J]. 比较教育研究, 2016, 38(004):38 -42.

[19] Deshpande A . Affirmative Action in India[J]. Sociology, 2013.

[20] 朱艺丹. 发展中国家教育扶贫政策比较研究[D]. 陕西师范大学, 2018.

第三篇
新时期我国高等教育补偿政策实施及成效

第六章 公费师范生政策

随着中国特色社会主义进入新时代,我国社会主要矛盾已经转化为人民日益增长的美好生活需要和不平衡不充分的发展之间的矛盾,人民更加迫切地向往公平而有质量的教育,为满足教育价值的公益性诉求以及促进中西部教育公平和教育均衡发展,国家实施了公费师范生政策。

公费师范生政策的初衷是为了进一步缩小东西部城乡间的差异,促进教育公平,使更多来自农村和贫困地区的优秀学子能享受优质教育资源,成长为德才兼备的优秀教师后,再回到家乡为教育事业献一份力,让西部落后地区的师资力量、教育水平、教学成绩进入一个良性循环,从而提升中西部农村的教育教学质量。

国务院总理温家宝于2007年3月在十届全国人大五次会议上做政府工作报告时指出,在教育部直属师范大学实行师范生公费教育。自2007年5月9日起,国务院在北京师范大学、华东师范大学、东北师范大学、华中师范大学、陕西师范大学以及西南大学开展师范生公费教育的试点工作,主要向2007年秋季新入学的学生提供优惠。2010年《国务院办公厅关于开展国家教育体制改革试点的通知》(国办发〔2010〕48号)中确定西北师范大学等承担"师范生公费教育改革"试点项目。2012年国务院发布《关于完善和推进师范生公费教育的意见》(国办发〔2012〕2号[2],以下简称《意见》),"鼓励支持地方结合实际选择部分师范院校实行师范生免费教育",据统计,截止到2016年底,全国已有逾20个省(自治区、直辖市)开始试点实施这一政策。师范生公费教育随后在全国28个省(区、市)师范院校中逐渐铺开,在改善和均衡薄弱地区师资配置、帮助寒门学子圆大学梦等方面取得较为显著的效果。

2018年7月,国务院发布《教育部直属师范大学师范生公费教育实施办法》(国办发〔2018〕75号[3],以下简称新《办法》),将师范生"免费教育"改为"公费教育",同时对2007年《办法》和2012年《意见》的具体规定作了修改。作为培养高素质教师队伍的一项重要举措,为更好地适应新形势的需要,师范生公费教育在招生录取、人才培养、就业履约、条件保障等环节的政策不断完善。

本章节第四节以江西师范大学公费师范生政策为例,来探讨蕴含其中的教育公平价值。该大学地处中西部欠发达地区，是在教育部六所师范大学实行公费师范生政策5年之后获得招生资格，在遵守公费师范生政策的背景下，其采取的具体办法具有明显的地域特色。

第一节 国外师范生公费教育政策实施概况

他山之石，可以攻玉。一些发达国家的师范生政策，可供我们参考和借鉴。西欧教育典范国家目前拥有相当完备的高校师范专业教师培养体系和国家政策。德国联邦政府为提升教师职业吸引力，一方面为师范生投入大量经费，发放专门补助，并大幅提高由教师培训学院培养新教师的经济待遇，使新任教师的社会地位和经济待遇得到显著提高，以吸引优秀的毕业生从教。另一方面，政府不断提升在职教师的福利，为保证教师队伍的质量，政府投入大量资金鼓励在职教师参加公费在职进修计划。[1]德国教师拥有较高的社会地位，获得国家认定的教师资格证，就成为国家公务员，若被学校聘为正式教师，则可以终身享受教师待遇。"一战"前中学教师地位等同于教士、律师和国家官吏。国家规定，除有特别情况，不得任意辞退、调迁教师。教师工资待遇优厚，并随服务年限及年龄增长而增加，除工资外，还有多种补助，如住房补助金、家属退休金、地方补助金、被迫辞职退休金等。数据显示，在经合组织国家中，德国教师的工资待遇排第一位。

法国的师范教育由教师培训学院承担，培养从幼儿园到高中所有层次的各类教师。教师培训学院的招生对象为读完大学三年级并获得学士学位者，学制2年。法国现有教师培训学院29所，办学经费由中央政府拨付。为增强教师职业的吸引力，法国为有意从教的大学生设置专门津贴。国家为准备从事中小学教师职业的大学三年级学生设置的津贴为每人每年5万法郎，为准备担任中学职业技术学科教师的大学三年级学生提供的年津贴为7万法郎，对大学的教师培训学院一年级学生提供的年津贴为7万法郎。该学院学生如在第一年学习结束时通过了教师资格考试，即获得实习教师资格，在学院的第二年学习便可领取实习教师工资。[1]

在新加坡，为了吸引更多的青年才俊加入到教师队伍当中，颁布了两项针对师范类院校学生的优惠政策：一是师范类院校的学生由国家缴纳学费；二是针对师范类院校的学生发放助学金。只要被师范类院校录取，所有的学生均可以享受由国家发放的助学金，本科生每季度2820新元，和非师范类院校应届毕业生的初始工资相同。[2]

在俄罗斯,国家曾发布立法规定:"要想培养高素质的教师队伍,国家层面必须给予大力的支持,国家应下大力度吸引优秀的人才来到教师队伍中,与此同时,还应该保证培养资金的充分";2000 年颁布《俄罗斯2001—2010 年连续教师教育发展纲要》,其中指出:对于国家的发展而言,师范类院校有着举足轻重的地位和作用,国家将采取资金扶持的政策,为了吸引更多的人才就读师范院校,俄罗斯向在校学生大力发放贷款,并规定凡是接受贷款的学生,如果在毕业后在全国范围内任教,其在校期间的贷款将由国家偿还,除此之外,为了招募更多的男性教师,俄罗斯规定,凡是毕业后从事教师职业的男性,一律可以免除服兵役的义务。[2]

第二节　我国公费师范生政策变迁及发展

一、核心概念的界定

"师范"一词,是现代教师教育的一个代名词,意义是"堪为人师,而模范之",我国教育家陶行知对"师范"一词表述为:"教育工作者工作的核心为'教书育人'",即"传授知识,培养品德"这是对于教师在知识水平和道德品质的双重规范。要想完成这样的使命,不但要掌握基本的教育教学技能,庞大的知识体系,而且要有高尚的道德情操和行为规范,以身作则。为人师表作为一种师德规范,最突出的就是体现了教师对真、对美、对爱的追求,只有真正践行为人师表,才能成为人之模范。

师范教育,在中国大百科全书中的解释为:"培养专业教师的专业教育,包括新教师的培训和专业教师的在职培新。"公费师范教育也称之为公费师范教育,重点在于"公费",在教育词典中对于"公费"的解释为:由国家为主体,承担培养费用。公费师范教育,则是国家承担学生在校期间的学费和住宿费,保障学生能够顺利完成学业。[2]

公费师范生:2007 年我国新时期开始实行公费师范生制度。指报考教育部六所直属师范大学(北京师范大学、华东师范大学、东北师范大学、华中师范大学、陕西师范大学、西南大学)之一或者地方师范大学后有条件地接受公费师范教育的学生,这些学生学费和住宿费用由国家或地方政府缴纳,享受生活费补贴。毕业后回生源所在地服务 10 年。毕业前及服务期限内不得报考脱产研究生。2018 年 3 月印发的《教师教育振兴行动计划(2018 — 2022 年)》文件,将

"免费师范生"改称为"公费师范生",履约任教期降至 6 年。服务期限内,可以攻读在职教育硕士研究生。《教育部直属师范大学师范生公费教育实施办法》将师范生"免费教育政策"调整为"公费教育政策","两免一补"优惠没有变化,但从"免费"到"公费",一字之差,"公费师范生"不再是贫困师范生的代名词,是神圣的人民的公共教育事业的贡献者,体现了国家对师范生从经济援助到精神尊重的价值转变,寓意着师范生培养内涵的深刻变化。尊师重教,让教师成为令人尊敬和羡慕的职业,让公费师范生获得身份荣誉感,是对教师的基本尊重。

二、新中国成立后我国师范生公费教育政策

在20世纪50年代的10年间,国务院和教育部都出台多项规定对师范类院校进行了一定的改革。其中将师范院校从综合性大学中划分出来,单独设立。这一做法,促使了师范院校与普通大学区别发展,师范院校有了自己的独立性与主体性。在国家的政策扶持下,1952年10月,"人民助学金制"呼之欲出。该制度规定,凡进入师范院校学习的学生,除了可以免除学费、住宿费和学杂费外,师范院校的学生,每月可获得相应的助学金。同时,草案对师范生的待遇也做出了详细的规定:"各个省市及地区,负责分配师范院校学生毕业后的工作。师范院校的毕业生在毕业后,至少要服务基层教育 3 年。在校期间表现优异者,由省、市教育厅报送其到更高的学府进行深造"。[4]

20世纪50年代,《关于高等师范学校的规定(草案)》《师范学校暂行规程(草案)》的颁布标志着新中国正式建立了师范教育制度。在新中国成立前,师范院校的教育模式是开放式的,这两条法案的颁布标志着我国师范教育建立了独立且封闭的学校系统。对师范院校的教学任务,教学目的及教学模式都做出了详细的规定,同样也规定了毕业生的待遇和毕业后的服务等相关问题。以上政策对后来我国师范教育的发展与繁荣有深远的影响。我国建国初期的教育制度,为国家培养有中国特色的社会主义建设者提供了良好的基础。

三、改革开放后的师范生教育政策

改革开放后,为了适应新时期的发展,1977 年,国家对普通高等学校、技工学校、专业院校等实行"人民奖学金制度",其中,对于师范院校的培养机制规定:"高等师范院校的学生,均享受人民助学金,而且食宿,学费等相关费用,也由国家供给"。1996 全国师范教育工作会议上提出,对于师范类学生所享有的待遇提出了新的意见与办法,师范类学生原则上不需要缴纳学费,且享受师范

类专业奖学金。在经济政治制度不断改革的潮流中,教育产业也发生了一定的变化,国家逐渐不再负责学生的在校公费吃住,不再负责对毕业学生的工作进行分配,师范类院校以外的其他类院校,均实行学生缴纳学费的规定与政策。同样,在这一时期,师范类院校的毕业生同样被要求在毕业后服务教育工作。自2003年起,我国师范生全面缴费,结束了公费教育的时代,与此同时也解除了相应的就业限制,师范生可自行就业,再无限制。

四、新时期国内公费师范生政策内容

1. 招生政策

教育部六所直属师范大学师范专业在各地都安排提前批次录取,凡是达到以下三条的毕业生都可以自愿报考:参加普通高校招生全国统一考试,达到部属师范大学在本地区的录取分数线;符合《教育部普通高校招生工作规定》,热爱教育事业,毕业后愿意长期从教;身体健康,符合《普通高等学校招生体检工作指导意见》的有关规定。近年逐步扩展到省属师范大学可以招收公费师范生。公费师范生一般放在提前批,被退档后不会影响本科一批,本科二批的录取。

2. 培养政策

2007年起,新招收的有志从教并符合条件的非师范专业优秀学生,在入学两年内,也可在教育部和学校核定的计划内转入师范专业,并由学校按标准返还学费、住宿费,补发生活费补助。学生在校期间费用(学费、住宿费和生活费补助)由中央财政负责。

3. 就业政策

在相关省级政府统筹下,由省级教育行政部门负责落实公费师范毕业生的教育岗位,确保每一个公费师范生毕业后在中小学任教有编有岗。公费师范毕业生在协议规定服务期内,可在学校间流动或从事教育管理工作。

4. 读研深造政策

为公费师范毕业生在职攻读教育硕士提供便利的入学条件,任教考核合格并通过论文答辩的,颁发硕士研究生毕业证书和教育硕士专业学位证书。学生毕业前及在协议规定服务期内,一般不得报考脱产研究生。毕业生经考核符合要求的,可录取为教育硕士专业学位研究生,在职学习专业课。

5. 工作年限规定

公费师范生入学前要与学校和生源所在地省级教育行政部门签订协议,承诺毕业后从事中小学教育6—10年以上。到城镇学校工作的公费师范毕业生,

应先到农村地区学校任教服务 2 年。

五、部属公费师范生实施成效

2015 年 5 月《人民日报》做了一项调研报告,原名是《免费师范生,你们还好吗?》[5]该调研报告指出:2007 年 5 月,国务院决定在教育部直属的六所师范大学实行师范生公费教育。此项政策自实施以来,取得显著成效。2007 至 2014 年,教育部直属 6 所师范大学招收近 8 万名公费师范生,截止到 2015 年 5 月份已有 4.5 万名公费师范毕业生走上中小学任教岗位,其中 90.8% 到中西部任教。该调研通过追踪式的问卷调查,对 2011 届、2012 届、2013 届公费师范毕业生进行了连续三年的问卷调查,参加调查的有效人数共有 1060 人,均为已攻读教育硕士人员。调研的结论主要有:第一,性别方面阴盛阳衰,生源地方面六成来自农村。第二,学历、政策、编制成就业拦路虎,就业多集中重点学校,县镇农村下不去。第三,六成以上师范生未评职称,工资待遇低,工作压力大。第四,政策需调整。(1)坚定从教志愿——把好入口关,建立退出机制。(2)加强实践教学——完善本硕一贯制培养模式。(3)畅通就业渠道——建立"跨省就业"机制,缩短服务年限。(4)提高地位待遇——增加农村教师工资和津贴。

教育部统计资料显示:截至 2017 年,六所部属师范大学已累计招收公费师范生 10.1 万人,在校就读 3.1 万人,毕业履约 7 万人,其中 90% 到中西部省份中小学任教,许多中西部地区中小学实现了接收北京师范大学、华东师范大学等高校毕业生"零的突破",为地方源源不断补充了具有较高素质的优秀教师,受到了地方教育行政部门、基层学校、学生家长的热烈欢迎。师范生公费教育试点工作达成了制度探索、积累经验、示范引领的预期目标,在优化教师培养补充机制、完善优秀生源吸引激励政策等方面发挥了补短板、促公平的导向作用,带动了 28 个省(市、区)实施地方师范生公费教育,每年培养补充 4 万余名毕业生到农村中小学任教,在改善和均衡薄弱地区师资配置、帮助寒门学子圆大学梦等方面社会效果显著。

六、公费师范生政策完善

2018 年 3 月教育部等部门发布《教育部直属师范大学师范生公费教育实施办法》(以下简称《办法》)。《办法》是对前期实施过程出现的问题进行了纠偏,从选拔录取、履约任教、激励措施、条件保障等方面,对师范生公费教育政策予以改进和完善。具体进行了四个方面的调整:一是确立师范生公费教育制度。《办法》规定,国家公费师范生享受免缴学费、住宿费和补助生活费政策,通过双向选择等方式切实为每位毕业的公费师范生落实任教学校和岗位。支持各地探索公费培养、到岗退费、学费补偿和国家助学贷款代偿等多种公费方式,逐步健全师范生公费教育制度体系。二是调整履约任教年限要求。《办法》将公费师范生履约服务期调整为6年,6年恰好能够完成小学或中学完整的教学周期。同时,体现倾斜支持农村地区教师队伍建设,到城镇学校工作的公费师范生,应到农村义务教育学校任教服务至少1年。三是细化履约管理政策。《办法》对公费师范生选拔培养、协议管理、人事招聘、履约就业、工作调动、攻读硕士学位等重点环节做出明确规定。针对非公费师范生进入公费师范生、公费师范生入学后转专业、因特殊情况跨省任教或申请中止协议等情形,做了进一步细化和规范。四是加大落实政策保障力度。《办法》通过改进招生选拔方式、完善学习激励考核、开展表彰奖励等措施,吸引优秀人才报考公费师范生。通过建设国家教师教育基地和改革创新实验区、整合优质资源等新举措,提升师范生培养质量。强化各级政府及教育、财政、人力资源社会保障、机构编制部门的职责分工,解决好公费师范生招生培养、履约就业、入编入岗、经费保障等问题,确保政策落地。[6]

第三节 地方公费师范生培养情况调研

公费师范生从部属师范大学逐步推广到中西部省属师范大学,地方师范生培养实施效果、优势特色怎么样呢?课题组调研了江西师范大学公费师范生的培养情况,本校公费师范生培养既有地方特色,同时也有一些方面需要逐步完善与提升。江西师范大学公费师范生培养举措可以为地方高校公费师范生培养提供一定借鉴。

一、江西省公费师范生实施概况

(一)政策的实施背景

江西省教育厅发布的《2011年江西省教育事业发展概况》,江西教育网提供的数据显示,江西各级各类学校共25842所,在校生1038.37万人,专任教师50.61万人,教育人口占全省人口的近四分之一。截至2010年底,全省共有小学11633所,在校生434.05万人,小学适龄儿童入学率99.8%,专任教师20.42万人,小学辍学率0.76%。全省共有普通初中学校(包括九年一贯制学校)

2116 所,在校生 200.91 万人,专任教师 12.28 万人。初中阶段适龄人口入学率 98.33%,初中辍学率 1.85%。全省高中阶段教育(包括普通高中、中等职业教育)共有学校 1001 所,招生 57.48 万人,在校生 152.08 万人。全省 15—17 周岁人口约 196.23 万人,高中阶段毛入学率达 77.5%,比 2010 年提高 1.5 个百分点。全省普通高中 438 所,招生 30.89 万人,在校生 78.35 万人,专任教师 4.76 万人;全省中等职业教育(包括普通中等专业学校、职业高中、技工学校和成人中等专业学校)563 所,招生数 27.19 万人,在校生 73.73 万人(其中技工学校约 15 万人)。

目前,江西师资力量总体不足,尤其是基础教育师资队伍比较薄弱。2011 年,全国义务教育阶段学校师生比分别为小学 1:17.71、初中 1:14.38,江西分别只有 1:22.79 和 1:17.56。要达到全国平均水平,江西需补充教师 5.77 万人。为了迅速补充基础教育师资力量,2011 年、2012 年,江西省先后统一招聘了 9992 名、10512 名中小学教师。2013 年 5 月 10 日,省教育厅又发布中小学教师招聘公告,招聘 10621 名教师。除了师资力量缺乏以外,江西基础教育师资质量也不高。其中,小学教师具有专科以上学历的占 70.94%,初中教师中具有本科学历的占 57.85%,高中教师中具有研究生学历的占 4.03%,均低于全国平均水平。

为了培养造就大批优秀教师,提倡教育家办学,鼓励更多的优秀青年做终身教育工作者,江西省决定开展本科公费师范生教育试点。而作为江西省政府确定的优先发展的省属重点师范大学,江西师范大学承担着在全省范围内率先实施本科师范生公费培养的重任。2012 年 10 月 30 日,教育部、江西省人民政府在南昌签署共建江西师大的协议,江西师范大学成为全国少数几个拥有招收公费师范生资格的省属大学。

(二)江西师范大学公费师范生政策的具体内容

1. 招生政策:高招录取和中期选拔

江西师范大学自 2013 年开始启动公费师范生教育试点,该校是江西省唯一实施公费师范教育试点高校。根据《江西省人民政府办公厅关于转发省教育厅等部门关于江西省本科师范生公费教育实施意见的通知》(赣府厅发[2013]9 号)的规定,江西师范大学本科师范生公费教育试点规模为每年 1000 人,分高招提前一本批次录取和校中期选拔两种计划类型。公费师范生在高考录取过程中执行一本线录取,按高考成绩,从高分到低分择优录取热爱教育事业的江西籍优秀高中毕业生。近几年录取分数线,文科和一本线基本持平,稍高。理科分数线高于一本分数线。江西师范大学专门建立了动态进出机制,录取后经考察不适合从教的少数公费师范生,可按规定程序调整为非公费师范生。同样,有志从教并符合条件的非师范专业优秀学生,入学两年,可由培养学校在计划内按规定选拔为公费师范生。

2. 积极探索"U(大学) – G(政府) – S(中小学)"协同培养机制

为了培养公费师范生,学校积极探索"U(大学) – G(政府) – S(中小学)"协同培养机制,努力构建了实践取向的课程教学体系、能力取向的实践教学体系、素质取向的养成教育体系、情意取向的师德体验教育体系四大培养体系。大力建设"哲学、思维、人文、自然、艺术"五位一体的通识教育体系;积极实施"道德价值、理想信念、人格修养"三大模块的师德体验课程;重点开发15门体艺特长课,培养学生"特长""绝活";专门开设批判性思维、学习方法指导等课程,培养学习能力;开设"诗书礼乐美"课程,提升学生国学素养。学校建立了素养堂、经典会、赏析台、训练场、文化角、创新团六大养成教育平台;开展了每日一练(基本功训练)、每周一誓(师德宣誓)、每周一诵(经典诵读)、每月三训(晨练跑步)、每月一展(作品展示)等"九个一"的常态化养成教育活动;实行"院校一体",模拟中小学实际校园氛围;努力为公费师范生植入"理想、习惯、意志、激情"四大优秀教师基因,提升五维融合的教师素养,促进公费师范生在"综合素质、精神面貌、专业情感、事业追求"等方面的职业素养全面提升。公费师范生享受单独组织教学,精细化培养,向学生注入"理想、习惯、意志、激情"的基因。江西师范大学公费师范生的培养目标定位是"师德高尚、信念执着、涵养宽厚、知识渊博、专业扎实、业务精深、视野开阔"的学科教学专家和教学名师,或教学管理专家,或学生心灵导师,未来基础教育领军人才乃至教育家。

江西师范大学公费师范生教育是国家财政拿出专项资金,对立志从事教育工作的优秀青年人才给予奖励的一项"政府工程",也是吸引有志优秀青年立志从教的"优秀教师培养工程"。

3. 江西公费师范生毕业去向

公费师范生入学前,需与生源地教育局、培养高校签订《师范生公费教育协议》,承诺毕业后回生源地就业。江西省要求各地应先用自然减员编制指标或采取先进后出的办法安排公费师范毕业生,必要时省政府将设立专项周转编制,用于接收公费师范生,确保每一位回生源地学校任教的公费师范毕业生有编有岗。《江西省省属师范大学公费师范毕业生就业管理办法》规定:公费师范生原则上由生源地教育行政部门直接安排就业。每年10月到次年3月底前,生源地教育行政部门会同人力资源和社会保障部门,按照事先公布择优选岗考试考核办法,组织考试考核和选岗,同时,本着"信息公开、双向选择"原则,不需要参加全省教师招聘统一考试,按协议政策性安排就业,确保"有编有岗",且享受当地教师同等待遇。除回生源地乡及乡以下学校任教的,回到县城、市区学校任教的公费师范毕业生,由当地教育行政部门结合城镇教师支援农村教育工作的需要,必须安排到乡及乡以下农村义务教育学校任教服务2年以上,期间仍然享受派出学校原工资福利待遇。另外,公费师范毕业生在协议规定服务期内,可在学校间、学校与教育管理部门之间流动。因婚姻等特殊原因需要跨地区就业的,经向生源地和接收地教育局同意,报省教育厅批准,也可以跨生源地就业。在毕业到岗后,凭报到证一次性报销标准大学4年所缴纳的学费和住宿费。

公费师范生毕业前及在协议规定服务期内,一般不得报考脱产研究生。但公费师范毕业生可按国家有关政策攻读在职教育硕士专业学位和与教学相关的学术性硕士学位,任教学校和所在市、县教育行政部门要对公费师范毕业生在职攻读硕士学位给予支持。江西师范大学公费师范生培养具有一定的特色,为了深入了解地方师范大学培养的优势,2019年10月份对江西师范大学公费师范生进行了问卷调查,调查对象从大一到大四,专业涵盖了物理学、汉语言文学、数学、历史等专业,回收有效问卷333人。

二、问卷调查

(一) 基本情况调研

表6-1 江西师范大学问卷调查对象年级情况统计表

基本情况	统计值	大一	大二	大三	大四
所在年级	频数	207	74	46	6
	百分比	62.16	22.22	13.81	1.8

表6-2 江西师范大学问卷调查对象家庭基本情况统计表

项目	类别	人数	百分比	项目	类别	人数	百分比
性别	男	51	15.32	家庭	城镇	159	47.75
	女	282	84.68		农村	174	52.25
	合计	333	100		合计	333	100
父亲学历	小学及以下	54	16.22	母亲学历	小学及以下	131	39.34
	初中	155	46.55		初中	120	36.04
	高中及中专	69	20.72		高中及中专	59	17.72
	大专	23	6.91		大专	11	3.3
	本科	30	9.01		本科	11	3.3
	硕士研究生	2	0.6		硕士研究生	1	0.3

续表

项目	类别	人数	百分比	项目	类别	人数	百分比
父亲职业	工人(农民)	226	67.87	母亲职业	工人(农民)	259	77.78
	公职人员	33	9.91		公职人员	30	9.01
	公司职员	6	1.80		公司职员	2	0.60
	经商	15	4.50		经商	3	0.90
	自由职业者	35	10.51		自由职业者	27	8.11
	专业技术人员	18	5.41		专业技术人员	11	3.30
	合计	333	100		合计备注(1生母亲亡故)	332	100
独生子女	是	279	83.78				
	否	54	16.22				
	合计	100					

（二）学生自我评价等基本情况

表6-3 专业知识和基本素养

题项	统计值	非常不符合	比较不符合	不确定	比较符合	非常符合
您已经掌握了所学的专业知识和技能	频数	38	121	124	45	5
	百分比	11.41	36.34	37.24	13.51	1.5
您已经具备了教师的基本能力和素养	频数	42	115	136	37	3
	百分比	12.61	34.53	40.84	11.11	0.9

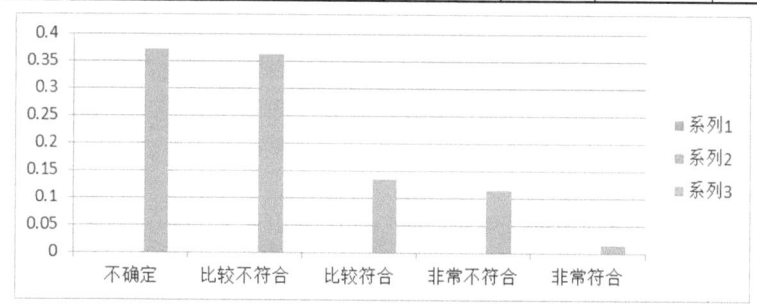

图6-1 您已经掌握了所学的专业知识和技能回答情况

如图6-2所示，学生对自己作为老师，专业知识和技能以及基本能力和素养问题回答如图6-1和图6-2所示，不是很理想。没有掌握的比例高达79.89%，掌握进专业知识，具备基本能力和素养的仅仅20.11%。排除调查同学中大一和大二占的比例较高外，实际具备成为老师的专业素养和能力亟待提高。

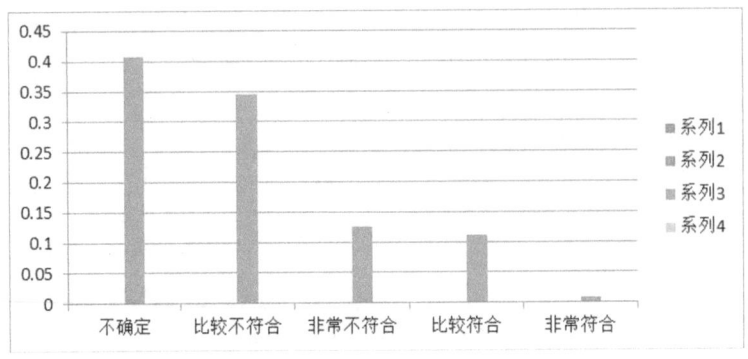

图 6-2　您已经具备了教师的基本能力和素养问题的回答情况

(三) 对就读学校管理服务方面调研

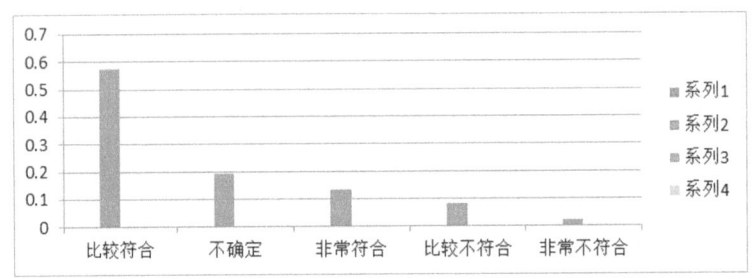

图 6-3　您所在学校对公费师范生的管理方式是合理的

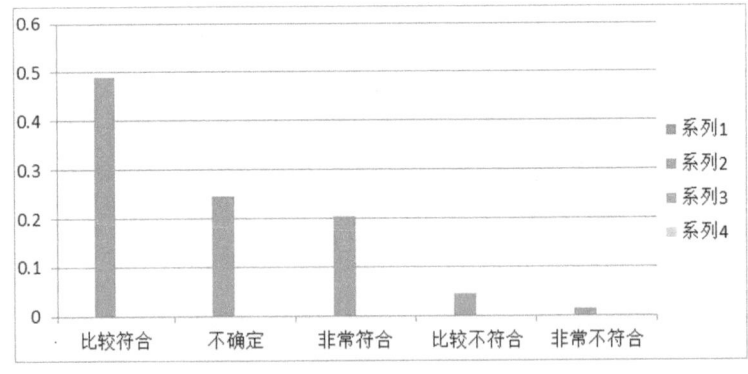

图 6-4　您所在学校公费师范生课程的设置是合理的

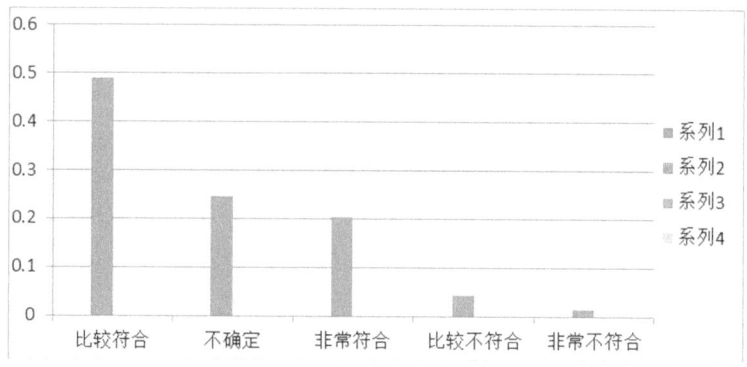

图 6-5　您所在学校为公费师范生提供了就业指导服务

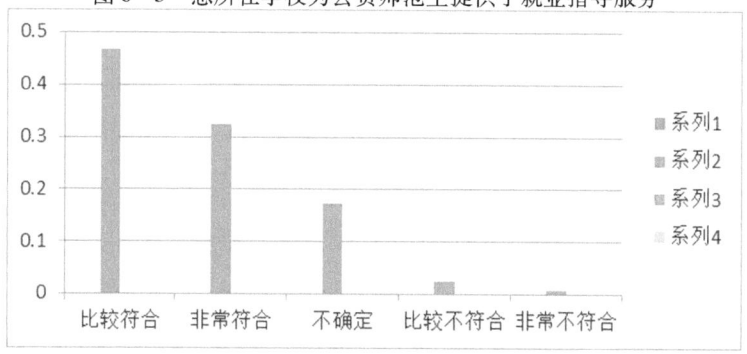

图 6-6　您所在学校为公费师范生提供了教育见习、实习的机会

如图 6-3、图 6-4、图 6-5 和图 6-6 的调研数据所示:对于学校管理方式和课程设置的认可度为 70.57%;就业指导服务认可度为 69.37%。学校为公费师范生提供教育见习和实习机会认可度为 79.28%。由此可以看出,学校的管理方式和服务方式需要与时俱进,了解学生的实际需求。

(四) 从事教育行业信念的情况调研

图 6-7 到图 6-10,主要是调查公费师范生的就业取向问题,关于"愿意成为一名中小学教师,为基础教育服务"的选项有 71.17% 的学生愿意;关于"您希望毕业后从事其他行业的工作"回答,22.24% 的学生表示会从事其他行业;高达 44.14% 的同学表示不确定,说明这部分学生是犹豫不定的;只有 33.63% 的同学表示会从事教师行业,比例较低;关于"您愿意到县及县以下的学校任教"回答,仅有 23.42% 的学生同意;大部分学生是不愿意到基层到农村学校任教的,这与政策的初衷相违背。

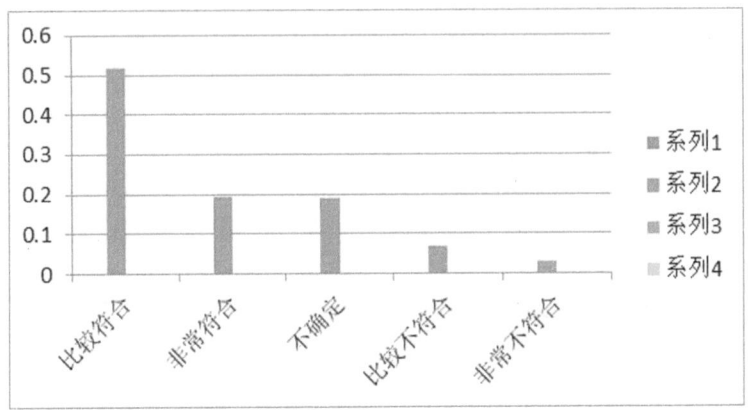

图 6-7　您愿意成为一名中小学教师,为基础教育服务

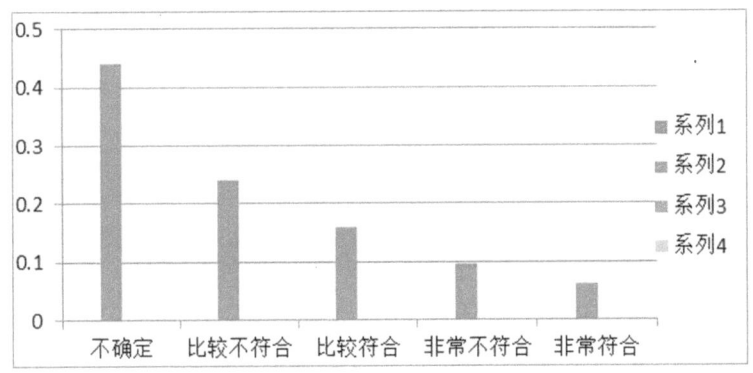

图 6-8　您希望毕业后从事其他行业的工作

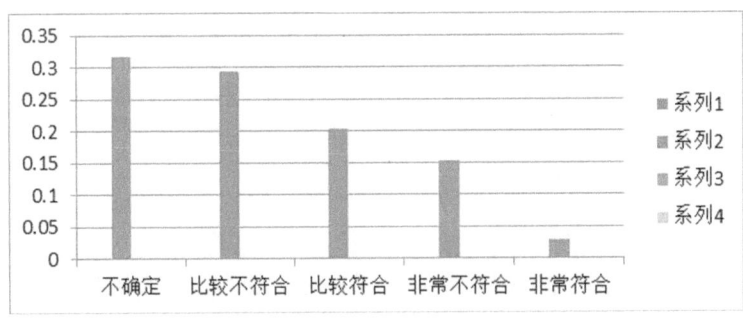

图 6-9　毕业后,您愿意到县及县以下的学校任教

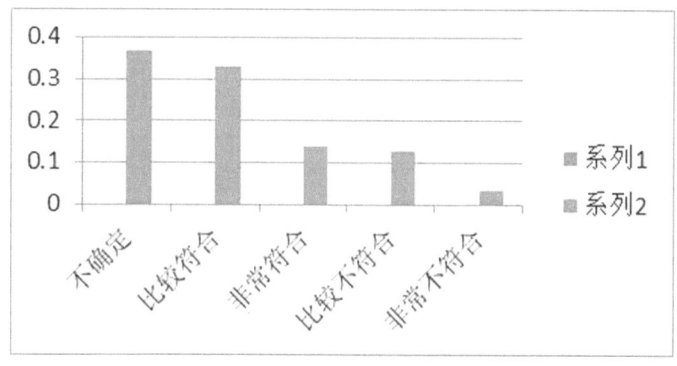

图 6-10 毕业后若有更好的就业机会,您会选择违约吗?

(五)公费师范生政策了解调研

如表 6-4 和表 6-5 显示,报考时有 42.34% 的同学不了解公费师范生政策,通过高中学校宣传了解该政策的仅占 18.92%。自媒体时代,高中学校和高校应通过多元方式和形式加大招生宣传力度,让更多的有志青年了解公费师范生政策。

表 6-4　公费师范生对本省师范生公费教育政策了解情况统计表

选项	统计值	非常不了解	比较不了解	不确定	比较了解	非常了解
报考公费师范生志愿并签约时,您已经了解师范生公费教育政策	频数	16	67	57	176	16
	百分比	4.8	20.12	17.42	52.55	4.8
您现在已经了解了师范生公费教育政策	频数	7	17	27	232	49
	百分比	2.11	5.12	8.13	69.9	14.76

表 6-5　公费师范生对本省师范生公费教育政策了解政策途径

	频数	百分比(%)
志愿报考书籍	109	32.73
亲朋好友	79	23.72
高中学校宣传	63	18.92
媒体、网络宣传	36	10.81
其他	46	13.81
合计	333	100

表6-6 公费师范生的报考动机

选项	频数	百分比(%)
爱教育事业,有志于从教	81	24.32
减轻家庭经济负担	28	8.41
毕业后有编有岗,就业有保障	109	32.73
受他人影响	86	25.83
随意报考	20	6.01
其他	9	2.7
合计	333	100

为了解考生报考公费师范生的原因,并验证该政策"吸引热爱教师职业、教育事业,有志于从教的优秀高中毕业生"的初衷是否得到实现,笔者在借鉴其他学者研究成果的基础上,将报考公费师范生的最主要原因归为以下6类:热爱教育事业,有志于从教;减轻家庭经济负担;毕业后有编有岗,就业有保障;受他人影响;随意报考;其他(由被调查者自行作答)。如表6-6显示了此次问卷对江西师范大学公费师范生报考动机的调查结果。公费师范生教育政策制定的初衷是为了平衡东西部地域之间教育资源不均衡问题;为了提升中西部农村地区教师的素质,培养大批有志于在中西部偏远地区从事基础教育的青年教师,学有所成后回到生源地,为当地教育事业奉献自己的智慧。通过调研发现,报考的动机选择"毕业后有编有岗,就业有保障"的高达32.73%;"选择受他人的影响"竟然占了25.83%;"热爱教育事业,有志于从事教师职业"的仅有24.32%;"减轻家庭经济负担"8.41%;随意的报考6.01%;其他2.70%。报考动机的选择直接影响着学生职业的选择。这个结果和国家政策的初衷有很大的差距。如表6-7所示,对于服务年限规定,有41.74%同学认为不合理。在关于脱产研究生报考规定方面,有高达63.67%的同学认为不合理,这说明大家对于进修的愿望比较强烈。希望应该引起政策制定者的关注。如表6-8所示,关于公费师范生是否因为不能报考脱产研究生、是否因为就业有保障以及是否因为就业地受限而降低学习的积极性三个问题回答中,因为不能报考脱产研究生而降低学习积极性的比例最高,高达22.83%;因为就业有保障降低学习积极性的占10.51%;因为就业地区受限降低学习积极性的占21.33%。

表 6-7 相关规定的合理性

题项	统计值	非常不合理	比较不合理	不确定	比较合理	非常合理
您认为,公费师范生的服务年限规定是合理的	频数	32	107	73	121	0
	百分比	9.61	32.13	21.92	36.34	0
您认为,公费师范生毕业前及在协议规定服务期内,一般不得报考脱产研究生的规定是合理的	频数	56	156	55	62	4
	百分比	16.82	46.85	16.52	18.62	1.2

表 6-8 学习积极性的调研

题项	统计值	非常不符合	比较不符合	不确定	比较符合	非常符合
作为公费师范生,您会因为不得报考脱产研究生而降低学习的积极性	频数	88	94	75	58	18
	百分比	26.43	28.23	22.52	17.42	5.41
作为公费师范生,您会因为就业有保障而降低学习的积极性	频数	139	122	37	27	8
	百分比	41.74	36.64	11.11	8.11	2.4
作为公费师范生,您会因为就业地区受限制降低学习的积极性	频数	117	109	36	51	20
	百分比	35.14	32.73	10.81	15.32	6.01

三、地方师范大学公费师范教育政策思考

(一) 招录方式与退出机制

从调研结果看,江西师范大学公费师范生招生有两种途径,其一通过入学考试"直接招生",其二通过中间选拔,这种招生方案值得借鉴。当前各省(自治区、直辖市)出台的师范生公费教育政策大部分均以"直接招生"为主,以"入学后选拔"为辅,而且"直接招生"主要依据高考成绩选拔考生,这种选拔方式难以对公费师范生的从教信念以及其他从事教师职业的素质进行初步、全面的考核。相对而言,"入学后选拔"可在一定程度上弥补这一问题。因此,各省(自治区、直辖市)公费师范生的招生环节,在采取提前批次录取为主的基础上,各地方师范大学可以根据自身的实际情况,增设面试环节等,以求对公费师范生进

行全面的考核与衡量,减少由于考生报考的盲目性与功利性给政策运行带来的风险。同时,各省(自治区、直辖市)应加大"入学后选拔"的力度,适当调整"直接招生"与"入学后选拔"的比例,增加后者的招生比例,并对申请转入的条件和程序等做出严格而详细的规定,确保真正乐教、适教的优秀学生转为公费师范生的渠道畅通。此外,还应尽量兼顾公费师范生生源的城乡及性别结构,以最大限度地发挥政策的效用。

地方师范大学师范生公费教育政策不仅要完善准入机制,还应建立、健全动态灵活的退出机制。各省(自治区、直辖市)级教育行政部门应要求试点地方师范大学在每学年末根据公费师范生的培养标准对公费师范生进行动态评估,两次及以上考核结果达不到培养标准和要求的公费师范生,由试点地方师范大学会同公费师范生生源所在地教育行政部门取消其公费师范生的资格,调整到非公费专业,不再享受相关公费待遇,并退还相关补助。通过该机制的建立可以促进公费师范生群体学习积极性、主动性的提高,保证公费师范生培养的质量以及政策目标的实现。同时,对于培养过程中确实不再适合从事或不愿意从事教师职业的公费师范生,应进一步明确允许其退出的条件和适用对象,并通过一定的程序和规则允许其退出师范生公费教育。主动退出的公费师范生同样需要退还相关补助,但不记录诚信档案。以此,来最大限度地保障公费师范生的个人权益,提高公费师范生群体对政策的认同程度。

(二)加强对公费师范生群体从教信念的培养

首先,要把开展教师职业信念教育作为重要的教育内容,贯穿到公费师范生的专业学习甚至整个培养过程中,在培养过程中多方位地营造热爱教师职业、教育事业的氛围。其次,要通过多层次、多样化的教育实践活动来培养公费师范生 的从教信念,如举办说课大赛、教师技能大赛、教案设计评比等活动,同时通过教育见习、实习等活动,促使公费师范生将自己所学的理论知识运用到实际的教育教学工作中,在实践中反思和成长。丰富的教育实践活动有助于提升公费师范生对教师职业的荣誉感和成就感,进而更加坚定自己的人生选择与目标,帮助他们树立起良好的职业理想和从教信念。最后,要引导公费师范生进行科学的职业生涯规划,进一步明确自身的发展目标和路径。

调查结果显示,被调查者之所以选择报考公费师范生,受经济因素和就业保障的驱动较为明显,其报考动机带有一定的功利性。为了进一步揭示这所地方师范大学公费师范生报考动机功利性的成因,笔者对被调查者的性别、家庭所在地等因素进行了差异性分析,结果表明,不同性别、不同家庭所在地被调查者其报考动机存在显著性差异,具体表现为:女生比男生更倾向于受"就业有保障"的吸引而报考公费师范生;家庭所在地为农村的公费师范生更容易基于经济因素而报考;家庭经济状况偏下的被调查者更倾向于因为"减轻家庭经济负担"而报考。相比之下,家庭经济状况为中等和中等偏上的被调查者受经济因素的影响明显较小,但后者更偏向于因为"就业有保障"而选择报考。从本次调查研究的结果来看,基于经济因素和"就业有保障"因素而选择报考公费师范生的学生比例为41.1%,占到了一半以上,有其特定的原因。但值得我们深思的是,如果这些地方师范大学的学生选择接受公费师范教育的最初和最大动机不是出于对教师职业和教育事业的热爱,而是将其作为缓解家庭经济压力和就业压力的权宜之计,那么各省(自治区、直辖市)实施这一政策的初衷就可能成为水中月、镜中花。

政策能否达到预期目标,不仅仅关乎政策的制定者和执行者,它还与目标群体有直接的关系。目标群体对政策认可、接受的程度是影响政策能否有效执行的重要因素之一。公费师范生是各地政策的主要目标群体,他们对于教师职业的认知或态度,从事教师职业的动机,从教信念坚定与否都将直接关系到各省(自治区、直辖市)师范生公费教育政策目标能否顺利实现。只有树立乐于从教、终身从教的职业信念,才是激励公费师范生学习和实践的最根本动力。地方师范大学的公费师范生肩负着发展基层甚至农村偏远地区基础教育的重大责任,如果没有对教师职业的热爱,没有坚定的从教信念,没有为教育事业献身的精神,必然会在实践中逐渐失去从教的热情,进而影响教育质量,不利于政策目标的实现。因此,各地方师范大学应加强对公费师范生群体从教信念的培养,将国家及社会的期望内化为他们自身的责任,使其成长为优秀教师,进而回报社会。

(三)生源结构应加强调控

从生源的城乡结构来看,高校扩招至今,高等教育入学机会的城乡差距进一步拉大,城乡学生在不同类型、不同层次高校的逐级分布呈现不均衡的态势。地方师范大学师范生公费教育政策在某种程度上为优秀而贫困的学生接受高等教育提供了机会。表6-2反映了江西师范大学近几年招收的公费师范生中农村生源所占的比例为52.25%。从调查的结果来看,江西师范大学农村生源的公费师范生比例有些偏低,不利于各省(自治区、直辖市)师范生公费教育政策效能的发挥。各地方师范大学是培养地方教师的主要力量,其招生的生源结构在一定程度上影响着各省(自治区、直辖市)中小学教师队伍的结构。从调查结果来看,存在男女比例不均衡现象,女生比例(84.68%)远远高于男生(15.32%)。公费师范生的男女比例若能有所调整,相应地就会对中小学教师性别比例失衡的现状起到一定的调节作用,对于改善中小学教师性别比例有着积极的意义。比如福建省内的几所高校招公费师范生明确只招男生。

(四)充分调动各政策执行主体的积极性,提高政策执行力

在地方师范大学师范生公费教育政策执行过程中,各政策执行主体的态度将会直接影响政策执行的效果。因此,各省(自治区、直辖市)应积极为地方师范大学提供更多的资源,在学科建设、资金投入等方面向各地方师范大学倾斜,以保证地方师范大学的整体发展及落实师范生公费教育政策的积极性。同时,各地方师范大学也应主动承担自己在落实本省(自治区、直辖市)师范生公费教育政策过程中的职责,正确处理自身利益同本地区利益之间的关系,在政策执行与推进过程中要坚持以"大局为重"。在培养公费师范生的过程中,借鉴部属师范大学同类专业人才培养的成功经验,充分听取本校公费师范毕业生的意见,并根据自身的生源质量、师资水平、办学条件及毕业生流向等实际情况,准确定位,加强公费师范生培养的针对性,积极探索具有本地区特色的公费师范生培养模式。此外,各地方师范大学可在依托就业指导、生涯规划等课程的基础上,辅之以政策解读讲座、座谈、咨询辅导等多种形式的活动,进一步强化公费师范生的职业信念,明确自身定位和职业目标,积极做好公费师范生的就业指导及服务工作。

同时,完善对各地方师范大学工作落实情况的监督和管理,设立专门的质量监督机构,建立问责制度,形成地方师范大学公费师范生质量监督管理的长效机制。定期评估各地方师范大学培养公费师范生举措的落实情况及培养质量,重点应对公费师范生群体的专业态度、专业知识和专业技能等进行评估。质量监督机构应聘请各类教育专家,组成专家组,承担公费师范生培养质量的检查、评估、指导和咨询等工作,切实为公费师范生的专业成长和发展提供更多的便利。通过这些外部制约、监督机制的建立,一方面,可以激励各地方师范大学在落实师范生公费教育政策以及公费师范生培养工作中的积极性;另一方面,也可以保证公费师范生的培养质量,从而为政策效能的发挥提供保障。

其次,应进一步丰富政策执行所需要的资源。财力资源是保障各地方师范大学师范生公费教育政策实施的重要资源。当前,各省(自治区、直辖市)公费师范生培养的费用主要由省级财政安排,少数省份(如贵州省)由地市级财政安排。由于各地区经济发展不平衡和地方性财政投入不足,各省(自治区、直辖市)地方师范大学的发展受阻,影响了各地方师范大学公费师范生的招收数量和质量的提高。因此,在财政投入上,中央政府可适当给予各省(自治区、直辖市)师范生公费教育政策一定的支持,尤其是经济欠发达省份。中央政府与地方政府要明确自身职责,根据公费师范生的培养人数进行财政投入,建立起中央与地方按比例分担的财政投入机制,给予各试点地方师范大学更多的财政支持,吸引和鼓励地方师范大学的公费师范生投身于基层基础教育事业。此外,地

方师范大学师范生公费教育政策执行的过程中会涉及多个部门,仅凭教育行政部门无法协调所有的资源。因此,需要加强各部门间及部门内部的协调与配合,减少政策执行过程中的内耗,保证政策的有效、顺利实施。

(五) 继续优化地方师范大学师范生公费教育政策

政策总是处于一定的社会环境之中,任何一项政策的执行都无一例外地要与其他社会因素发生相互作用,都要受到一定社会环境的制约和影响。就地方师范大学师范生公费教育政策的执行环境而言,主要有以下两方面还有待改善。首先,应丰富政策宣传的途径,加大对政策的宣传力度,提高社会的认知度。政策的社会认知程度越高,公众对于政策内容的了解程度越高,越有可能理解和支持政策的执行。各省(自治区、直辖市)应重视政策的宣传工作,积极创造有利于政策执行的环境和氛围,充分利用网络、广播、电视等主流媒体的宣传作用,在高考之前向公众全面地介绍、解读本省(自治区、直辖市)出台的师范生公费师范生制度宣传教育政策,对于政策实施的重要意义和作用也加以说明,提高公众对于政策的认可度。同时,充分发挥各中学集中宣传的优势,在填报志愿前向学生集中宣传、介绍政策的内容,并对学生反馈的问题进行集中解答。使尽可能多的学生详细了解政策的内容,减少公费师范生报考的盲目性。

最后,对于公费师范生的更高层次学历教育,无论是从公费师范生自身专业发展需求的角度还是从当前优质教师资源配置及基层基础教育高层次教师的现实需求角度来看,都应允许部分表现优异的公费师范生脱产接受更高层次的学历教育,让公费师范生享有与其他师范生同等的教育权利。这不仅会提高公费师范生学习的动力也有利于减少因此而带来的政策负效应。对于公费师范生来说,毕业任教并不意味着学习生涯的结束,各省(自治区、直辖市)教育行政部门应对公费师范生在职或脱产进修等做出长远、细致、合理的规划,以确保实现公费师范生自身的专业发展及培养优秀教师的目标。承担公费师范生培养的部属高校和地方高校,进一步提升公费师范生培养质量,从而促进中西部教育质量公平。

总之,建立健全公费师范生培养制度,应加强以下几个方面工作:环节质量的有效监测;首先,健全公费师范生的进入和退出制度,极力鼓励有志于从事农村中小学教育工作的优秀学生进入,坚决淘汰品德、学识、技能和素养不达标的学生,开放允许不愿意从事农村中小学教育的学生有序退出,使乐教、适教的优秀人才进得来、留得住,确保公费师范生的生源质量。为中小学教师队伍提供政策保障。把握当下,健全培养制度和监督制度。其次,加强理想信仰教育,健全教育信仰的评估制度,完善教育信仰的考核指标,强化教育信仰的监督和激励机制,确保公费师生的从教信仰。再次,建立公费师范生的诚信档案,并将它作为公费师范生培养和职业发展的重要参考依据。

参考文献：

[1] 陈永明. 国际师范教育改革比较研究[M]. 北京：人民教育出版社，2001：133-139.

[2] 沈曦. 国外师范教育收费制度及其对我国的启示[J]. 湖北大学学报（哲学社会科学版），2007，(5)：25-30.

[3] 郭爽. 我国师范生免费教育政策存在的问题及对策研究[D]. 吉林大学，2016.

[4] 喻本伐. 中国师范教育免费传统的历史考察[J]. 湖北大学学报（哲学社会科学版），2007(03)：49-51.

[5] 佚名. 免费师范生：你们还好吗？[J]. 中国经济周刊，2015(6)：13-13.

[6] 教育部，财政部，中央编办. 教育部直属师范大学师范生公费教育实施办法[J]. 重庆与世界（学术版），2018，000(008)：5-6.

第七章　异地高考政策变迁

1995年,《流动的孩子哪儿上学——流动人口子女教育探讨》一文在《中国教育报》刊发,由此引起了社会各界广泛关注。长期以来我国社会二元结构、城乡户籍制度以及难以逾越的异地升学障碍等都导致了随迁子女等弱势群体处于高度边缘化的生存状态,难以通过自身努力和学校教育获得向上流动的机会,始终处在阶层再生产的阴影之下。异地高考政策的出台,无疑增强了群际边界的可渗透性,向随迁子女传递着"只要我努力,就有机会进入另一个群体"的信念,为他们提供了建立良好教育期望的契机,进而有利于提升我国劳动力人口整体的人力资本水平,也有利于阻断弱势群体的"贫困代际传递"现象。本章主要探讨异地高考核心概念和异地高考政策实施的意义,异地高考政策的变迁,异地高考实施面临的困境与对策思考。

第一节　核心概念界定

一、异地高考和高考移民

本研究的"异地高考"专指进城务工人员随迁子女在父母流入地参加高考。"异地高考"是社会快速发展的产物,主要是由于经济发展不平衡导致了欠发达地区农民到经济发达地区常年务工,而不得不把孩子带到所在的城市读书(也有孩子就在父母务工的城市出生)。而各地高中教材不统一,高考要求不统一,导致随迁子女无法回到原籍参加考高考,而迫切需要在父母务工所在地参加高考。随迁子女异地高考现象产生的根源较为复杂,主要包括城乡人口流动、教育资源配置、高考制度设计、二元户籍管理以及地方利益保护等方面。伍宸等(2012)提出近年来上千万流动儿童出现,而这些学龄儿童在完成九年义务教育以后,高中及高考问题逐步凸显出来,异地升学考试是必然选择。[1] 南纪稳(2012)则认为异地高考出现的根源在于录取分数和录取率的地域不平衡。[2] 翟月玲(2012)同样认为,一是省与省之间悬殊的录取分数,二是省与省之间优质高校的不均衡。[3]而张家勇(2012)则认为,异地高考问题的产生是随迁子女希望拥有更加宽松有利的升学机会和竞争优势,而无关高考制度的公平与否。[4]总而言之,国内跨省流动人口的大量增加、现存的高考制度以及优质教育资源分布不均是造成异地高考现象的主要原因。这些务工人员在流入地城市主要从事建筑装修、交通运输、产品生产、家政服务和餐饮服务等行业,他们处于社会边缘地位,经济收入微薄,文化资本匮乏,在这几个方面都处于弱势地位。维护进城务工子女平等的受教育和升学权利,不仅有利于维护社会公平正义、稳定和谐,更重要的是有利于阻断贫困的代际传递。

所谓"高考移民"是指由于我国在北京、上海以及其他教育发达地区与教育欠发达地区实行差别高考录取分数线,于是录取分数线高的地区的考生,纷纷采取迁移户口等办法到教育欠发达地区和录取分数线低的教育发达地区去应考的特有现象。"高考移民"大多属于社会中产以上阶层,家庭条件优越,拥有足够的社会资本去进行户籍运作,即通过购买房产或者其他途径短时间获取了当地的户籍,并以当地学生的身份参加高考。例如,2015年内蒙古自治区清退的一千多名名高考移民,多为公职人员家庭。他们普遍采取非正常手段空挂高中学籍、迁移户口、伪造本地考生身份,企图在高考录取洼地参加高考,以获得最大的高考录取利益。"高考移民"现象是当前我国教育资源分配存在"水位差"的情况下难以避免的现象,但对于我国公民受教育权的公平性、公共教育资源分配的政策导向都造成了恶劣的影响。因此,严格控制"高考移民"则有利于维护高考移民流入地的考试公平。

二、异地高考实施的必要性以及社会意义

(一)实施的必要性

徐金海等人(2012)认为实现异地高考政策对公民而言是权利得到了保障,使个人发展成为可能,是社会和谐发展的基础。[5]鹿文卿(2012)认为随迁子女应该享有更多的政策倾斜,这属于对弱势群体的教育补偿。[6]另外,也有学者认为异地高考政策有助于逐步消除当地行政干预及著名高校的"过度地方保护主义"以及地方化倾向等。[7]总而言之,学者们从不同的学科视角阐述了异地高考政策实施的必要性,认为异地高考是新一轮高考改革的一种趋势,该政策的实施有利于进一步实现教育公平。

(二)实施的社会意义

随迁子女能否获得较高的教育水平是新一轮高考需要关注与考虑的社会

问题,这不仅关系到单个家庭的幸福、贫困代际传递的阻断,甚至关系到国家人力资源的总体水平。因此,对异地高考实施与研究具有重要的社会现实意义。

有助于进一步消除城市学校中的阶层隔离现象。吕慈仙(2018)构建了异地高考政策认同、学校阶层隔离与教育期望之间的数学模型,研究结果为各城市中学进一步消除阶层隔离、推进均衡编班、完善融合教育、建立良好师生关系提供重要的借鉴意义。[8]

第一,有助于提升随迁家庭的教育期望,提升家庭的幸福指数。目前尽管异地高考政策的实施不尽人意,相信随着政策的实施推进,政府社会的进一步推动,让随迁家庭看到了希望,提升了随迁家庭的教育期望与幸福指数。

第二,异地高考政策属于对弱势群体的教育补偿政策,该政策的落地实施与进一步完善有利于推动社会的民主与平等,有利于推动教育公平的实现。

三、异地高考受惠人数逐年增加

从异地高考报名人数来看,2013 年公布异地高考报名人数的 10 个省份共计 4500 人左右,占当年高考报名人数的 5‰。这与政策制定初始准入门槛条件过高以及实施政策的省份过少有直接关系。2014 年,符合条件的人数飙涨至前一年的 12.6 倍。据统计,随着异地高考政策的大面积推进和准入门槛的降低,大多数省市区的异地高考人数逐年增长。如从 2013 年到 2018 年短短 6 年间,湖北省的异地高考人数从 219 人增至 7482 人,增长 34 倍。截止到 2017 年,安徽省 5 年累计报名异地高考考生 8067 名,海南省 4 年累计报名 3078 名考生,广东省更是在当年达到 1.7 万名的报考总数。[9]2019 年,在当地参加高考的随迁子女达到 22.4 万人,是 2013 年的 50 多倍。足见短短几年异地高考政策受惠群体呈不断增长的态势。越来越多随迁子女加入本地的高考大军中。这既体现农民工群体子女接受公平教育的多年愿望正在逐步实现,也反映社会稳定和谐以及教育福利范围逐步延伸到一些弱势群体身上,是社会走向公平公正的象征。

第二节 异地高考政策的变迁

任何一项教育政策的颁布与实施,都是社会发展到一定阶段的产物,与社会的政治、经济、文化与教育发展密不可分,异地高考政策的发展变迁也不例外,是一个逐步从萌芽到实施的过程。

一、异地高考制度的萌芽期(1985年—2003年)

异地高考问题作为人口流动派生的社会问题,它与国家对流动人口管理的整体制度设计密切相关。异地高考是在异地教育解决之后面临的热点而又棘手的问题。异地教育是指在户籍所在地以外接受教育的一种形式。异地教育的产生主要是因为改革开放以来由于社会经济的发展的需要,城镇化建设的需要,农村大量的劳动力流入城市,这些流动人口中的随迁子女教育问题成了发展教育中不得不解决的问题。1985年国务院下发《关于进一步活跃农村经济的十项政策》,为农民流动提供了必要的条件,从而导致我国人口流动规模急剧扩大。自20世纪90年代以来,随着社会主义市场经济体制的确立,城市和乡村的开放性更强,1998年,十五届三中全会通过《中共中央关于农业和农村工作若干重大问题的决定》,在实现农村和农村跨世纪发展目标的十条方针中指出,适应城镇和发达地区的客观需求,引导农村劳动力合理有序流动。从而促进了我国城市化的进程,使我国的流动人口规模持续扩大,人口流动方式开始呈现"举家迁徙"的新特征。在此背景下,流动人口随迁子女教育问题愈加凸显,1998年3月《流动儿童少年就学暂行办法》第4条提出,"流入地人民政府应为流动儿童少年创造条件,提供接受义务教育的机会。流入地教育行政部门应具体承担流动儿童少年接受义务教育的管理职责。流动儿童少年就学,应保证完成其常住户籍所在地人民政府规定的义务教育年限,有条件的地方,可执行流入地人民政府的有关规定。"2001年中央出台了"以流入地区政府管理为主,以全日制公办中小学为主"的"两为主"政策安排工务人员随迁子女的上学问题。在2003年《在关于进一步做好进城务工子女义务教育工作的意见》,再次强调各地认真贯彻落实"以流入地政府为主,以全日制公办中小学为主"的政策,进城务工人员随迁子女在当地接受义务教育的问题得到初步解决。虽然政府并没有对异地高考问题进行制度供给,但是由于制度体系之间的相互协效应,政府对流动人口中教育问题的解决势必会引发对异地考试制度的需求。

原来计划经济时代要求申报高校的考生须在其户籍所在省(区、市)参加高考报名和招生的高考制度已经不能满足现在人口流动巨大的社会发展需要。因此,在城市化进程的今天,有限制地放宽以户籍为主的高考报名规定,逐步取消高考户籍报名限制,是政府为适应社会发展潮流促进教育发展的必然选择。开放异地高考,是为了进一步解决外来务工子女的升学问题,让非户籍地考生享有与本地考生相同的高考资格,使更多外来务工子女能够更好地享受父母务工所在地的教育资源,让非户籍地考生享有与本地考生相同的高考资格。异地高考还有一层制度含义,异地高考是指外来务工人员随迁子女中拥有高中学籍的学生,在参加高考时,可以不受户籍报名限制,在非户籍所在地参加高考的一种制度。

二、异地高考制度的探索期(2004年-2011年)

有相关数据显示,2003年农村外出务工的劳动力已达1.14亿,占农村劳动力的23%,其中举家在外务工的劳动力2 430万人,这些情况倒逼着国家解决异地高考的问题。在2008年7月国务院常务会议上有代表就提出了要解决外来务工人员随迁子女异地高考问题。2010年12月,国家教改领导小组办公室委托国家教育咨询委员会,对高考改革方案进行调研,国务院常务会议上有代表就提出了要解决外来务工人员随迁子女异地高考问题。国家教改试点中,异地高考首次列入试点,探索流动人口子女在流入地平等接受义务教育和参加升学考试的办法。

三、异地高考制度的实现期(2012年至今)

围绕异地高考,各地相继出台了《关于做好进城务工人员随迁子女接受义务教育后在当地参加升学考试工作的意见》,这些意见称为异地高考政策。异地高考实施方案及细则如表7-1和7-2所示。

表7-1 我国内地异地高考实施方案及细则

省/自治区/直辖市	具体实施细则	开放时间(年)	政策文件	准入条件
北京	务工人员需持有北京市居住证明,有合法稳定京政办的住所,合法稳定职业和连续缴纳社会保险满年。发随迁子女需具有高中学籍年。可以在北京参加高等职业学校的考试录取。	2014	京政办发[2012]62号	
上海	务工人员需达到积分入户要求。随迁子女需参加本市高中阶段学校招生考试并完成高中阶段完整学习。	2014	沪府办发[2012]75号	
天津	务工人员需有合法稳定职业依法纳税、合法稳八天津定住所、参加社会保险等。随迁子女必须在津连续就学达一定年限。	2013	暂未公布	

续表

省/自治区/直辖市	具体实施细则	开放时间（年）	政策文件	准入条件
重庆	务工人员需有合法稳定职业、合法稳定住所（含租赁）。随迁子女需高中三年学籍。	2013	渝办发[2012]333号	
安徽	具有高中阶段3年完整学籍并有相应学习经历。	2013	皖政办[2012]65号	
福建	具有高中阶段3年完整学籍并有相应学习经历，享受同等录取政策。	2014	闽教综[2013]3号	
甘肃	具有合法稳定职业、合法稳定住所（含租赁）、参加社会保险等： 2013年，进城务工人员本人及子女均具有三年以上户籍，子女具有三年学籍。 2014年，随迁子女具有高中三年户籍和三年学籍。 2015年起，随迁子女具有我省连续高中三年学籍。	2013	试行	
广东	2013年，积分入户的随迁子女可参加高考，享受同等录取政策； 2014年，务工人员连续年以上持有居住证、参加社会保险累计3年以上。随迁子女需有中职学校3年学籍。可参加高职考试，同等录取。 2016年，务工人员连续3年以上持有居住证、参加社会保险累计3年以上。随迁子女需在我省参加中考，具有高中年完整学籍。可参加高考，同等录取。其他随迁子女，自2014年起可在我省借考但须回到户籍地参加录取。	2013	粤府办[2012]137号	

续表

省/自治区/直辖市	具体实施细则	开放时间（年）	政策文件	准入条件
广西	随迁子女需在本区三年完整学籍，家长具有合法稳定职业、合法稳定住所含租赁3年以上，不受户籍限制。 随迁子女具有广西高中阶段完整的学籍，且在本区高中毕业，在高考报名截止之前将户籍迁入广西，合法稳定住所3年以上，其父母的其中一方具有合法稳定职业。	2013	桂办发[2012]330号	
贵州	随迁子女需有初中毕业证书，有高中三年完整学籍。其父亲（或母亲）有合法稳定住所、合法稳定职业，持有居住证或暂住证和连续缴纳社会保险均在三年以上（含三年）。或者，考生本人户籍迁入我省六年以上（含六年），有我省初中阶段三年完整学籍、高中阶段三年完整学籍。	2014	黔府办发[2012]63号	
海南	（一）随迁子女6年完整学籍，务工人员和随迁子女连续居住满年，有合法稳定的职业，并参加社会保险满年； （二）务工人员和随迁子女连续居住3年以上（含3年）不满年需有合法稳定的职业，并参加社会保险年以上（含3年）不满6年； （三）务工人员和随迁子女在我省有合法稳定的住所，务工人员有合法稳定的职业。	2014	琼府办[2013]3号	
河北	随迁子女具有两年以上高中段教育连续就学记录，同时提供家长《就业失业登记证》、居住证和高中段学籍证明，可参加高考，同等录取。	2013	冀政办函[2012]117号	
河南	务工人员需有合法职业和稳定住所（含租赁），随迁子女需有正式学籍可参加高考，同等录取。	2013	豫政发[2012]180号	

续表

省/自治区/直辖市	具体实施细则	开放时间（年）	政策文件	准入条件
黑龙江	务工人员具有合法职业、合法稳定住所（含租赁）。随迁子女具有高中3年完整学籍，可参加高考，同等录取。	2013	试行	
湖北	务工人员有合法稳定职业、在现居住地有合法稳定住所（含租赁）。随迁子女具有高中3年学籍。	2013	试行	
湖南	务工人员需有当地1年期以上的居住证，随迁子女需有高中三年完整学籍，并参加了我省普通高中学业水平考试，可参加高考。	2013	湘政办发[2012]115号	
吉林	务工人员有合法职业、合法稳定住所（含租赁）并参加社会保险3年以上，随迁子女需有普通高中阶段三年完整学籍，并取得我省高中毕业证书。可参加高考，不受户籍限制，同等录取。或务工人员和随迁子女有一年以上户籍，可参加高考，同等录取。	2013	吉政办发[2012]74号	
江苏	务工人员有合法稳定职业、合法稳定住所（含租赁），随迁子女具有三年高中完整学籍，可参加高考，同等录取。	2013	苏政办发[2012]222号	
江西	务工人员随迁子女在我省高中阶段具有一年以上学习经历并取得学籍的，可参加高考，同等录取。	2014	赣府厅发[2012]86号	
辽宁	务工人员具有合法稳定职业和合法稳定住所（含租赁），随迁子女具有高中阶段3年学籍，可参加高考。	2013	辽政办发[2012]68号	

续表

省/自治区/直辖市	具体实施细则	开放时间（年）	政策文件	准入条件
内蒙古	（一）2014年和2015年高考政策 务工人员拥有合法稳定住所（含租赁）、合法职业且纳税均满2年。随迁子女具有我区高中阶段学校学籍且连续就读满2年，可参加高考但仅限报考高职高专院校。 （二）2016年及以后高考政策 务工人员有合法稳定住所且连续居住、有合法职业且纳税均满3年，随迁子女具有我区高中阶段学校学籍且连续就读满3年，且取得我区户籍满3年。	2014	内教办字[2013]25号	
宁夏	务工人员需具有连续6年以上合法稳定职业、合法稳定住所；累计缴纳3年以上社会保险。随迁子女需在本区初中和高中学校连续就读满6年，具有6年完整学籍和宁夏普通高中学业水平考试成绩。可报名参加高考，但报考院校有限制。	2014		
青海	（一）考生父母双方或一方及考生本人户口一并迁入我省满五周年；（二）家长在青投资经商营业执照满五周年；（三）考生在我省就读高中满三年并从高中一年级起参加了我省高中会考。	2013	青招委[2011]42号	
山东	随迁子女具有高中阶段完整学籍，可参加高考，同等录取。	2014	鲁招委[2012]2号	
山西	务工人员需有合法稳定职业、合法稳定住所（含租赁），随迁子女需有高中段三年正式学籍，可参加高考，同等录取。	2013	晋教基[2012]43号	
陕西	务工人员需有居住证年以上，缴纳基本养老保险3年以上，随迁子女具有高中阶段连续学籍满年，参加陕西省普通高中学业水平考试，持有陕西省高中阶段学校颁发的毕业证书，可参加高考。	2016	陕教考[2012]8号	

续表

省/自治区/直辖市	具体实施细则	开放时间（年）	政策文件	准入条件
四川	务工人员具有合法稳定职业和住所（含租赁），随迁子女具有高中阶段年完整学籍和学习经历，可参加高考。	2014	川办发[2012]77号	
西藏				
新疆	自2014年起，需有两年以上常住户口，随迁子女具有高中段三年完整学籍。无疆籍务工人员需有12年及以上合法稳定职业和居住证和参保记录或纳税证明，随迁子女需有义务教育阶段12年完整学籍。可参加高考，可报考区内外本专科院校。自2015年起，随迁子女需有从初三起连续四年完整学籍，务工人员有四年及以上合法稳定职业和居住证，都需有常住户口，一年及以上社保缴费记录或纳税证明，可参加高考，可报考区内外高职专科院校。	2013	新教基[2013]5号	
云南	考生户籍和父（母）亲的户口在云南，考生本人具有在云南高中三年学籍且就读时间满三年，考生户籍在云南满三年。	2013		
浙江	务工人员随迁子女通过我省中考，并具有高中阶段3年完整学籍，可参加高考，同等录取。	2013	浙政办发[2012]160号	

表7-2　异地高考准入条件分类

类型	省自治区直辖市代表	标准条件	主要政策标准
第一类	北京、上海、新疆	高	户籍
第二类	重庆、河北、河南、黑龙江、湖北、湖南、江苏、辽宁、山西、四川、浙江、安徽、福建、江西、山东	较低	学籍+居住证
第三类	甘肃、广西、贵州、海南、吉林、内蒙古、宁夏、青海陕西、新疆、云南	高	户籍+学籍

从表7-1和7-2可以看出，到2013年，我国内地除了西藏地区外，30个省份、直辖市制定了异地高考方案。各地方案设计基本上围绕教育部提出的三

项准入条件(即家长、学生、所在地三方面的条件)限制来设置。主要包括：家长职业、税收缴纳情况、社保缴纳情况、居住情况、学生学籍要求等几项条件。

从异地高考政策具体实施条件来看，可以分为以下两种情况：

1. 门槛高的有两类地区

第一类是高等教育发达、优质资源丰富录取率较高的京、沪地区。北京市2019年可以参加异地高考条件是：(1) 进城务工人员持有在有效期内的北京市居住登记卡、居住证或工作居住证。(2) 进城务工人员在京有合法稳定住所。(3) 进城务工人员在京有合法稳定职业已满6年。(4) 进城务工人员在京连续缴纳社会保险中的基本养老保险或基本医疗保险已满6年(比如2013年9月至2018年8月是连续,不含补缴)。(5) 随迁子女具有本市学籍且已在京连续就读高中阶段教育3年学习年限。取得报名资格的随迁子女统考考生可以参加高职自主招生和专科统招,填报高职自主招生志愿(由招生学校自主组织)、统考专科提前批和专科普通批的志愿；取得报名资格的随迁子女单考考生可以参加高职自主招生和高职单独招生。上海实行积分管理办法。积分条件中家长的学历占了很大比例。积分管理办法规定："持证人取得大专(高职)学历,积50分；持证人取得大学本科学历,积60分；持证人取得大学本科学历和学士学位,积90分；持证人取得硕士研究生学历学位,积100分；持证人取得博士研究生学历学位,积110分"。其中,学历层次是积分指标体系当中所占比重最大的一项。而大部分务工者,学历层次较低都在高中以下。第二类是高等教育落后、经济落后、高等教育资源匮乏,然而由于属于民族聚居地,国家采取了倾斜政策,录取率较高的西藏、宁夏、新疆、内蒙古等地区。比如,新疆2019年的异地高考条件分为3类：(1) 来疆务工人员随迁子女,初中及普通高中阶段在疆连续实质性就读六年并有六年完整学籍,有连续三年的普通高中学业水平考试成绩,有新疆初中毕业证书和中考成绩,父亲或母亲或其他法定监护人在疆有合法职业及六年居住证,有在疆社保缴费记录或纳税证明。允许其报考区内外本专科院校(专业)。(2) 来疆务工人员随迁子女初三年级及普通高中阶段在疆连续实质性就读四年并有四年完整学籍,有连续三年的普通高中学业水平考试成绩,有新疆初中毕业证书和中考成绩,父亲或母亲或其他法定监护人在疆有合法职业及四年居住证,有在疆社保缴费记录或纳税证明。允许其报考区内外高职(专科)院校(专业)。(3) 来疆务工人员随迁子女,初中二、三年级及普通高中阶段在疆连续实质性就读五年并有五年完整学籍,有连续三年的普通高中学业水平考试成绩,有新疆初中毕业证书和中考成绩,父亲或母亲或其他法定监护人在疆有合法职业及五年居住证,有在疆社保缴费记录或纳税证明。允许其报考区内本科院校(专业)和区内外高职(专科)院校(专业)。

2. 门槛较低的也有两类地区

第一类地区是河南、山东为代表的，人口多，优质高等资源匮乏，分数线高录取率较低的地区。第二类地区是以江苏、浙江为代表的高等教育资源丰富、分数线较高的地区。这两类地区主要强调学生的学籍，对于父母情况要求不多，比如河南省2019年参加异地高考条件是："根据《河南省关于做好进城务工人员随迁子女接受义务教育后在当地参加升学考试工作实施意见的通知》（豫政办〔2012〕180号）精神，在我省就业的外省户籍人员的子女，父母一方须有合法职业和稳定住所，普通高中应届毕业生参加高考须具有当地学校正式学籍，随学籍所在的学校参加报名。"江苏省2019年参加异地高考的条件是："随迁子女考生须由考生本人向现就读中学提交《2019年来苏务工就业人员随迁子女高考报名申请表》，由现就读中学汇总后报就读中学所属教育行政部门和县（市、区）招生办，经审核批准后方可办理相关报名手续。"随迁子女考生还须提交以下证明材料：（1）身份证明。考生本人二代身份证和户口簿的原件及复印件。（2）稳定住所证明。考生本人或其监护人的房屋产权证、房屋买卖合同、租赁合同，或考生和其监护人在我省的暂住证（居住证）等证明材料的原件和复印件。（3）监护人就业证明。监护人在我省的就业单位或所在社区（村委会）出具的就业证明原件。

综上所述，通过各省市异地高考政策开放程度的研究包括政策门槛、异地高考准入条件等的探讨，主要涉及北京、上海的异地高考政策准入门槛高、开放程度低以及"高考洼地"的反"高考移民"政策较严。由于北京、上海是人口流密集地区，属于迫切开放的城市，因此受到了较多学者的关注。郑若玲通过对上海市本地人口和外来人口双方的访谈调查了解到上海市所实行的异地高考与居住证积分制捆绑的举措对考生家长的学历背景，技术职称等要求过高，难免让人觉得上海需要的是"三高"人群——高学历、高收入、高能力，有失公允。[9]这让处于底层的外来务工人员产生了被排斥感，同时指出因缺乏顶层设计导致的地方保护主义将绝大部分随迁子女挡在就地接受教育和升学考试的大门外，且放开高职难以满足随迁子女升学要求。北京市的随迁子女即使考生家长连续缴纳六年社保以及满足全部条件也仅能报考高职院校，也有学者指出北京市开放高职的原因是北京市的高职学校每年都处于招不满的状态。吴霓通过对10个城市异地高考政策的实证研究表明，高职难以满足随迁子女升学要求，同样指出职业教育未能有效增加随迁子女的义务教育后的选择机会[10]。上述表明，在高等教育普及化的背景下，开放高职难以满足随迁子女的升学愿望，部分省的异地高考政策目标并未从随迁子女的升学需求出发，更多的出发点在于为本省的招生属地化披上合法性外衣，以及防止本地考生的既得利益被稀释和冲击，这也表明随迁子女就地接受教育仅仅是眼前利益，优质高等教育入学机会的争夺才是随迁子女在流入地高考的诉求目的所在。

从以上各地异地方案实施细则分析,呼声最高的京沪等地区的实施最为苛刻,门槛最高。对于务工子弟来说,并没有很大的帮助。因此,北京大学法学院张千帆教授认为,北京、上海地区的异地高考方案都是令人失望的,其中北京的异地高考方案更是只能打零分。

第三节 异地高考面临的困境与对策思考

异地高考政策的实施有其必要性和重要的社会价值,然而客观地说,异地高考政策的实施也面临着一些社会风险。如第一,政策的彻底放开或者有限度放开并不能使到城市务工群体获益,真正受益的是经济、文化、社会资本占优势的群体。第二,一般的城市外来务工人员很可能遭遇"二次剥夺",在移入城市参加高考的竞争将更为激烈。第三,大量农村学生会为了获得更好的教育而进城,农村学校和教育将进一步萎缩。具体面临的困境如下。

一、异地高考面临的困境

(一) 务工子弟与当地人口利益难以协调

当下的中国是从"乡土中国"变成"流动中国",转型期的中国,社会流动成为常态。流入地人口和外来人口利益因为高考原因必然产生种种矛盾和冲突。由于历史和经济等原因,我国教育资源分布极不平衡,基本格局京、沪、穗等大城市优质教育资源丰富,而中小城市优质资源匮乏;东部优质资源丰富,中西部优质资源匮乏。目前985重点高校都属于中央和地方政府共同管理,都存在着属地化倾向。因为地方政府在办学过程中,也投入很多,包括经费投入、土地划拨支持等。所以诸多重点高校会在当地投放更多的指标,算是对当地政府和人民的一种回馈。长期以来,高考指标成为当地人最重要的也是最大的福利。如2019年北京大学"博雅计划"招生在北京市招收91人,在人口大省河南省招生19人;清华大学"领军计划"在北京市招收99人,在人口大省山东招生25人;一旦放开异地高考限制,在没有相应增加招生指标的前提下,随着大量外地考生的涌入,本地考生将会面对更大的竞争压力,他们长期以来享受的教育福利将不复存在。这便是本地人和外地人在面对异地高考问题时的主要矛盾,也是利益双方博弈的焦点

(二) 异地高考的准入条件难以界定

2012年9月6日,原教育部部长袁贵仁在国务院新闻办回答记者提问时,国家实施异地高考,是逐步有条件的放开,提出异地高考有三大准入条件,即需要从家长、学生、所在城市承载力方面考虑。首先,要考虑家长在所在城市的住所居住要求、工作情况、缴纳税收以及各类保险情况;其次,学生的学籍情况;最后,城市的承载为也应当重点考虑。这三大准入条件无疑给了众多期盼异地高考改革的人们泼了一盆冷水。首先,全国各地,特别是京沪等大城市,一直存在着浓厚的地方保护主义,三大准入条件的出台恰恰为其在施政过程中找到了借口;其次,从事行业是否是城市急需的,住所稳定性这些很难去界定,但是实际情况有很多农民工已经在城市了奋斗了多年,为城市的发展付出了多年。另外,由于工作的性质需要,相当一部分农民工辗转于城市的各个角落,住所稳定性也不好界定。

三个准入条件中,其中一条是考虑到城市的承载能力。有一种观点认为,农村大规模的人口流入城市,对城市公共服务供给和保障、城市资源环境、交通、综治管理等方面带来一系列的挑战与考验。如果异地高考方案门槛过低,很可能出现为分享优质教育资源而举家迁移来到大城市的情况。如果异地高考方案出台后,引发"教育福利拉动型"人口增长,大城市资源环境的承载压力将进一步加大,所有人的生活都会受到影响;不管是户籍还是非户籍孩子受教育权利的实现都会打折扣。城市承载能力成为流入地异地高考设置门槛的最好理由。事实上,农民工数年如一日地为城市的发展与繁荣尽了自己的一分力量,他们的孩子有的生于打工的城市,长于打工的城市,早就是该城市的一分子和一位成员,理应享受和该城市孩子一样的权利。环境问题、资源问题、交通治安等问题不是外来务工家庭带来的问题,而应该是所有人面对的问题,这个锅由外来务工子弟来背是不公平的。然而,由于高考成为当地大城市市民的福利,所以城市承载能力为由,设置高门槛成为异地高考放开的拦路石。

(三) 高考与户籍制度捆绑的福利羁绊

新中国成立后,我国开始实行"城乡二元户籍"制度。建国初期"二元户籍"制度对于社会主义建设和发展起到了积极的作用,"二元户籍"制度在解决社会资源分配矛盾上起到了相当大的作用,同时也为社会秩序的稳定提供了保障。但是,改革开放四十多年以来,中国的社会现状发生了翻天覆地的变化,城镇化建设以及城乡差距进一步加大,大量人口从农村流入到了城市,直接导致了人口流动规模的增长,原有的户籍制度已经无法满足当下社会的需要。2014年07月,国务院印发《关于进一步推进户籍制度改革的意见》(简称《意见》),

部署深入贯彻落实党的十八大、十八届三中全会和中央城镇化工作会议关于进一步推进户籍制度改革的要求,促进有能力在城镇稳定就业和生活的常住人口有序实现市民化,稳步推进城镇基本公共服务常住人口全覆盖。近年,城乡统一的户口登记制度全面建立,各地取消了农业户口与非农业户口性质区分,"城里人"和"乡下人"户口身份之别不复存在。户籍制度这一改革是社会的巨大进步,从此,各个地方的农村和城市户籍不再有制度方面的羁绊。然而,全国户籍制度并没有统一认同,户籍作为身份象征的意义还存在,各地的户口价值还存在着巨大的差别,与户籍制度捆绑的各种利益分配还存在着巨大的差别,我国高考制度和户籍制度捆绑在一起。异地高考政策是为了解决外出务工子弟高考问题,是对本来教育不公问题的一个矫正。但是特大城市却要求把当地户籍作为异地高考的一个条件,这是在矫正之上的又一矫正,失去了该项政策的意义。

(四)地方政府面临两难困境

教育部要求各地政府出台异地高考政策,一方面作为制度的供给者和执行者,地方政府必须按照中央的要求,在促进教育事业发展和实现教育公平的过程中履行政府的职责,体现政府的责任。政府供给制度的出发点和基本原则必须以公平正义为第一要素,政府必须坚决执行和推进异地高考制度。制定出彰显教育公平的异地高考方案,确保符合条件的外来务工子弟参加高考的机会。另一方面,作为本地户籍人口利益代表者和维护者,地方政府又希望本地考生能够获得更多的教育资源和录取机会,地方政府可能就没有动力去推进异地高考制度的发展。地方政府作为决策的"双重主体",一方面是不得不推进,另一方面是不想不愿推进。不管地方政府愿不愿意推进,异地高考改革都是向前发展的。异地高考制度要想平稳推行,地方政府就必须合理平衡不同利益群体间的关系,既要兼顾考试的效率又要保证制度的公平就成了地方政府面临的现实困境。

二、完善异地高考政策反思与路径

(一)加强中央政府责任,政策做好顶层设计

从各省异地高考的政策出台伊始,教育部就在"中央指导、地方决断"的方针下提出了"坚持以人为本、促进教育公平""坚持有利于促进人口合理有序流动""保障随迁子女受教育的基本权利和升学机会""统筹考虑异地务工人员随迁子女升学考试需求和人口流入地教育资源承载能力"[11],各地在教育部的统

一指导下结合本地实际出台异地高考相关政策。总的指导方针与方向明确了，然而由于各地实际情况差异很大，地方决断就给地方政府很大空间。出于保护当地人的教育权益和提升录取率，制定的异地高考政策把外来务工子弟排除在外，违背了该政策的初衷，忽略了外来务工子弟的核心利益的诉求，成为地方保护主义的保护伞。加强顶层设计、把牢设计谋划第一关，切实增强政策的操作性、针对性和时效性。顶层设计要围绕贯彻落实教育部提倡的教育公平，保障外来务工子弟入学机会均等原则。同时明确地方政府的职责，告知地方政府如何做，实施步骤环环紧扣、中央和地方分工合作协同推进。顶层设计具有针对性，就要领会中央精神实质，同时要充分考虑本地区异地高考面临的问题，紧扣当地的问题，坚持问题导向，发现什么问题就针对什么问题、存在什么问题就解决什么问题。抓住异地高考的主要矛盾，既要各司其职，协调配合，把工作做细，做实。顶层设计要考虑到增强时效性。政策要有时间和进度的规定，明确相关部门的责任、职能、明确完成时间表、路线图和责任状。确保工作按质按量、按时落到实处。着眼于外来务工子弟最关心最现实的问题，让他们真切地感受到获得感、幸福感。顶层设计需要加强中央政府的主要责任，政府为第一责任人。

（二）利用信息时代的便利更好地做好异地高考的宣传与服务工作

地方政府可以通过网络渠道普及和宣传异地高考政策，减轻本地户籍人口对非本地户籍人口的隔阂。政府部门需要主动听取各方利益主体的意见，建立健全完善的利益诉求反馈机制。通过互联网信息技术的协助，政府部门可以建立网络意见互动平台，给予各方发声的渠道，并对民众提出的问题作及时的回复。此外，该平台范围还可进一步扩大，建立省际协同政策。如在省与省之间搭建信息共享网络以便上传学生的电子学籍等资料。

（三）多方联动，形成全方位高考移民治理体系，要完善相关的法律条款和处罚政策

2016年2月，教育部、公安部印发了《关于做好综合治理"高考移民"工作的通知》严正声明："要严查利用假户籍、假学籍违规报名问题，坚决防范和打击'高考移民'"。各地区要根据上级精神出台法律法规对高考移民进行严惩，必要时取消考生当年报名资格与高考成绩。考生报名资格审查工作由市、县招生考试机构负责，要将责任明确到岗、落实到人。对违法工作人员按相关规定追究责任并对其主管领导问责，做到有法可依，有法必依，执法必严，违法必究。

（四）改革高考传统分配制度

我国一直就有按照省份分配高考名额的做法。这种做法不管各省的人数

多少,也不管各省当年的参加高考人数。这种做法很机械,也不人性化。新形势下,应该按照每个省份参加高考人数分配比例。这样,流入地的名额除了原来本地考生名额外,再根据外来务工子弟人数增加名额,相应地减少流出地名额。这样就可以使全国重点高校"地方保护主义"倾向有所缓解。

(五)科学设置准入条件,逐步推进

随迁子女异地高考是义务教育自然延伸出的诉求,是民生的重要组成部分,政府应重视异地高考生的合理诉求。当年恢复高考目的是为每一个有为青年提供一个接受高考教育的公平竞争的机会。高考权是受教育权,是人权的重要组成部分,也是每个公民的宪法权利,保障公民发展权的一个重要前提就是受教育权。我国宪法第四十六条也明确规定,我国公民有受教育的权利和义务。异地高考准入条件应该注重学生学籍方面的要求,而要弱化家长的条件。同时,其获准资格应该具有普遍的可获得性和可累积性,以"学习和生活时间"为标准可以较好地满足这一要求。按照这一标准,可以依据"年资积分"将随迁子女分类:充分条件者和必要条件者,区别对待。第一是具备"充分条件"者。如果孩子长期跟随父母在该地学习,不论父母的职业、收入、住房、学历如何,孩子都应该获得与当地户籍生同等的教育和考试资格。至于"长期"的标准,各地可以不同,父母居住时间标准最长不应超过10年,学生在当地连续学习时间标准最长不应超过6年。第二是具备"必要条件"者。对于达不到上述"充分条件"者,政府设定一定的"必要条件"(如家长生活满5年,或孩子连续学习满3年;各地可以不同),以家长和学生总的生活学习年限长短为依据,每年批准一定数量的随迁子女获得"同等对待"的资格(至少提前一年公布名单,以便学生提前准备和选择)。异地高考政策作为一项旨在保障随迁子女受教育权利、促进教育公平的教育政策,能够促进随迁子女获得较高的教育水平,阻断贫困的"代际传递",提升人力资本整体水平。然而,随迁子女异地升学考试问题不是孤立的、单独的教育问题,涉及资源配置、人口改革、户籍管理、社会管理、财政体制和教育体制等诸多复杂因素,制定政策时全面平衡各方因素。当前要特别重视分析义务教育阶段进城务工人员随迁子女不断增加与所在城市户籍学龄人口高峰到来产生的叠加影响,把握好改革的重点和节奏,推进随迁子女升学考试改革工作平稳进行。

参考文献:

[1] 伍宸,洪成文. 我国异地高考问题、原因及解决对策——基于新制度主义的分析[J]. 中国教育学刊,2012,(11):22-26.

[2] 南纪稳. 关于进城务工人员随迁子女在输入地参加高考的几点思考

[J]. 教育与考试, 2012, (4): 14-17.

[3] 翟月玲. "异地高考"的根源、理论探究与对策[J]. 中国高教研究, 2012, (7): 35-38.

[4] 张家勇. 异地高考政策问题刍议[J]. 北京教育(高教), 2012, (11): 18-20.

[5] 徐金海, 朱思鹏. 从异地高考谈平等受教育权的实现[J]. 湖北警官学院学报, 2012, (2): 52-53.

[6] 鹿文卿. 农民工随迁子女受教育权保障研究[D]. 沈阳师范大学硕士学位论文, 2012.

[7] 陈斌. 异地高考的利益博弈、困境分析与对策建议[J]. 教育与考试, 2012, (3): 10-14.

[8] 吕慈仙. 异地高考政策认同对随迁子女教育期望的影响机制研究[D]. 厦门大学博士学位论文, 2018.

[9] 郑若玲, 郭振伟. 异地高考政策的公平诉求与困境: 以上海市为例[J]. 全球教育展望, 2016, 45(010): 67-77.

[10] 吴霓, 朱富言. 随迁子女在流入地高考政策实施研究——基于10个城市的样本分析[J]. 教育研究, 2016, 037(012): 43-49.

[11] 国务院办公厅转发教育部等四部委关于做好进城务工人员随迁子女接受义务教育后在当地参加升学考试工作的意见的通知[Z]. 国办发〔2012〕46号, 2012-08-30.

第八章 重点高校面向农村贫困地区招生专项计划政策变迁与发展

每项政策的出台都与当时的社会背景有着深刻的影响,既与国内形势有关,也与国际社会影响有关。重点高校面向农村贫困地区招生专项计划的出台,是一项典型的国家补偿政策,其内容跟随社会形势不断发展与完善。

第一节 专项政策制定并持续实施的相关背景

20世纪90年代以来,教育平等成为世界教育改革的主旋律,无论是发达国家还是发展中国家都非常重视教育平等,将其作为教育改革的基本原则。

一、国际社会的影响

(一)联合国教科文组织的相关文件

进入21世纪以来,国际社会越来越重视教育公平。新的发展体现在:一是强调教育公平与社会公平的关系;二是面向全体学龄儿童提供有一定质量水准的义务教育。联合国教科文组织《2005年全民教育全球监测报告》的报告中指出应该改变长期以来忽视质量的现象,实行优质教育已经势在必行。提高教育质量是实现全民教育的必由之路,并从学习者特征、教育教学输入、教育成果和教育环境等四个维度提出了全面理解教育质量的框架。世界各国在这个框架下致力于提升本国的教育发展质量,部分国家取得非凡的成就。

(二)国外关注弱势群体和农村教育政策

推进教育公平首先面临要解决的是已经形成的教育差距。在基础教育发展过程中,世界上越来越多的国家采用了"积极差别待遇"的公平原则,即"承认差别、缩小差距"。对于不发达地区和弱势群体而言,教育公平的重点是保障学生的受教育权;对发达地区而言,教育公平则意味着缩小教育质量的差距。

俄罗斯针对农村地广人稀、学校数量多、分布广、师生比高、办学效益低的特点,俄罗斯联邦政府于2001年12月颁布的《俄罗斯农村学校的结构改革构想》提出在2002年到2010年期间实施对农村普通学校结构改革的计划。俄罗斯在实施新一轮教育现代化改革的进程中,以农村学校为重点,以提高质量,缩小差距作为俄罗斯农村教育改革的主要目标,出台了一整套优化结构、整合资源、提高教学效果的农村学校结构改革设想和措施。如俄联邦制定了信息化教育体系的目标到2005年在全俄境内建成统一的信息化教育体系。并规定了信息化教育的三个实施阶段。据俄罗斯教科部宣称2008—2009年中小学校网络化建设资金将从联邦预算中划拨每年约11亿卢布。[1]

韩国在缩小区域差异,保障义务教育公平上的主要经验归结为两点:第一,实施"先农村后城市"的免费义务教育推进战略,保证弱势人群优先享受教育。韩国推动义务教育的进程是从海岛、渔村、农村等边远贫困地区向城市实施。义务教育的经费完全由国家财政支付。国家教育财政的90%用于基础教育,基础教育又主要用于义务教育阶段。应对经济欠发达地区与经济发达地区的教育发展的不均衡性,韩国优先把政府资金投入到困难地区。第二,推行教育"平准化"政策消除校际差距。为学校间出现的办学条件不均、升学考试竞争激烈等问题,韩国果断推出了教育"平准化"政策,即坚持中小学教育质量在达到标准、均衡的基础上实现统一和公平。[1]该措施有效地解决了韩国初中的入学竞争和择校难题,有效防止了教育的分化。

针对教育过程中的处境不利地区和社会弱势人群的受教育权,1956年日本制定了《关于国家援助就学困难儿童和学生的就学奖励的法律》,规定由国家在预算范围内援助因经济缘故而就学困难的儿童和学生,并同时制定了《关于国家援助就学困难儿童和学生的就学奖励的法律实行令》和《关于国家援助就学困难儿童和学生的就学奖励的法律实行规则》,具体保障该法律的实施。[1]

二、国内社会背景

1. 教育事业规划把公平和平等作为改革的关键词

2001年中国政府颁布的《全国教育事业第十个五年计划》明确提出"坚持社会主义教育的公平与公正性原则,更加关注处境不利人群受教育问题。"教育平等和公平成为中国教育改革的关键词。2010年颁布的《国家中长期教育改革和发展规划纲要(2010—2020年)》提出把促进公平作为国家基本教育政策:教育公平的基本要求是保障公民依法享有受教育的权利,关键是机会公平,重点是促进义务教育均衡发展和扶持困难群体,根本措施是合理配置教育资源,向农村地区、边远贫困地区和民族地区倾斜,加快缩小教育差距。十八大报告指出:大力促进教育公平,合理配置教育资源,重点向农村、边远、贫困、民族地区倾斜。在扶贫攻坚与推进教育公平的大背景下,运用新的手段实现精准扶贫以打赢扶贫攻坚战,同时实现教育公平显得尤为重要。

2. 国家教育扶贫战略

改革开放以来,我国经济格局一直呈现东南沿海地区飞速发展,而内地等偏远地区发展相对不足的客观现实,且这种趋势具有一定的"马太效应",地区及城乡间贫富差距逐渐拉大。《人民日报》曾刊文指出,在中国已经发生了贫困的代际传递,产生了"贫二代":"贫富差距已形成相对的稳定性,并形成了阶层和代际转移,一些贫者正从暂时贫困走向长期贫困和跨代贫穷。如果不想办法改变这一情况,贫富差距便会趋向稳定化和制度化,成为一种很难改变的社会结构,社会阶层流动通道也将被严重堵塞"。与此同时,我国优质的教育资源也主要集中在发达城市区域,农村贫困地区学生所接受的基础教育质量远远不如发达地区。

3. 重点大学中城乡学生比例失调,农村学生比例低

2009 年,《百年大计教育为本》提到农村孩子的高等教育入学机会问题:"有个现象值得我们注意,过去我们上大学的时候,班里农村的孩子几乎占到80%,甚至还要高,现在不同了,农村学生的比重下降了。"一些学者研究的成果表明,自 20 世纪 90 年代开始,中国重点大学里的农村生源比例不断减少。比如杨东平教授的调查研究表明,90 年代中期以后,北大农村新生比例开始下降,2000 年以后,农村户籍新生的比例降为 10%—15% 之间。农村学生主要集中在地方院校、专科院校与职业院校[2]。重点大学农村学生比例过低的"盖子"在 2011 年前后被揭开,随着杨东平、刘云杉、梁晨等人[3]的研究成果陆续发表,重点大学农村学生比例不断滑落的现象引起了社会的广泛关注。正如刘海峰教授[4]所说,高等教育招生越到后来越是从考试公平趋向于区域公平。高等教育中的区域公平的问题逐渐凸显,受到国家领导及相关部门的高度关注[5]。

教育是阻断贫困代际传递的治本之策。高等教育是教育脱贫攻坚的重要一环,是阻断贫困代际传递的关键之举。教育部相关数据显示:党的十八大以来,累计 14.05 万建档立卡贫困学生接受高等教育,呈现逐年增长的态势。高等教育可以帮助拓宽贫困学生纵向流动的通道,一系列支持政策为贫困地区学生创造了更为公平的受教育和就业机会。

从区域经济、教育发展不均衡的角度来说,"专项计划"是在国家战略扶贫的大背景下成长起来的。基于对这些问题的认知,国家出台一系列经济扶贫、教育扶贫的措施,其目的就在于缩小城乡差距、发达与贫困地区的差距。从宏观上看,近些年国家推行的精准扶贫政策、乡村振兴战略都是为推动农村贫困

地区经济发展而做出的重大战略部署。从微观上看,国家通过各种直接或间接的方式支持贫困农村基础教育的发展,如加大教育经费投入、实施"学生营养餐计划"、推行"乡村教师支持计划"等。

重点高校面向农村贫困地区招生专项计划作为一项典型的倾斜性政策或补偿性政策,与当今社会背景分不开。而且,随着社会形势的变化而不断调整演变。从"专项计划"发展演变的过程中,我们可以总结"专项计划"的出台是我国高校面向农村学生招生政策发展的必然选择,也是当前社会发展与稳定的重要举措。

在社会各界的努力下,2012年教育部、国家发展改革委、财政部、人力资源社会保障部、国务院扶贫办联合发布《关于实施面向贫困地区定向招生专项计划的通知》。为进一步提升农村与贫困地区学生上重点大学的比例,教育部于2014年发布的《教育部关于做好2014年提高重点高校招收农村学生比例工作的通知》明确实施院校为"重点高校",并初步形成不同层次的三大"专项计划":"国家专项计划""地方专项计划"与"高校专项计划"。

第二节 重点高校面向农村和贫困地区招生计划演变

一、重点高校面向农村和贫困地区招生计划内容

专项计划包括:"国家专项计划""地方专项计划"和"高校专项计划"。"国家专项计划"是指农村贫困地区定向招生专项计划或贫困地区定向招生专项计划,简称"国家专项计划",是指在普通高校招生计划中专门安排适量招生计划,面向集中连片特殊困难地区(以下统称贫困地区)生源,实行定向招生,引导和鼓励学生毕业后回到贫困地区就业创业和服务。2014年,为拓宽农村学生就读重点高校的升学渠道,我国在已有的面向贫困地区定向招生专项计划的基础上,增加了"高校专项计划"和"地方专项计划"。"高校专项计划":又称农村学生单独招生,是国家为更好地促进教育公平、让更多的农村学生上大学而出台的一项优惠政策。"高校专项计划"主要招收边远、贫困、民族等地区县(含县级市)以下高中勤奋好学、成绩优良的农村学生,具体实施区域由有关省(区、市)根据上述要求确定。招生任务由教育部直属高校和其他自主招生试点高校承担,安排招生计划不少于有关高校年度本科招生规模的2%。"地方专项计划"是地方重点高校招收农村学生专项计划的简称。"地方专项计划"定向招收

各省(区、市)实施区域的农村学生,安排招生计划原则上不少于有关高校年度本科一批招生规模的3%。"地方专项计划"定向招收各省(区、市)实施区域的农村学生,由各省(区、市)所属重点高校承担。这三种专项计划实施院校、招生对象、招生计划等各有侧重,表8-1简要指出了三种专项计划的区别与相同之处。

表8-1 2020年三种专项计划的比较

不同点					相同点
实施高校	区域指定	招生区域	招生对象	招生名额	
中央部门、地方本科一批高校	国家	重点高校招收农村和贫困地区专项计划实施区域不变(集中连片特殊困难县、国家级扶贫开发重点县以及新疆南疆四地州)	不限	6.3万	1.提升对偏远地区学子进入重点高校比例; 2.对弱势地区高等教育资源补偿
直属高校与其他试点高校(共95所)	各省市	边远、贫困、民族地区农村学生	农村学生	不低于本科招生规模的2%	
地方省属重点高校	本省	本省	农村学生	不低于本科招生规模的3%	

二、"国家专项"计划的政策梳理

(一)国家政策内容演进

1. 2012年国家首次出台"面向贫困地区定向招生专项计划"

2012年教育部、发改委、财政部、人力资源和社会保障部、国务院扶贫办五部门联合发布《关于实施面向贫困地区定向招生专项计划的通知》,内容如下:

(1)招生计划:文件指出,"十二五"期间每年在全国招生计划中专门设1万名左右专项计划,以本科一批招生计划为主。

(2)招生高校:本科计划由中央部门高校和在本科一批招生的地方高校共222所共同承担招生及培养任务,高职计划由国家示范性(含骨干)高等职业学校承招生及培养任务。专项计划由国家在全国年度招生计中安排,纳入高校年度招规模。

(3)实施区域:招生面向集中连片特殊困难地区,即680个集中连片特殊困难县(包括371个民族自治县、252个革命老区县和57个陆地边境县)。

(4) 报考条件：专项计划对于生源的要求主要集中在身份的界定问题上。文件指出，具有贫困地区户籍和当地高中三年学籍、符合当年普通高校招生统一考试报名条件的学生，均可填报专项计划志愿。地方可根据实际情况制订专项计划具体的报考条件及实施办法。省级招办要会同当地教育公安部门，采取有效措施加强对考生报考资格的审查，确保考生户籍、学籍真实可信。

(5) 招生办法：报考专项计划的考生均须参加当年全国统一考试。专项计划实行单报志愿、单设批次、单独划线，本科计划在本科提前批结束后、本科一批开始前进行投档录取，高职计划在本科批次结束后、高职批次开始前进行投档录取，录取分数原则上不低于招生学校所在批次录取控制分数线。有关省级招办按照高校专项计划120%的比例投档，高校在提档线上依据考生投档总分和专业志愿顺序录取；录取批次内生源不足时，省级招办可综合平衡本省贫困地区生源分布情况，确定补征志愿的考生条件及录取办法。有关高校按补征考生志愿，从高分到低分顺序录取。

(6) 就业引导：2012年的专项计划积极引导和鼓励专项生毕业后回到贫困地区就业服务，但并非强制性措施。文件要求：第一，有关省、市应当出台相关政策措施对专项生毕业回到生源地就业服务进行回应和支持；第二，专项生户口不得迁入学校，暂时保留在原户籍所在地，在校学习期间不得转学、转专业，享受与其他学生同等的奖助学金政策；第三，对到贫困地区就业的专项生，按照规定享受学费补偿和国家助学贷款代偿等优惠政策。

2. 2013年扩大实施农村贫困地区定向招生专项计划

为进一步提高重点高校招收农村学生的比例，教育部于2013年下发了《教育部关于2013年扩大实施农村贫困地区定向招生专项计划的通知》，要求2013年计划在2012年原有计划的基础上对招生规模、招收学校以及招生地区等关键内容进行调整。具体调整如下：

(1) 招生计划：由2012年10000名左右的总规模扩大至32100名，计划以农林、水利、地矿、机械、师范、医学及其他适农涉农等农村经济社会发展急需专业为主。

(2) 招生高校：在实施高校规模方面，承担专项计划本科任务的高校扩大到263所，覆盖所有"211工程"学校和108所中部高校。本科计划安排3000名，由中央部门高校和地方"211工程"学校为的本科一批招生的高校承担；高职计划安排2100名，维持2012年规模，由国家示范性（含骨干）高等职业学校承担。

(3) 实施区域：2013年计划在去年的基础上扩大832个县（包括所有国家级扶贫开发重点县，含新疆生产建设兵团在新疆南三地州的22个团场），以及重点高校录取比例相对较低的河北、山西、安徽、河南、广东、广西、四川、贵州、云南、甘肃等省区。

3. 2014"国家专项计划"提高重点高校招收农村学生比例

为让更多勤奋好学的农村孩子看到希望,2014 年教育部出台《教育部关于做好 2014 年提高重点高校招收农村学生比例工作的通知》,进一步提高重点高校招收农村学生比例。在保持实施区域为全国 832 个贫困县的基础上,进一步扩大招生计划。同年为了进一步拓宽农村学生就读重点高校的升学渠道,增设"农村学生单独招生"与"地方重点高校招收农村学生专项计划",即后来的高校专项计划与地方专项计划,要求重点高校(教育部直属高校和其他自主选拔录取改革试点高校)以及地方重点高校在招收农村学生方面承担更多责任。2014 年政策调整如下:

(1) 招生计划:2014 年"专项计划"招生规模扩大至 5 万名。

(2) 招生高校:由中央部门高校和地方"211 工程"学校为主的本科一批招生高校承担,取消了前两年的高职计划。文件要求有关高校特别是中央部门所属高校要统筹好招生计划的增量安排和存量调整,将招生计划增量、属地招生计划调减量及减少的保送生名额等优先安排扩大专项计划等招生。

(3) 招生办法:在继续执行教育部等部门《关于实施面向贫困地区定向招生专项计划的通知》的基础上,自本年起专项生新生可自行决定入学是否迁转户口,在校期间可以按照相关规定和程序申请调整专业。

4. 2015 年继续实施农村贫困地区定向招生专项计划

2015 年开始,国家在有关高等教育入学政策的专项计划方面已经完成了由"农村贫困地区定向招生专项计划"一马当先的局面,向着"国家专项计划""地区专项计划"和"高校专项计划"三驾马车并行的局面过渡,构成了当前我国重点大学面向农村和贫困地区学生倾斜招生的公平性政策体系。在"国家专项计划"方面 2015 年基本维持了上一年度的规模和要求,招生计划仍为 5 万名,招生高校方面则是由中央部门高校和地方"211 工程"高校为主的本科一批招生学校承担招生工作。在实施区域方面也维持 832 个贫困县以及部分重点高校录取比例相对较低的省区不变。但是,在报考条件和录取办法方面,有关文件都进行了重申和强调。

(1) 报考条件:在入选地区内,考生具有本省(区、市)实施区域当地连续 3 年以上户籍和当地高中连续 3 年学籍并实际就读、符合当年统一高考报名条件、父母或法定监护人具有当地户籍的,均可报考本省(区、市)实施区域的国家专项计划。

(2) 招生办法:国家专项计划招生办法和工作流程按照教育部等部门《关于实施面向贫困地区定向招生专项计划的通知》有关要求执行,对有政审、面试、体检等特殊招生要求的高校可安排在提前批次录取。有关省(区、市)要进一步优化工作流程,探索完善投档录取办法,增加考生选择机会录取分数原则上不低于招生学校所在批次科类录取控制分数线,同批次内生源不足时,不得擅自将未完成的计划调整为普通计划录取,应通过多次公开征集志愿方式录取。经征集志愿仍未完成的计划,应适当降分录取,确保完成招生任务。

5. 2016 年进一步扩大实施"国家专项计划"

在上一年的基础上,2016 年有关国家专项计划的招生规模进一步扩大,增加到 6 万名,招生学校由中央部门和地方本科一批招生为主的学校承担。实施区域为集中连片特殊困难县、国家级扶贫开发重点县以及新疆南疆四地州,基本没发生变化。在此基础上,专项计划相关报考条件得到了明确完善,有关招生办法也得到了进一步的明确,基本内容如下:

(1) 报考条件:报考学生须同时具备下列三项条件:第一,符合 2016 年统高考报名条件;第二,本人具有实施区域当地连续 3 年以上户籍,其父亲或母亲或法定监护人具有当地户籍;第三,本人具有户籍所在县高中连续 3 年学籍并实际就读。与 2015 年基本一致。

(2) 招生办法:国家专项计划招生办法和工作流程在去年的基础上,进一步鼓励有条件的省份探索有利于完成计划的志愿填报和投档录取模式。

6. 2017 年"国家专项计划"

2017 年进一步扩大招生规模,2017 年"国家专项计划"各方面条件与上一年度保持一致,招生规模方面计划人数达到 6.3 万人。

7. 2018 年"国家专项计划"

2018 年继续实施重点高校招收农村和贫困地区学生的"国家专项计划""地方专项计划"和"高校专项计划"。"国家专项计划"实施区域的贫困县脱贫后 2018 年仍可继续享受"国家专项计划"政策。

8. 2019 年"国家专项计划"

2019 年:重点高校招收农村和贫困地区学生工作继续开展,继续实施"国家专项计划""地方专项计划"和"高校专项计划"(以下统称为专项计划),完善长效机制,进一步促进教育公平。2019 年"国家专项计划"预计招生 6.3 万人。

9. 2020 年"国家专项计划"

2020 年重点高校招收农村和贫困地区专项计划实施区域不变,根据高考时间推迟一个月的部署,合理安排专项计划考生报名、资格审核、招生录取等各环节工作时间;严格招生录取管理。加强对录取工作的事前事中事后监管,督促地方、高校认真履行工作职责,严格执行招生政策规定,严格投档、录取等环节管理,严肃查处违规行为,确保招生录取公平公正。2020"年国家专项计划"招生 6.3 万人。

10. 2021年"国家专项计划"

为深入贯彻中央关于巩固拓展脱贫攻坚成果有关部署,落实《国务院关于深化考试招生制度改革的实施意见》和2021年《政府工作报告》,近日教育部作出部署,明确2021年继续面向农村和原贫困地区实施重点高校招生专项计划,专项计划的实施区域、报考条件、招录办法等相关政策保持不变。严格执行国家、省级、高校、中学四级信息公开制度,畅通社会监督举报和核查机制,切实维护考生合法权益。

(二)"国家专项计划"政策变化特点

综合分析2012年到2021年十年政策的发展和变化,可以总结如下特点:

1. 实施区域范围有所增长,但定向特点没有变

随着"专项计划"政策的不断完善,"国家专项计划"一直是定向招收农村及贫困地区学生的"专项计划",其招生中的"定向"要求一直没有变,但其实施区域、招生规模、招生院校、定向招收对象与报考条件发生了变化(详见表8-2)。从实施区域上来看,"国家专项计划"的实施区域从2012年的680个集中连片特殊困难县(371个民族自治县、252个革命老区、57个陆地边境县)扩大为2013年的832县(所有国家级扶贫开发重点县,含新疆生产建设兵团在新疆南疆三地州的22个团厂)及重点高校录取比例较低的河北、山西、安徽、河南、广东、四川、贵州、云南、甘肃等省区,但实施范围主要是集中连片特殊困难县、国家级扶贫开发重点县及新疆南疆四地州学生。

2. 招生规模的特点

从招生规模来看,"国家专项计划"招生人数呈现持续平稳上升趋势,到近年来保持稳定持平;计划招生规模由逐渐扩大到近三年保持持平。"国家专项计划"的招生人数每年由国家统一安排,从表8-2国家专项计划历年计划招生人数来看,2012—2017年人数逐年增加,从10000人增长到到63000人;从2018年到2020年近三年一直保持与2017持平,每年保持63000人这也说明了国家专项计划经过十年的调整逐渐趋于稳定,政策实施进入成熟期。招生专业的限制逐渐放开,从最初的农林、水利、地矿、师范、医学及其他农村基础社会发展急需专业扩大为所有专业。最后,从限制转专业到逐步放开调整专业。

3. 承担高校数量与质量

承担高校数量与质量逐年提高,从2012年的222所高校提高到所有中央部属高校与各省(区市)所属重点高校,原有的高职计划被取消。另外,在"国家专项计划"的实施过程中,各个承担高校根据国家与农村贫困地区实际需要灵活实施定向生计划。

4. "国家专项计划"的规章制度

国家专项计划在规章制度层面已经日臻成熟。2012 年五部门联合发文为"国家专项计划"的发展指明了方向。作为最初指导性的、纲领性的文件,"国家专项计划"自此起经过 9 年的自身调整发展到 2021 年,报考条件明确列为三点,即第一,符合当年统高考报名条件;第二,本人具有实施区域当地连续 3 年以上户籍,其父亲或母亲或法定监护人具有当地户籍;第三,本人具有户籍所在县高中连续 3 年学籍并实际就读,招生方法也逐步完善。"国家专项计划"在规章制度层面已经日臻成熟,这给贫困地区希望报考"国家专项计划"的学生和家长吃下了一颗定心丸。

5. 招生政策更加"以人为本"

比如 2012 年计划公布时注明国家对考生户籍、学籍的要求以及不转户口、不转学校、不转专业等规定。经过十年的发展,逐步放开这些规定。

表 8-2 "国家专项计划"实施概况表(2012-2021)

年份	实施区域	招生规模(人)	承担高校
2012	680 个集中连片特殊困难县	1 万 (高职计划 2100 名)	(本科计划)222 所中央部门高校和在本科一批招生的地方高校承担,(高职计划)国家示范性(含骨干)高等职业学校承担
2013	832 个县与重点高校录取比例较低的河北、山西、安徽、河南等省区	3.21 万 (高职计划 2100 名)	本科计划扩大到 263 所,覆盖所有"211 工程"学校和 108 所中央部属高校
2014	832 个县与重点高校录取比例较低的河北、山西、安徽、河南、广西等省区	5 万	由中央部门高校和地方"211 工程"高校为主的本科一批招生学校承担
2015	832 个县与重点高校录取比例较低的河北、山西、安徽、河南、广西等省区	5 万	由中央部门高校和地方"211 工程"高校为主的本科一批招生学校承担
2016	集中连片特殊困难县、国家级扶贫开发重点县及新疆南疆四地州	6 万	中央部门和地方本科一批招生为主的学校承担
2017	集中连片特殊困难县、国家级扶贫开发重点县及新疆南疆四地州	6.3 万	中央部门高校和各省(区、市)所属重点高校
2018	集中连片特殊困难县、国家级扶贫开发重点县及新疆南疆四地州	6.3 万	中央部门高校和各省(区、市)所属重点高校
2019	集中连片特殊困难县、国家级扶贫开发重点县及新疆南疆四地州	6.3 万	中央部门高校和各省(区、市)所属重点高校
2020	集中连片特殊困难县、原国家级扶贫开发重点县及新疆南疆四地州	6.3 万	中央部门高校和各省(区、市)所属重点高校
2021	面向农村和原贫困地区实施重点高校招生专项计划,专项计划的实施区域等保持不变。	暂未公开	中央部门高校和各省(区、市)所属重点高校

数据来源:中华人民共和国教育部网站

三、招生过程

（一）报考条件及资格审查

以 2021 年报考资格规定为例，原集中连片特殊困难县、国家级扶贫开发重点县及新疆南疆四地州实施区域、实施条件不变，严格审核，严防虚假报考。第一，符合 2021 年统高考报名条件；第二，本人具有实施区域当地连续 3 年以上户籍，其父亲或母亲或法定监护人具有当地户籍；第三，本人具有户籍所在县高中连续 3 年学籍并实际就读。各省区根据上述报考要求，制定具体实施细则。

1. 以江西省 2021 年报考条件为例

江西省位于中部地区，赣南大部分地处革命老区属于偏远落后地区，具有一定的代表性。申报国家专项考生须同时具备下列 3 项条件：(1) 已在实施县（市、区）完成 2021 年普通高考报名；(2) 本人户籍自高一开始至今均在实施县（市、区），其父亲或母亲或法定监护人具有当地户籍；(3) 本人具有户籍所在县（市、区）高中 3 年（6 学期）学籍并实际就读。国家专项实施区域为江西省 24 个集中连片特殊困难县和国家扶贫开发重点县：九江市：修水县；萍乡市：莲花县；赣州市：赣县区、上犹县、安远县、宁都县、于都县、兴国县、会昌县、寻乌县、石城县、瑞金市、南康区；上饶市：广信区、横峰县、余干县、鄱阳县；吉安市：遂川县、万安县、永新县、井冈山市、吉安县；抚州市：乐安县、广昌县。

2. 关于"农村考生"认定

报名点应在审核考生报名资格环节，根据考生提交的户口簿确认其是否属于农村户籍并在《考生报名资格审查表》中准确填写。各县（市、区）招考办须对本地"农村考生"进行全面复核，确保按时完成高校专项、地方专项报考考生资格的审核。根据教育部有关文件精神结合江西省户籍改革的实际情况，考生符合下列条件之一的可认定为"农村考生"：第一，已完成户改考生户口所在地的城乡分类代码为"220"、"210"的（江西省教育考试院网上可查询《国家统计局最新统计用城乡划分代码》）。第二，已完成户改考生户口所在地的城乡分类代码非"220"、"210"，但户改前属于"农业户口"且未发生户籍迁移的。未进行户改的考生家庭户口簿注明为"农业户口"的。第三，根据教育部要求，对报考国家专项、高校专项等专项考生的户籍信息、学籍信息应分别与公安户籍系统、中小学学籍系统数据进行比对，确保一致。如有不一致，则不能通过资格审核。附资格审查表如表 8-3 所示。

表 8-3 江西省 2021 年普通高校招生国家专项申报资格审查表

县(区)：　　　　　报考科类：　　　　　考生号：2136

姓名		性别		毕业学校	

考生户籍详细地址	本人户籍自高一开始至今均在： 江西省　　　市　　　县　　　　　镇(乡、街道) 　　　　　　　　　　　村(居委会)

高中学籍及就读情况	年级	学籍学校	实际就读学校
	高一		
	高二		
	高三		

父亲或母亲或法定监护人户籍情况	称谓	姓名	户籍详细地址
			江西省　　　市　　　县(区) 镇(乡、街道)　　　村(居委会)
			江西省　　　市　　　县(区) 镇(乡、街道)　　　村(居委会)

本人承诺以上所填写的内容和提供的材料真实、准确，如有弄虚作假或填写错误，产生的一切后果由本人承担。考生签名：　　　　2021 年　　月　　日

以上部分由考生本人填写，请勿涂改。可打印，但签名须手书。

毕业学校证明	经核对，考生具有本校高中 3 年(6 学期)的学籍并实际就读。考生学籍信息已在本校公示　　　天。 班主任： 学校盖章： 校　　长：　　　　　　　　　　　　　　　2021 年　　月　　日
教育局学籍部门审核意见	经审核，考生具有本县(市、区)高中 3 年(6 学期)学籍。 经办人签字： 单位　盖章： 负责人签字：　　　　　　　　　　　　　　2021 年　　月　　日
县(市、区)招办审核意见	经核对，考生户籍和高中学籍信息均符合国家专项计划报名条件。 经办人签字： 单位　盖章： 审核人签字：　　　　　　　　　　　　　　2021 年　　月　　日

填表说明：

1. 国家专项实施区域(24 个集中连片特殊困难县和国家扶贫开发重点县)：修水县、莲花县、赣县区、上犹县、安远县、宁都县、于都县、兴国县、会昌县、寻乌县、石城县、瑞金市、南康区、广信区、横峰县、余干县、鄱阳县、遂川县、万安县、永新县、井冈山市、吉安县、乐安县、广昌县。

2. 此表由县(市、区)招考办印制或考生网上双面打印(网址：www.jxeea.cn)，通过审核后装入考生档案袋。

3. 各有关部门须严格审核，对不符合报考条件的不得盖章并及时反馈考生。

本表来自江西教育考试院关于做好全省 2021 年普通高校专项计划招生工作的通知 http://www.jxeea.cn/art/2021/1/18/ art_26671_3064847.html

3. 信息公开公示

各地各校要认真落实招生信息十公开要求,及时公开公示有关信息,接受考生、学校和社会的监督,要完善举报核查机制,及时处置各类信访问题。通过申报国家专项、地方专项、高校专项和苏区专项资格审核的考生名单,要分别在毕业学校、县(市、区)招考办、设区市招考办(教育考试院)网站和班级进行公示。公示内容包括:考生姓名、考生号、学籍学校、就读学校、户籍地、专项招生类别等信息,公示时间不少于 7 个工作日。省教育考试院将在网站统一公示上述专项通过审核考生名单。

4. 违纪违规处理

对在专项计划报名、考试、录取过程中出现的违法违规行为,严格按照有关法律规定严肃处理,依法依规追究当事人及相关人员责任。对伪造、变造、篡改、假冒户籍学籍等虚假个人信息和提供虚假申请材料的考生,均应当认定为在国家教育考试中作弊,取消专项计划报名和录取资格,同时取消其当年高考报名、考试和录取资格,并视情节轻重给予暂停参加 1 至 3 年的处理。对有关学校、单位和公职人员违规违纪的,依据相关规定严肃处理。涉嫌犯罪的有关人员,移送司法机关追究法律责任。

(二) 招生办法

"国家专项计划"在本科批次前开始投档录取,录取分数不低于本科批次科类录取控制分数线。高校同批次内生源不足时,不得擅自将未完成的专项计划调整为普通计划,应通过多次公开征集志愿方式录取。经征集愿仍未完成的计划,应适当降分录取。对有政审、面试、体检等特殊招生要求的学校或专业可安排在提前批次录取。基于该执行办法,"国家专项计划"能足额投放,保证招生名额执行完毕。各校"国家专项计划"的招生数、分省招生数均由国家教育行政部门指导编制,高校调整空间较小,且明确要求高校不得擅自将未完成的计划调整为普通计划录取,而应采取征集志愿适当降分录取,确保完成招生任务。江西省国家专项除了 2012 年和 2013 刚开始执行时由于宣传不到位,家长与考生不太了解,计划未完成外,其他年份都满额完成并且竞争十分激烈。近年实行平行志愿,考生可选报 6 所院校,按平行志愿投档规则执行。

四、小结

(1) 招生专项计划一定程度上促进了高等教育公平。贫困地区定向招生专项计划(即"国家专项计划")的确立,体现了党和国家对于贫困地区教育发展的高度重视,实施"国家专项计划"是贯彻落实党中央国务院关于新阶段扶贫宏观战略部署、促进教育公平的重要举措,是招生制度改革的重要组成部分,也是贫困地区增强自我发展能力的客观需要。从招生数量看,2012 年—2016 年四年间江西省共有 3785 名农村户籍考生从三类定向招生专项计划中受益,从而进入本科高校学习。具体来说,"国家专项计划"共录取 2819 人,"高校专项计划"共录取 510 人,"地方专项计划"共录取 456 人,三类招生专项计划录取人数连年保持增长。河南省 2015 年"国家专项计划"招生 3982 人,增长 586 人。自 2012 年国家专家专项计划开始推行至今,十年间取得了显著成效,贫困地区共 45.21 万农村学生进入中央和地方重点高校。在实现政策初衷的同时逐渐扩大政策惠及人口的规模,为更多贫困学子提供了进入优质高等学府学习高深知识和完善自我发展的机会,有效推动了贫困地区教育公平化发展。进一步促进高等教育机会公平,可在某种程度上解决区域城乡与阶层的差异。

(2)"国家专项计划"更加人性化,"国家专项计划"逐步取消高校对于可选专业和通过专项计划进入高校学生的户口的限制,扩大了计划的实施区域,与此同时要求各省市、各有关高校优化资格审核程序,为学生提供更加简洁高效服务,从经济等方面解决学生的后顾之忧,凸显了计划的人性化色彩。此外,"国家专项计划"参与规则相对简单,符合报考条件的考生只需在高考志愿填报时参即可,相当于多一次选择的机会而没有额外的成本,相较于"高校专项计划",对"国家专项计划",学生的参与度更高,参与方式更为简化。

(3)从"国家专项计划"的实践主体来看,现阶段承担"国家专项计划"的高校主是中央部属高校和各省(区、市)所属的重点高校,但是高校分布呈现"东部多、中部少、西部极少"的不均衡特点。

第三节 高校专项计划政策实施及成效

"高校专项计划"自 2014 年实施,主要由教育部直属高校(72 所)和其他自主选拔录取改革试点高校(23 所,共计 95 所,具体见表 8-4)对"边远、贫困、民族地区县及县以下中学勤奋好学、成绩优良的农村学生进行招生"。这些地区划定是由各省根据经济发展水平和基础教育情况自主划定。"高校专项计划"自从 2014 年开始推行至今,2021 年是第八个年头,下面进行梳理与分析。

一、"高校专项计划"政策梳理

(一) 2014年首次实施"农村学生单独招生"

2014年,教育部继"国家专项计划"后,首次施农村学生单独招生(即后来的"高校专项计划")。具体有以下要求:

(1) 报名条件:学生原则上符合当年普通高校统一考试招生报名条件、高中阶段具有在上述中学连续三年学籍并实际就读、具有农村户籍且家庭在农村的学生可报考。

(2) 实施高校:直属高校和其他自主选拔录取改革试点高校。

(3) 招生名额:各高校专门安排一定数量的招生名额,原则上不低于高校年度本科招生规模的2%。

表8-4 高校专项计划实施高校分布情况

区域	省份	教育部直属高校(72所)	其他自主选拔录取改革试点高校(23所)
东部(57所)	北京(24所)	北京大学、清华大学、中国人民大学、北京交通大学、北京科技大学、北京化工大学、北京邮电大学、中国农业大学、中国政法大学、华北电力大学、北京林业大学、北京中医药大学、北京师范大学、北京外国语大学、北京语言大学、中国传媒大学、中央财经大学、对外经济贸易大学、中国矿业大学(北京)、中国石油大学(北京)、中国地质大学(北京)	北京航空航天大学、北京理工大学、北京工业大学
	天津(2所)	南开大学、天津大学	
	上海(9所)	复旦大学、同济大学、上海交通大学、华东理工大学、东华大学、华东师范大学、上海外国语大学、上海财经大学	上海大学
	江苏(11所)	南京大学、东南大学、中国矿业大学、河海大学、江南大学、南京农业大学、中国药科大学	南京航空航天大学、南京理工大学、苏州大学、南京师范大学
	浙江(1所)	浙江大学	
	福建(2所)	厦门大学	福州大学
	广东(2所)	中山大学、华南理工大学	
	山东(3所)	山东大学、中国海洋大学、中国石油大学(华东)	
	辽宁(3所)	大连理工大学、东北大学	大连海事大学

续表

区域	省份	教育部直属高校(72所)	其他自主选拔录取改革试点高校(23所)
中部 (19所)	吉林(2所)	吉林大学、东北师范大学	
	黑龙江(4所)	东北林业大学	哈尔滨工业大学、哈尔滨工程大学、黑龙江大学
	湖北(7所)	武汉大学、华中科技大学、中国地质大学(武汉)、武汉理工大学、华中农业大学、华中师范大学、中南财经政法大学	
	湖南(3所)	湖南大学、中南大学	湖南师范大学
	安徽(2所)	合肥工业大学	中国科学技术大学
	河南(1所)		郑州大学
西部 (19所)	重庆(3所)	重庆大学、西南大学、西南政法大学	
	四川(5所)	四川大学、西南交通大学、电子科技大学、西南财经大学	四川农业大学
	陕西(7所)	西安交通大学、西安电子科技大学、长安大学、西北农林科技大学、陕西师范大学	西北工业大学、西北大学
	甘肃(1所)	兰州大学	
	广西(1所)		广西大学
	贵州(1所)		贵州大学
	云南(1所)		云南大学

数据来源:根据 2021 年高校专项计划招生简章整理

(4) 实施对象:边远、贫困、民族地区县及县以下中学勤奋好学、成绩优良的。

(5) 招生办法:有关高校要结合农村学生特点及上述中学实际情况,参照自主农村学生。

(6) 选拔录取办法,研究制订报名、考核及录取办法,并于当年 3 月底前报教育部备案。

(二) 2015 年逐步形成稳定的招生政策

继 2014 年首次实施高校专项计划后,2015 年的招生方案又进行了更为细致的规定与要求:适度增加招生计划;明确实施区域和考生其他报考条件;科学制订考核及录取办法;合理安排工作时间。具体内容如下:

(1) 招生计划:教育部要求高校专项计划的招生名额不少于学校本科招生规模的 2%,具体规模将在教育部的招生计划文件中明确。有关高校特别是农村学生比例相对较低的高校,要进一步加大工作力度,扩大招生名额,努力使本校农村学生比例明显提高。中央部门高校要将调减的特殊类型招生名额优先安排高校专项计划。

(2) 报考条件:申请考生及其父母或法定监护人户籍地须在本省(区、市)实施区域的农村,本人须具有当地连续 3 年以上籍和当地高中连续 3 年学籍并实际就读、符合当年统一高考报名条件。

（3）实施区域：高校专项计划主要招收边远、贫困、民族等地区县（含县级市）以下高中勤奋好学、成绩优良的农村学生。有省（区、市）根据上述要求确定具体实施区域。考生户籍、学籍资格审核办法由有关省（区、市）研究确定。已经完成或正在推进户籍制度改革的地区，要根据国务院关于统计上划分城乡规定的批复》（国函〔2008〕60号）有关要求，以及国家统计局公布的最新年度《统计用区划代码》和《统计用城乡划分代码》，确定考生户籍地区范围。

（4）招生办法：有关高校要结合农村学生特点及相关中学实际情况，进一步完善考生申请要求和考核录取办法。要充分发挥学科专家作用，认真审核考生申请材料，合理确定参加本校考核考生名单。有关高校和中学要创新服务举措，通过对家庭经济困难考生给予经济补贴、探索选派专家到当地开展考核或网络远程视频面试等方式，为考生顺利参加报名、考核提供便利和帮助。考核录取工作管理参照自主招生办法执行，录取工作实行单独填报志愿、单独提档录取，原则上与自主招生同时进行。入选考生高考成绩总分录取要求，原则上不低于有关高校所在批次科类录取控制分数线。

（5）招录工作时间：4月15日前，有关省级教育行政部门向社会公布本省（区、市）确定的实施区域，有关高校公布招生简章。4月15日至5月5日，考生在阳光高考平台完成报名申请。5月30日前，有关省（区、市）完成考生户籍、学籍资格审核并进行公示，有关高校完成考生申请材料审核。6月3日前有关高校确定参加学校考核考生名单并进行公示。高校考核、确定入选资格考生名单等工作在高考后、高考成绩公布前进行。

（三）2016年政策继续平稳推进

2016年该计划正式称为"高校专项计划"，与"国家项计划"共同形成当前我国高等教育机会公平的倾斜招生政策体系。2016年明确报考学生须同时具备下列三项条件：（1）符合2016年统一高考报名条件；（2）本人及父亲或母亲或法定监护人户籍地在实施区域的农村，本人具有当地连续3年以上户籍；（3）本人具有户籍所在县高中连续3年学籍并实际就读。

（四）2017年进一步优化招生办法

2017年政策没有明显变化，但教育部要求高校要在深入总结近年招生工作的基础上，充分考虑农村学生特点及相关地区基础教育实际，完善招生办法，加大录取优惠，提高考生录取机会。特别是鼓励高校根据考生申请情况编制分省招生计划（须在招生来源计划中标注说明），依据考生高考成绩和志愿进行录取。有关高校要加强与省级招生考试机构的沟通衔接，及时将"高校专项计划"

的招生办法、录取要求报于有关省级招生考试机构。有关省级招生考试机构要会同高校认真做好考生志愿填报、录取等工作。

(五) 2018 年进一步加强报考环节审核与审查

加强条件资格审查力度,进一步规范招生录取管理,优化宣传服务,加大违规查处力度。优化"高校专项计划"招生办法,"高校专项计划"招生办法由有关高校确定并在招生简章中明确,录取分数原则上不低于有关高校普通类招生所在批次录取控制分数线。有关高校要加强工作总结,充分考虑实施区域基础教育实际和农村学生特点,优化录取方案,提高考生录取机会。鼓励高校结合考生申请情况安排分省招生计划,依据考生高考成绩和填报志愿进行录取。

(六) 2019 年以来的招生政策

2019 年继续实施"高校专项计划",要求严格把关报考、规范招生录取、优化高校招生办法。

2020 年教育部要求,各地各高校要严格执行国家招生政策规定,严守各项招生工作纪律。省级招办要加强对高校执行国家招生政策和学校招生章程的监督。要结合农村和贫困地区实际及疫情防控情况,积极开展形式多样的招生宣传,为考生提供政策解读和咨询指导,努力提高宣传实效。有关高校要统筹做好专项计划录取考生培养工作,采取多种措施,帮助学生顺利完成学业。

2021 年各地各高校要认真总结近年来专项计划招生工作情况,进一步优化完善实施方案,加强组织领导,统筹做好疫情防控和考试招生工作。要进一步优化服务,积极开展形式多样的招生宣传,为考生提供深入的政策解读和咨询指导,推动专项计划优惠政策落到实处。以江西省 2021 年高校专项工作为例,高校专项计划实施区域为 58 个集中连片特殊困难县和国家扶贫开发重点县及原中央苏区振兴发展规划县,九江市:修水县、都昌县;萍乡市:莲花县、安源区、芦溪县;新余市:全域 2 个县(区)鹰潭市:余江区、贵溪市;赣州市:全域 18 个县(市、区);宜春市:袁州区、樟树市;上饶市:广信区、横峰县、余干县、鄱阳县、铅山县、弋阳县、广丰区;吉安市:全域 13 个县(市、区)抚州市:乐安县、广昌县、南城县、黎川县、南丰县、崇仁县、宜黄县、金溪县、资溪县。同时,申报高校专项考生须同时具备下列 3 个条件:(1) 已在实施县(市、区)完成 2021 年普通高考报名;(2) 本人自高一开始至今具有实施县(市、区)农村户籍,其父亲或母亲或法定监护人具有当地农村户籍;(3) 本人具有户籍所在县(市、区)高中 3 年(6 学期)学籍并实际就读。表 8-5 所示为"高校专项计划"资格审查表。从资格审查表可以看出,江西省严格执行教育部的相关文件的要求,毕业学校、县教育局、县招办审核学籍。

表8-5　江西省2021年普通高校招生高校专项申报资格审查表

县(区)：　　　　　报考科类：　　　　考生号：2136

姓名		性别		毕业学校	
考生户籍详细地址	本人户籍自高一开始至今均在： 江西省　市　县镇(乡、街道)村(居委会)，属于农村户籍。					
高中学籍及就读情况	年级	学籍学校	实际就读学校		
	高一				
	高二				
	高三				
父亲或母亲或法定监护人户籍情况	称谓	姓名	户籍详细地址		
			江西省　　市　　县(区) 镇(乡、街道)　　村(居委会)		
	是否农村户籍□		是　□　　否　□		
本人承诺以上所填写的内容和提供的材料真实、准确，如有弄虚作假或填写错误，产生的一切后果由本人承担。考生签名：　　　　2021年　月　日					
以上部分由考生本人填写，请勿涂改。可打印，但签名须手书。					
毕业学校证明	经核对，　　考生具有本校高中3年(6学期)学籍并实际就读。考生学籍信息已在本校公示　　天。 班主任：　　学校盖章：　　校　长： 　　　　　　　　　　　　　　　2021年　月　日				
教育局学籍部门审核意见	经审核，　　考生具有本县(区)高中3年(6学期)学籍。 经办人签字：　　单位　盖章： 负责人签字：　　　　　　　　2021年　月　日				
县(市、区)招办审核意见	经核对，　　考生户籍(城乡代码　　或 □ 农业户口)和高中学籍均符合高校专项计划报名条件。 经办人签字：　　单位　盖章：　　审核人签字： 　　　　　　　　　　　　　　　2021年　月　日				

填表说明：

1. 高校专项实施区域(58个集中连片特殊困难县和国家扶贫开发重点县及原中央苏区振兴发展规划县)：九江市：修水县、都昌县，萍乡市：莲花县、安源区、芦溪县，新余市全域2个县(区)，鹰潭市：余江区、贵溪市，赣州市：全域18个县(市、区)，宜春市：袁州区、樟树市，上饶市：广信区、横峰县、余干县、鄱阳县、铅山县、弋阳县、广丰区，吉安市：全域13个县(市、区)，抚州市：乐安县、广昌县、南城县、黎川县、南丰县、崇仁县、宜黄县、金溪县、资溪县。

2. 此表由县(市、区)招考办印制或考生网上双面打印(网址：www.jxeea.cn)，通过审核后装入考生档案袋。

3. 各有关部门须严格审核，对不符合报考条件的不得盖章并及时反馈考生。

本表来自江西教育考试院关于做好全省2021年普通高校专项计划招生工作的通知 http://www.jxeea.cn/art/ 2021/1/18/art_26671_3064847.html

二、实施高校分布以及类型

笔者根据阳光高考平台数据整理,以 2021 年"高校专项计划"为例,实施"高校专项计划"的主体由教育部直属高校和其他自主招生试点高校构成,2021 年承担该项计划的高校有 95 所,但按实际招生情况来算共有 98 所高校[部分高校有多个校区,且在专项计划中采取分别报名、分别录取的方式,故在承担计划高校总数、属地分布及后文分析中分别计算:华北电力大学、华北电力大学(保定)、中国石油大学(北京)、中国石油大学克拉玛依校区、哈尔滨工业大学、哈尔滨工业大学(威海)]。

三、高校分布以及影响

如表 8-4 所示,从实施高校的地域分布来看极不均衡,呈现出中部西部少、东部多的特点,且区域内的省际差异更大,专项计划实施高校主要集中在少数省份。从区域来看,西部地区有 7 省 19 所高校实施专项计划,省均高校数为 2.71;中部地区有 6 省 19 所高校,省均高校数为 3.17;东部地区有 10 个省级行政区共计 59 所高校承担专项计划,占总体高校数的 60.82%,省均高校数为 5.9。分省来看,(香港、澳门、台湾除外),江西、海南、内蒙古等 8 省(区)没有高校承担专项计划,其他 23 个省份均有高校实施。其中,北京有 24 所,居全国首位,占总体的 24.74%,其次分别是江苏(11 所)与上海(9 所),三省(市)高校数占总体的 45.36%,占东部地区的 74.58%。对于中西部地区而言,湖北与陕西各有 7 所高校实施计划,分别占中西部地区高校数的 36.84%。从高校所在城市来看,大部分高校位于省会城市,少部分高校位于经济发达城市,如苏州大学地处江苏省苏州市。

"高校专项计划"实施高校的地域分布差异可能对农村学生带来两方面的影响:第一,增加考生参与专项计划选拔成本。以北京和上海、江苏、湖北、陕西的省会城市为核心区域,其覆盖本省市或辐射邻近省的农村学生成本较低,中西部地区农村学生参与的成本较高,严重影响了偏远地区农村学子参与的积极性。第二,影响农村学生的大学选择。由于高校所在地集中在东部地区经济发达或者中西部的省会城市,造成优质高等教育资源分布不均,提供的入学机会也相差甚大,这种不均衡将迫使农村学生跨省流动,影响他们的大学选择。

从表 8-6 高校类型分布来看,"985"高校有 37 所,仅国防科技大学、中央民族大学没有承担该计划,而大部分高校均为"211"高校,比例高达 96.88%。从学校从属关系来看,教育部直属高校有 73 所,其他部委直属高校有 9 所,两者占总体的 85.42%。可见,实施专项计划的高校整体层次极高,对农村考生有很强的吸引力。值得一提的是,有 27 所高校为专项计划设计了"正能量"的名称,例如,清华大学命名为"自强计划",北京大学、北京理工大学、天津大学等 8 所高校均命名为"筑梦计划",复旦大学命名为"腾飞计划",充分体现了对农村学生的鼓励与期望。

表 8-6　实施高校专项计划的高校类型分布

类别		数量(所)	占比
学校层次	"985"高校	37	38.54%
	"211"高校	93	96.88%
学校类型	教育部直属高校	73	76.04%
	其他部委直属高校	9	9.38%
	地方高校	14	14.58%

四、招生过程

1. 报考条件

如表 8-7 所示,高校报名条件与 2014 年开始实施时相比,有所调整。从上述报名条件可以看出,"高校专项计划"对考生的学籍、户籍、法定监护人等做出了相应的规定。高校专项计划在该政策实施初期并未对学生的报名条件做户籍上的过多要求。有个别考生发现招生制度不完善的漏洞,为获得重点高校的入学机会,不惜代价进行"高考移民",在全国不同地区的高考过程中查出了许多"高考移民"考试的现象,[6]这在一定程度上违背了高校专项计划政策的初衷。为切实达到"高校专项计划"的预定目标,提高农村学生进入重点高校的比例,同时为更精准地补偿贫困、边远地区农村学生的高等教育机会,从 2015 开始,"高校专项计划"报名条件在 2014 年的基础上增加了对农村子女法定监护人要求,要求学生需同时满足三个条件才可报考(见表 8-7)。这些规定净化了农村学生享受优惠政策的环境,提高了补偿政策的精准度,高校专项计划政策日益趋于完善。

表 8-7　国家层面 2014—2020 年高校专项计划政策报名条件

年份	报名条件	修改补充之处
2014	① 符合 2014 年统一高考报名条件; ② 高中阶段具有在中学连续 3 年学籍并实际就读; ③ 具有农村户籍且家庭在农村的学生。	

续表

年份	报名条件	修改补充之处
2015—2020	① 符合 2015、2016、2017、2018、2019、2020 年统一高考报名条件； ② 本人及父亲或母亲或法定监护人户籍地在实施区域的农村，本人具有当地连续 3 年以上户籍； ③ 本人具有户籍所在县高中连续 3 年学籍并实际就读。	① 在 2014 年政策的基础上，2015—2020 年政策对农村子女的法定监护人做出了规定； ② 对农村户籍没有了强制性要求，而要求户籍地在实施区域的农村。

表 8-7 所示，"户籍+学籍"是底线，通过县市级教育局、公安部门联合审核、四级公开机制，确保参与专项计划的考生符合报考条件，保证这项政策真正惠及农村学生。

当然，除了国家政策的相关规定外，各高校也有自设的条件，主要集中在高中文理分科与学习成绩两方面。第一，大部分高校明确限招理科生，部分高校对考生有高考选考科目要求，比如，北京邮电大学等高校要求选考物理。投放的专业也主要以理工农医类专业为主。而像管理、经济、法律等人文社科类专业则以文理兼收为主，分别投放文理科指标，所以理科生在高校专项计划中的优势更明显，选择空间更大。第二，有 4 所高校明确要求学生高中期间的学习成绩，由所在高中出具证明，如中国人民大学要求学生平时成绩排名为所在中学前5%；上海外国语大学要求总分和英语单科成绩在全年级同科类高中学习成绩成绩排名为所在中学前5%等。第三，个别高校有特殊要求，比如，中国人民大学要求考生必须是应届生；福州大学只接受中学推荐，不接受个人申请。此外，"家庭经济困难或者建卡贫困户学生，同等条件下优先"。按照招生计划的1:1投档。北京工业大学按照招生计划的2:1投档。北京林业大学按照招生计划的6:1名单公示。第四，个别高校对于考生的初审材料分等级。比如，清华大学分 3 个等级即"优秀、通过和不通过"，"优秀"的直接复试，"通过"的需要参加笔试，按照笔试的成绩决定能否参加复试，不通过的不再参加考核。中国科学技术大学的"资格生分 A/B 两档，A 档资格生高考成绩达到所在省份本科一批次理科录取控制分数线（对于合并本科批次、高考综合改革试点的省份，参照该省份确定的部分特殊类型相应最低录取控制分数线执行）即予录取。B 档资格生高考成绩达到所在省份本科一批次理科录取控制分数线（对于合并本科批次、高考综合改革试点的省份，参照该省份确定的部分特殊类型相应最低录取控制分数线执行）线上 120 分，浙江考生的高考成绩达到普通类第一段分数线上 50 分即予录取。"学习成绩是反映学生学习能力最直接、最有效的指标，既是证明学生有能力考上大学的重要参照，也说明"高校专项计划"不是一种没有分数底线的倾斜机制,即招收的是习成绩优异的农村学生。

除明确的报考标准外,学生仍需要提交一系列额外申请材料,通过网络系统上传,主要包括个人陈述、高中成绩单、中学推荐表(中学证明材料)、学业水平测试成绩单以及证明综合能力或特长的相关材料,如社会实践、学科竞赛、志愿服务、科研创新、曾获奖励等。各类材料中中学推荐表是证明学生表现的必要参考;个人陈述则反映了学生报考意愿与真实想法;虽然大部分高校并没有在报名条件中明确限制高中成绩,但是高中成绩与学业水平成绩是最可靠的评价依据,特别是学业水平测试成绩可以比较客观地反映学生在本省内的相对排名与能力水平;其他能力证明材料则可作为加分项,与自主招生不同的是,这些额外材料不再是申请的必要条件。实际上对于农村学生而言,在科研创新、学科竞赛方面产生的差异很小,反而是学习成绩、个人陈述以及一些符合农村学生真实背景与条件的经历更有说服力。

材料审核送达方面,以 2021 年招生政策为例,只有北京林业大学、北京工业大学和四川农业大学 3 所大学需要以 A4 纸标准把报名材料通过 EMS 邮寄到学校,其余高校都只需要扫描上传,不需要邮寄。从考生层面,节省了时间和费用开支。

2. 报考流程

本研究以 2021 年报考流程为例,如图 8-1 所示阳光高考平台"高校专项计划"的招生流程图所示,其招生流程共分为 7 个步骤。第 1 步,读者一看便知,在各重点高校的招生简章中,高校一般会明确招生对象、报名要求、招生计划、招生方式等信息,农村学生在规定时间内填写相应报名信息。第 2 步主要是生源地教育部门对本地报考考生进行资格审查,查看考生是否具有高校专项计划报名资格,符合高校专项计划报名资格即给予通过,反之审核不通过,这一过程对考生并没有筛选性。第 3 步是指 95 所重点高校在各生源地审核的基础上对报名本校的考生情况作进一步审核,过程对考生依旧没有较大的筛选作用,即考生只要符合各地区的高校专项报名资格,符合各高校的招生要求即可。第 4 步参加全国统一高考。第 5 步是指部分重点高校对审核通过的考生进行考核,考核通过的考生获取高校拟录取资格,但各高校考核方式并不相同,甚至某些高校不对考生进行考核(即考生报名材料通过高校审核后直接获取该校的拟录取资格)。第 6 步部分考核的高校公示资格名单。第 7 步是指高考成绩公布后,高考成绩达到高校规定的分数线填报该校志愿,高校依据考生高考成绩和志愿填报情况择优录取。整体上讲,"高校专项计划"流程清晰明了,至于每一具体步骤如何实施和安排,各高校自主决定,实施过程比较灵活。

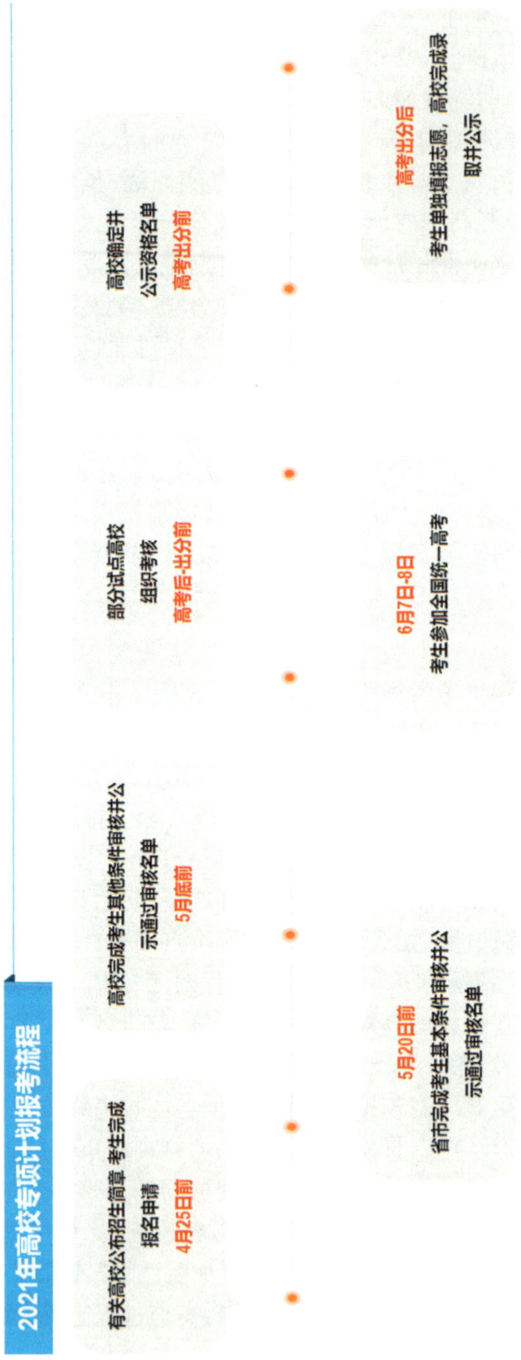

2021年高校专项计划报考流程

- 有关高校公布招生简章 考生完成报名申请
  4月25日前

- 省市完成考生基本条件审核并公示通过审核名单
  5月20日前

- 高校完成考生其他条件审核并公示通过审核名单
  5月底前

- 部分试点高校组织考核
  高考后出分前

- 6月7日-8日
  考生参加全国统一高考

- 高校确定并公示资格名单
  高考出分前

- 高考出分后
  考生单独填报志愿，高校完成录取并公示

图8-1 2021年高校专项计划的招生流程图信息

3. 选拔方式

"高校专项计划"政策制定参照自主选拔录取办法,其招录工作安排与自主招生高度吻合,部分高校直接将"高校专项计划"置于自主招生的实施框架内进行选拔。从近年来政策实施来看,高校选拔优秀的农村学生主要采取"材料审核+高考"和"材料审核复试+高考"(见表8-8)两种基本形式。从2017年采取第一种选拔方式的高校有67所,占总体高校的69.07%,这些高校凭借考生提交的成绩单、个人陈述、中学推荐表及综合能力证明材料等来判断学生的水平,并确定入选学生名单,除此之外没有额外的选拔环节。这种方式更依赖于高考成绩的筛选,也直接决定了这些高校采取的录取政策。另外,30.93%的高校采取第二种选拔方式,组织以笔试、面试为主的复试,其中有24所高校要求考生到校参加相应的考核,基本参照自主招生的选拔流程,这些学校主要分布在北京、上海、江苏、天津等省(市)份。另外,像清华大学、北京大学还额外设置了体能测试环节,并占有一定分值。

从表8-7、图8-2和表8-8可以看出,"高校专项计划"中高校的选拔方式的演变,资格审核逐年简化,资格审核初审不复试高校从2017年的67所发展到2018年77所,再到2021年93所。复试高校从2017年30所减少到2018年18所,逐步到2021年仅有3所。高校逐步响应教育部的政策文件(2015):要求相关高校和中学要创新服务举措,通过对家庭经济困难考生给予经济补贴、探索选派专家到当地开展考核或网络远程视频面试等方式,为考生顺利参加报名、考核提供便利和帮助。

表8-8 "高校专项计划"选拔方式统计(2017)

选拔方式		数量(所)	占比	代表学校
材料审核	专家评审	97	100.00%	
复试	没有复试	67	69.07%	中国人民大学、复旦大学等
	笔试	4	4.12%	中国传媒大学、中国科学技术大学
	面试	10	10.31%	南京大学、华中师范大学等
	笔试+面试	14	14.43%	北京交通大学、上海外国语大学等
	笔试+面试+体测	2	2.06%	清华大学、北京大学
复试地点	高校所在地	24	24.74%	中央财经大学、华北电力大学等
	远程	6	6.19%	中国政法大学、中山大学等

数据来源:李立国等《中国高等教育公平新进展》82页

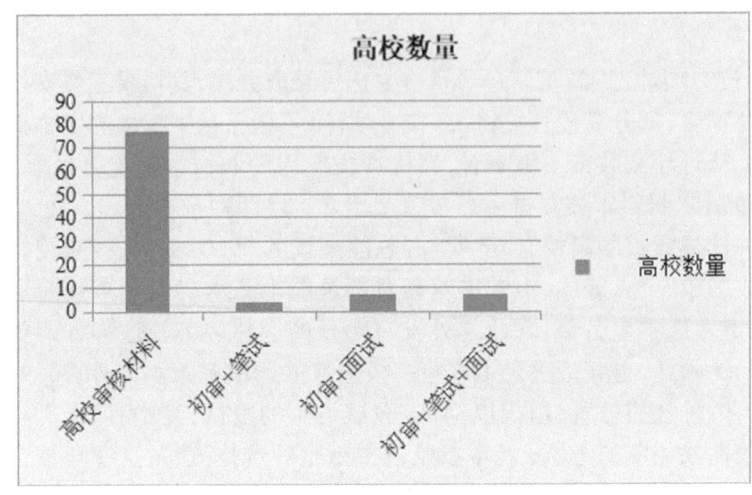

图 8-2 各高校考核办法(2018 年)
数据来源：袁景蒂硕士论文厦门大学(D)2019 重点高校招生"专业计划"实施研究

表 8-9 高校专项计划选拔方式统计(2021)

选拔方式		数量(所)	占比	代表学校
材料审核	专家评审	98	100.00%	
	书面材料	93	94%	中国人民大学、复旦大学等
	书面材料+视频	1	1.02%	北京中医药大学
复试地点(大学)	综合素质面试+面试	1	1.02%	北京语言大学
	笔试+面试+体测	2	2.02%	清华大学、北京大学
复试地点(考生中学)	远程测试+面试	1	1.02%	中国政法大学

数据来源：阳光平台重点高校招生简章整理

4. 录取政策

不同的选拔方式也影响了高校采取的录取方式与提供的优惠形式。根据国家录取分数原则上不低于有关高校所在批次科类录取控分数线的原则，高校录取政策主要分为五种，包括线上分录取、线上分录取(自主招生)、降分录取、分省择优录取与破格录取。除破格录取外，前三种方式属于针对学生个体在高考时给予一定分数优惠，而分省择优录取则是根据考生报考情况投放分省招指标，最后根据考生高考成绩择优录取。需要说明的是，2021 年江西、内蒙古等省份省内没有高校参加专项计划；河南省参加专项计划招生的高校——郑州大学仅在河南省内 53 个贫困县招生。这些情况与该省高等教育资源匮乏有关。

结合各校招生简章上注明的选拔方式与录取情况，研究发现两者间存在很强的关联。设置复试的高校多采取降分录取或线上分录取的政策，以同济大学为例，要求"实施高考综合改革省份的考生高考成绩需达到该省份确定的相应最低录取控制分数线上 40 分及以上(其中高考满分非 750 分制的省份按比例折算)。内蒙古的考生达到生源所在省份本科一批理科录取控制分数线上 70 分及以上。其他省份的考生达到该校在生源所在省份本科一批(不含中外合作办学等特殊类型)理科最终模拟投档线下 30 分(含)之内,且高于生源所在省份普通本科一批理科录取控制分数线(对于合并普通本科批次的省份,本科一批录取控制分数线按照该省份确定的相关最低录取控制分数线执行)。这些对高校农村学生的真实情况与实际能力有更全面、更准确的评价,可以进行有效筛选,所以给出更为精准(优惠分数等)或是更大优惠力度(一本控制线)的政策倾斜,与自主招生的录取政策类似,更加注重学生个体情况。另外,大部分高校分省择优录取是更为稳妥的录取政策,学生通过高考成绩竞争分省名额,而高校最终招到的就是相应省份入选学生中高考成绩最高的那部分群体。但是,由于高校仅通过材料审核来确定入选专项计划的学生名单,且名单名额变动性很大,存在人为操作的隐患。当然部分高校(如中国矿业大学)虽然给出了一本控制线的优惠措施,但最终仍然按照其招生计划以高考分从高到低择优录取,本质上与分省择优录取没有差别。另外,90%以上的高校都明确说明,如果生源不足,不降分录取,不征集志愿。此外,在专业选择上,大部分高校不转专业,部分高校转专业需要达到一定分数线,否则不予转专业。个别高校比如上海大学,入学时不划分专业,第一学年末在类内专业分流。

五、报考收费以及资助情况

以 2021 年高校招生简章为例,大部分高校明确规定不收取任何费用,比如北京大学,"北京大学'筑梦计划'招生报名及测试不收取任何费用。考生因家庭经济原因参加"筑梦计划"招生测试存在困难的,可以书面向我校申请资助。西南交通大学、兰州大学、合肥工业大学等明确规定不收取任何费用。资助方面,高校郑重承诺,复旦大学通过"腾飞计划"录取的优秀学生除可以按相关规定申请新生奖学金外,在校期间还有几十种奖学金可供申请。学校还建立了完善的勤工助学、助学贷款、助学金、困难补助、学费减免、绿色通道、医疗帮困、冬季送温暖、爱心公益站等综合资助平台。除经济上的帮扶举措外,学校设计实施"助力成长计划",搭建学业促进、心理支持、社会实践、视野拓展、创新创业五大平台,为学生的成长成才提供全方位、个性化的帮扶和支持。"决不让一位学生因家庭经济困难而辍学","决不让一位学生因家庭经济困难而落伍",这是复旦大学向全社会的郑重承诺。比如西北工业大学郑重承诺"决不让一个学生因家庭经济困难而失学"。通过"筑梦计划"录取的优秀学生在新生报到时可乘坐"爱心直通车"(资助、车费)、通过"绿色通道"(缓交学费、小额无息借款),确保学生顺利入学。在校期间除可申请数十种奖学金外,学校还通过国家助学贷款、国家励志奖学金、国家助学金、吴亚军等专项助学金、学校助学金、勤工助学、减免学费等措施帮助家庭经济困难学生完成学业。同济大学推出多维度措施保障包括家庭经济困难学生在内的全体学生全面成长成才,通过"奖、助、贷、补、勤、免、偿"七大方面,建立了系统化、网络化、全过程、全方位的资助体系,保证全体学生"入学有保障、生活有质量、发展有空间",保障全体学生安心在校学习生活。2021年有20%的高校明确了对高校专项计划学生的资助。

六、小结

综上,本节基于"高校专项计划"实施高校的招生政策与数据,从政策文本、实施主体、招生过程等方面详细分析了高校专项计划的实施成效。研究发现:

第一,"高校专项计划"一定程度上促进了高等教育机会公平。从实施主体来看,投放计划的高校基本都是我国重点高校,以"985工程""211工程"大学为主,可以帮助农村学生实现区域流动与社会纵向流动,但高校分布仍呈现"东部多、中西部少"的不均衡特点。从招生规模来看,"高校专项计划"是在高考常规招生之外,每年直接从重点高校年度招生计划中划出至少2%的名额投放给品学兼优的农村学生,是针对农村学生的殊支持与帮扶。

第二,不同高校的招生过程存在明显差异,体现了高校招生的自主性以及对农村学生的针对性,从2014年推行至今各高校招生简章来看,各高校投放的专业中有95%以上的为理工专业。因此,理科生、高中成绩优异的学生有更多机会与优势。

第三,高校的选拔方式与录取政策差异较大,分省择优和全国择优方式。分省择优把名额投放到各省,采取以高考成绩高低分省择优录取;全国择优方式则是报名时不确定各省的计划数,根据各省的报名和资格条件来投放。分省择优方式更有利于农村薄弱地区考生进入重点高校。全国择优方式录取更有利于教育资源丰富发达的地区考生进入重点高校。设置复试的高校多采取降分、线上分的录取政策,更接近自主招生选拔模式。

第四节 专项计划反思与建议

一、专项计划的特点

由于本研究的主题所限,重点探讨了"国家专项计划"和"高校专项计划",地方专项计划不再探讨。本节的专项计划仅指"国家专项计划"和"高校专项计划"。从政策文本、实施主体、录取方式和过程分析归纳专项计划的特点如下:

(一)专项计划的基本特点

1. 弱势补偿

专项计划最基本或本质的特点就是弱势补偿。从"专项计划"政策的目的上来看,该计划主要为弥补农村贫困地区学生所面临的弱势:如经济基础弱势、文化资本弱势、基础教育弱势、高等教育弱势等。从实施区域上看,专项计划实施区域为农村贫困地区,三个计划实施地方既有一定重合又不完全重合,基本覆盖农村贫困区域,城市及发达地区的学生没有报考权,这是全面考虑东西部差异、城乡差异与贫困地区差异后而做出的科学理性的补偿行动。三级审核、多方联动保证政策偿一定要落到实施区域的保障措施,维护了专项计划的补偿性这一基本特点,净化了农村考生参与专项计划的环境。保证专项政策专项惠及的对象。

2. 优质选拔

专项计划的另一大基本特点就是优质选拔。一方面,无论是"国家专项计划"、还是"高校专项计划",它们都是"重点高校",强调优质的高等教育资源。将最优质的高等教育资源拿出来,才能真正做到"弱势补偿"。另一方面,专项计划录取的学生都是经过层层选拔,脱颖而出的农村考生,是农村贫困地区的优质生源。

3. 录取自主

专项计划在实施过程中,还体现出国家公权力的下放,地方及高校有相对的自主性。例如,"高校专项计划"可以根据自己学校情况确定招生专业及名额,还可以制定具体录取规则,决定是否进行面试、笔试等复试环节,接近自主招生。国家将"地方专项计划"相关政策的制定与实施的权放到各个省(区、市),仅对"地方专项计划"的招生规模及原则进行宏观调控。这样有利于发挥地方和高校招生自主权,鼓励高校招生灵活多样的政策与形式。

(二) 专项计划的发展特点

通过第二节对"国家专项计划"和第三节"高校专项计划"发展历程的梳理,总结出专项计划的发展特点如下:

1. "扩大区域、稳步增长、逐步成熟"

"扩大区域"指扩大实区域。2012 年,专项计划的实施区域是 680 个贫困地区,2013 年扩大到 832 个农村与贫困地区,2014 年后,教育部增加各省(区、市)划定的实施区域。"稳步增长"是指增加承担高校的数量及计划招收农村学子的数量。从承担高校数量来看,2012 年,承担专项计划的高校是 222 所中央部门高校、在本科一批招生地方高校、国家示范性(含骨干)高等职业学校。2013 年,本科计划的承担高校扩大到 263 所,覆盖所有"985 工程""211 工程"学校。2014 年,专项计划由中央部门高校和地方"211 工程"高校为主的本科一批招生学校承担。招生数量上,2012—2017 年,专项计划招生数量逐年大幅攀升。在专项计划政策的带动下,我国农村与贫困地区学生上重点高校人数连续两年增长 10% 以上。2015 年,本专科计划招生新增 2 万人,全部用于中西部人口大省;农村贫困地区定向招生专项计划招生名额增至 5 万名。2018 年专项计划录取农村和贫困地区学生 10.38 万人,较 2017 年增加 3800 人,增长 3.8%。"逐步成熟"是指我们的政策逐步稳定成熟,比如报考的三项条件,从 2018 年至 2021 的招生规模,都保持与 2017 年计划数持平。

2. "多元发展、细分类型、精准定位"

多元发展是指,专项计划从 2012 年开始推行,只有"国家专项计划"一马当先,到 2014 年"国家专项计划"、"高校专项计划"两驾马车并肩而行;2015 年定型为"国家专项计划""高校专项计划""地方专项计划""三驾马车"并行的局面。"细分类型、精准定位",是指三大专项计划政策的目标定位、实施区域、招生对象、承担高校各有不同,分别从国家层面、高校层面、地方层面实施全方位、多维度招生。这在一定程度上拓宽了农村及贫困地区学子上重点大学的渠道,使农村与贫困地区学子拥有更多享受优质高等教育机会。

3. "追求卓越、突出重点、提升质量"

"追求卓越"指的是我国高等教育经过 20 世纪 90 年代末扩招至今,走过了精英教育,大众化教育,目前向普及化发展。专项计划的实施不是解决农村考生考入一般高校数量的提升,而是解决农村偏远地区考生更多考上重点高校的问题,接受优质高等教育的机会的提升,解决的是人民如何"上好学"的问题。

"突出重点"是指突出实施的高校为重点高校。为进一步提升农村贫困地区学生上重点大学的比例,教育部于2014年突出强调承担高校为"重点高校",此后,专项计划的承担高校为中央部属高校及省(区市)所属重点高校,招生计划以本科计划为主。另外,"上好学"也是目前问题中的"重点问题"。"提升质量"是指提升了专项计划的招生质量,2014年取消了高职招生,随着高校层次的提升,高校所招收的学生质量也在不断上升。重点高校通过各种方式保障招收的农村贫困地区学生生源的优质性。

二、专项计划的卓越价值

(1)实施重点高校招收农村和贫困地区学生专项计划一定程度上拓宽了贫困学生纵向流动的通道,有效地阻断了代际贫困传递。教育是阻断贫困代际传递的治本之策。高等教育是教育脱贫攻坚的重要一环,是阻断贫困代际传递的关键之举。一系列支持政策为贫困地区学生创造了更为公平的受教育和就业机会。"多亏了好政策,我才能到北京读大学!"谢非是来自宁夏固原市西吉县的贫困学生,得益于国家实施的重点高校招收农村和贫困地区学生专项计划,2018年他考入中国农业大学,成为家里第一个大学生。[7]

(2)多元的专项计划行动,增加了贫困地区学生获得优质高等教育资源的机会。既能促进农村和贫困地区优秀学子的跨地区流动,又能帮助他们实现跨阶层的社会流动,有效阻断教育资源匮乏的代际传递,让每个孩子都有机会通过教育改变自身命运。[8]贫困家庭子女通过接受优质的高等教育,找到工作自食其力,那么整个家庭便有可能尽快摆脱贫困。因此,这项政策也是贫困家庭"拔掉穷根"、阻断贫穷代际传递的有效方式,有助于提高农村和贫困地区的人口素质,是高等教育精准扶贫的重要途径,在我国当前扶贫攻坚工作中发挥着长远作用。同时也通过重点大学对学生的教育与影响,为农村和贫困地区培养更多高层次专业人才,鼓励他们学成之后回到家乡、建设家乡,为家乡的经济发展做贡献,形成良性循环。

(3)实施重点高校招收农村和贫困地区学生专项计划有力地推动高等教育机会公平进展。专项招生计划,对农村和贫困地区孩子进行合理的招生倾斜,弥补他们在长期教育发展不平衡下的成长劣势,促使重点大学更多地向着农村和贫困地区子女开放,在预防教育机会分化的同时,缓解教育改革对他们可能存在的机会损害,进一步缩小区域间、城乡间的入学机会差距,推动高等教育的机会公平发展。专项计划帮助更多的贫困考生成了家里的第一个大学生,越来越多的家庭有了第一个大学生。通过专项计划,越来越多的寒门学子可以通过自己的努力,向着理想的大学"踏浪而来"。专项计划招生人数由2012年的1万人增至2020年的11.7万人,累计已有70万名学子通过专项计划走出贫困地区,走进重点大学。2020年全国28个省份268所中学的197名农村学子通过清华大学"自强计划"考入清华大学,认定人数及录取人数均创历史新高。108人通过北京大学"筑梦计划"考入北京大学。[9] 从"有学上"到"上好学",专项计划极大增加了贫困地区学生获得优质高等教育资源的机会,有效激发了学生学习动力,帮助一些贫困县实现了重点高校录取人数"零"的突破。[10] 当前我国高考改革正在逐步推进,从招考合一走向分类考试、综合评价、多元录取,实施项招生计划是《国务院关于深化考试招生制度改革的实施意见》中的重要组成部分,是改进招生计划分配方式首要任务。专项招生计划针对特定的学生群体,是对原有高考特殊类型招生的补充,在保证招生质量的基础上兼顾农村和贫困地区学生的特殊性,促进了重点高校人才选拔的多样性,进而推动我国高等教育朝着多元化的方向发展,实现真正意义上的高等教育公平发展。

(4) 实施重点高校招收农村和贫困地区学生专项计划是解决当前教育发展不平衡特色方案。中科院第三方评估显示,专项计划得到社会广泛认可,地方满意度达100%,学生满意度达90%,高校满意度达80%。专项招生计划由"国家专项计划""地方专项计划"及"高校专项计划"组成,构建了教育资源导向型(部属和省属重点大学)、区域导向型(贫困地区)、生源导向型(农村学生)的倾斜性招生体系。从招生对象来看"国家专项计划"实施区域为集中连片特殊困难县、国家级扶贫开发重点县以及新疆南疆四地州,强调贫困地区学生的入学机会,重在调整区域间差异。而"地方专项计划"及"高校专项计划"面向本省或边远、贫困民族等地区的农村学生,重在缩小省域间的城乡差距。例如,"高校专项计划"自实施以来,农村学生参与人数快速增长,2015年录取农村学生为6027人,2016年录取8129人,2017年录取了9354人。从计划实施主体来看,"国家专项计划"由部属高校和省属重点大学实施,"高校专项计划"由教育部直属高校和其他自主招生试点高校承担,而"地方专项计划"则为省属重点大学,具有较强的针对性。根据调研结果显示,各高校通过国家与高校专项计划招收的学生数量基本保持在当年本科招生规模的10%左右,学生满意度高。因此,专项招生计划通过贫困地区生源由全国高校一起承担,农村生源按学校层级和区域逐步消解,部属高校面向全国,省属高校服务本省,凸显不同计划与实施高校的特色,由此在一定程度上解决了教育发展中的不平衡不充分问题。

三、存在的问题

综合研究成果,笔者认为当前专项招生计划的实施中存在以下问题:
第一,严把审核关,加大违规处罚力度。纵观专项招生计划的申请资格,

"学籍+户籍"是基本条件,也是守住政策公平价值的底线。好政策要公平正义地发挥作用,户籍、学籍等信息是影响专项招生计划公平的重要因素,因此,专项招生计划的全过程务必严把审核关,严防钻法律空子,加强监督,违规者严肃处理。

第二,基层招生宣传力度不足与配套落实不到位。作为一项具有时效性及信息丰富性的补偿政策,基层民众的认知度不仅影响学生报考,影响着政策执行效度以及民众的满意度。高中教师、学生、学生家长这些利益相关者的认知事关专项计划的执行效度。有些考生的老师不了解,父母又顾不上。老师认知有限,就不会在班级宣传,也无法解答学生疑问。学生认知有限,直接影响着报考的热情。家长不了解,缺乏报考的支持。同时,在"高校专项计划"中,复杂的申请与选拔流程也给学生带来了备考之外的经济、材料准备等方面的压力,这需要高校在招生过程中充分考虑报考学生的特殊性。

第三,专项招生有待加强补偿的精准性。重点高校面向贫困地区定向招生的三个计划实施对象有所重叠,部分地区考生享受多重的政策优惠,有些考生可以同时报考两个甚至三个专项计划。目前我国"双一流"高校100多所,其招生数量只占高考录取人数的4.7%左右,竞争非常激烈,如果产生政策叠加,就容易产生公平政策的反向歧视。

第四,专项计划录取的考生存在少数"超级中学"的现象。专项招生计划尤其是"国家专项计划"和"高校专项计划"成了少数地方、少数学校和少数学生进入重点大学的"敲门砖"。"国家专项计划"和"高校专项计划"都是通过选拔的方式录取学生,这样"超级中学"的学生才有更多的机会。为了通过专项招生计划考入重点大学,一些地方的高中成立了专门的班级进行备考辅导,从高校的录取结果看,一些重点大学特别是名牌大学的录取人数集中在少数几个县的中学,真正贫困地区的薄弱中学考生并没有真正享受到专项计划的优惠。某种程度上背离了专项招生计划设置的目的。

第五,专项计划录取后,对学生的发展关注不够。专项招生计划录取的学生都是享受了不同程度的分数补偿,从高中进入大学,从小山村到大城市,巨大环境转变对学生的学习、生活、心理乃至方方面面都存在着影响。他们不仅是家庭经济困难学生,而且易转化为学习困难学生。以2021年高校专项计划为例,95所高校中,有20%的高校明确了有资助帮助学生解决经济困难,只有清华大学简章中明确了后续的培养环节:(1)为学生安排勤工助学岗位,在工作中锻炼动手能力和提高综合素质,减轻求学压力和家庭负担;(2)为学生安排专门的学习与发展指导,帮助其顺利地适应大学学习、生活;(3)为学生配备优秀校友担任个人导师,指导其个人发展[11]。清华大学2021年"自强计划"招生简章,其余的大学都没有专门针对专项计划学生开展,教育帮扶仍显不足。

四、完善专项计划的思考与建议

结合本书的分析部分以及提出的专项招生计划中存在的问题,研究从宏观招生政策与微观人才培养两方面提出了若干对策与建议。

(一)进一步完善专项计划政策的基层执行机制

1. 建立新旧媒介多渠道宣传网络,确保宣传和配套落实到位

目前,农村和贫困地区学生很难有效地利用新媒介获知专项计划报名信息,专项计划的通知宣传仍是通过政府指令传达通知的方式:教育部—教育厅—教育局—学校—班主任—学生及家长。这种传达方式有一定效果,也有一定局限性。在智慧时代,在利用传统通知下达的方式同时,应该充分发挥新媒体的宣传效用,新媒体与传统通知相互联结,形成网状多渠道的宣传模式,具体如图8-3,虚线部分表示利益相关群体利用新媒介信息传递,新媒介主要指手机媒体、网络媒体、数字媒体;实线部分表示利益相关个群体利用传统媒介传

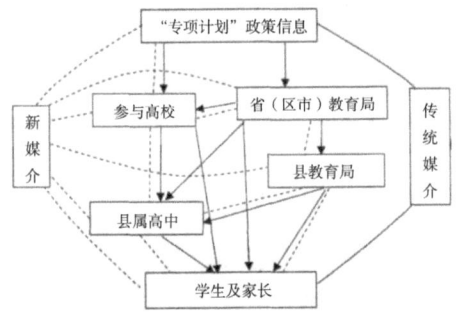

图8-3 专项计划政策信息宣传网络

注:袁景蒂2019硕士论文 重点高校招生专项计划实施研究56页

达。传统媒介主要指电视、广播、报纸、杂志等信息传播媒介。该网状渠道宣传可以把各利益相关者对新旧媒体恰到好处地利用。专项计划以传统媒介为主,新媒介为辅。县级教育行政部门与高中的政策宣传主体应发布消息到位,比如利用县级电视台宣传、县级高中张贴海报宣传,教育部或者招生高校制作宣传小视频发布在阳光高考平台以及各省招生办公室;也可以利用大家喜闻乐见的抖音平台宣传。县级教育局或者高中可以组织专题政策说明会、制作专项招生计划报考指南并向考生提前发放等,将招考政策传递到位,确保每一名有资格享受政策的学生知晓信息,同时防止别有用心的人利用信息不对称谋求私利。

2. 多方联动审核,净化农村学子报考环境,确保专项招生计划置于"阳光下"

《教育部关于做好2021年重点高校招收农村和贫困地区学生工作的通知》强调:严格报考条件,严格资格审核,严格招生管理,加大违规处罚力度。杜绝招生过程中可能存在的漏洞,杜绝户籍、学籍等信息造假、杜绝新的高考移民,杜绝学生的中学成绩造假,这些问题既要求基层教育与公安部门联合审查,做好第一次把关;又要求招考机构和高校招考部门做好二次审核。同时,必须严格落实从招生政策、招生过程到招生结果的信息全公开,强化特殊类型招生的专项督查,接受广大考生、家长等各方利益相关群体乃至全社会的共同监督。对于违规者加大处罚力度。当前专项招生计划的整体规则仍需进一步调整,让专项招生计划置于"阳光下"。

(二)整体统筹专项计划,推进精准补偿

(1)当前专项招生计划尚在探索补偿贫困地区农村考生机制与整体规则,需要遵循机会均等原则。以地区、户籍区分政策实施对象是目前阶段性做法,伴随着我国脱贫任务的完成、户籍制度改革等变化,专项招生计划也需要及时做好相应的调整。如何进一步优化专项招生计划的整体报考规则,形成公平机制一体化,让弱者真正能享受政策的福利,同时规避参与者的投机心态。单纯地按照地区、农村这样的区域性质大范围地制定政策来推动区域的公平能让真正处于不利处境的孩子未必能享受到政策的补偿。事实上,有些贫困地区的农村孩子的家庭经济情况甚至优于城市普通家庭,利用该政策更容易获得倾斜的优质教育机会。因此,在条件成熟的情况下,政策应逐渐转向以学生家庭年收入为主要参考标准制定新的普惠性公平政策,从粗放的教育补偿政策转变为真正为处于社会弱势阶层的学生提供精准补偿的政策。

(2)科学测算分省招生名额,优化专项计划编制与分配方案。鉴于目前"国家专项计划"与"高校专项计划"的实施高校多以部属高校为主,基于公平性原则应严格控制属地招生比例;并尝试通过采取基于各省贫困地区应届考生人数、各省应届农村户籍考生人数,结合当年专项计划分省报考人数,适当调整东中西部区域差异的方式,优化专项计划编制与分配方案。在无法调整高校地域结构的情况下,专项招生计划的分省招生名额应在教育部的统筹指导下进行分配,特别应当加强"高校专项计划"分省招生名额分配的指导。目前个别高校是为了应付完成国家的下达任务,专业分配方面不排除应付的层面。以2021年"高校专项计划"为例,某高校仅提供一个专业供学生选择,部分高校预留出本校的弱势专业供贫困生选择,因此建议部分高校应拿出更多的专业类别尤其是拿出本校的优势专业供学生选择,来显示补偿的诚意。鉴于"双一流"高校优质教育资源十分紧缺,不同层次高校的招生政策应有所区别。对于中央直属的高校,应当在兼顾公平的基础上,着重考虑招生效率;对于省属重点高校,可以适当加大招生规模和比例,着重考虑教育公平。这样,既能提高农村和贫困地区学生上重点大学的比例,又能减少学生进入大学后因为成绩差距太大而带来的不适应,避免专项招生计划引发新的不公平问题。

(3) 规范高校的选拔方式,保障招生制度的公平与效率。目前"国家专项计划"是通过高考志愿填报来参与,基本以高考分数线定夺。对于"国家专项计划",教育部《关于实施面向贫困地区定向招生专项计划的通知》等文件规定专项计划"录取分数原则上不低于招生学校普通类招生所在批次录取控制分数线"。2019年河南某县两位考生报考北京大学三次退档又补录的事件表明,这种低门槛的初衷虽好,但在一定程度上让报考"国家专项计划"变成"敢不敢赌一把"的博弈。"退档"事件说明需进一步完善"国家专项计划"等政策并及时打好"制度补丁"的必要性和迫切性。选拔方式以分数为主,结合志愿填报顺序录取,公开透明,把补偿政策执行到位,执行公平。不要让案例中的主人公获得公平,而对其他人造成不公。

现阶段"高校专项计划"的招生方式大概分为两类,一类高校参照自主招生组织额外笔试面试考核,虽然这样可以进一步精准定位农村中学具有突出才能的群体,但却大大增加了农村学生的应考成本,也可能面临完不成招生计划的风险。建议面试采用远程面试的方法或者中国政法大学的做法到考生所在中学进行面试。另一类高校是通过材料审核确定学生的参与资格,进而制订分省招生计划后以高考成绩高低录取。简化的选拔方式容易产生利益寻租,具有优渥条件的家庭也许会把材料做得特别"养眼",在选拔中更有机会进入这些优质高等学校,并且容易导致生属地化问题。所以,采取此类招生方式的高校须制定统一的选拔标准,遵循教育部的指导意见编制合理的名额分配计划。

(三) 用政策关怀打开资源分配中的弱势群体上升的渠道

强化资助作用矫正学生选择,突出专项招生计划的关怀性。专项招生计划面向的是农村和贫困地区学生,在招录过程中应充分考虑学生的家庭条件与特殊情况,比如鉴于贫困农村家庭的经济比较困难,可以减免报名费用;如果需要测试和面试的学校,建议远程测试和面试,或者给予面试补贴;入学后,通过各种资助和勤工助学帮助学生渡过难关。2021年95所高校专项计划招生简章,有20%左右的高校明确了各种资助政策。这些资助政策特别暖心,特别贴心,也特别温馨。比如上海交通大学的招生简章明确告知考生:学校构建了"以勤工助学为主要手段,以奖助学金为激励方式,以助学贷款为重要渠道,以学费减免和困难补助为辅助措施"的全方位帮困助学体系,100%经过认定的学生都将获得每年万元左右的基本助学金,还可申请补充助学金以满足个性化的发展需求。学校同时设有"筑力学习先修营"等各项举措,切实履行"不让一名学生因为家庭经济困难而辍学"的庄严承诺,更秉持"让每一位学生享有人生出彩机会"的宗旨,帮助学生实现"教育增值"。诸如上海交通大学的招生简章,会让更多的贫困家庭的学子感觉到大学的温暖、感觉到政策的关怀。加强在招考过程中有关大学资助政策的宣传与落实,帮助农村和贫困区学生摆脱因家庭经济条件在选择大学时的负面影响,影响他们高等教育阶段的流动意愿。

(四)打造属于农村专项计划学生的阳光平台

尊重农村学生的特点,关注学生的成长。

第一,招生层面:专项招生计划招生中的"专"指的是专门面向的是农村和贫困地区学生计划,鉴于此,要突出"专",就要尊重专项计划的"对象"的特点,从招生到培养都要尊重农村学生特点:由于农村学生土生土长在农村,从小受周围特定环境与家庭教育的影响,与城市孩子相比,往往会显得更加胆小拘谨、不善言谈,缺少自信。因此,专项计划的测试与选拔基于农村学生的特点设置,不要把面向城市孩子的自主招生的方式照搬过来。像各种社会实践活动、各种社会荣誉证书、各种获奖等,这些材料农村的孩子是匮乏的,他们平时读书,放假周末还要帮家里劳动,根本无暇参加各种社会活动。由于地处偏远农村,学业基础也比较薄弱,国家、省级各类奖项也大多无缘。如果说人生而平等的,知识也是平等的。所以城乡的孩子掌握的知识,除了书本知识是统一要求,那么每个人的个人知识是各有特长各有千秋。站在城乡两个层面,如果说城市孩子掌握的个体知识我们要尊重,那么农村孩子掌握的个体知识同样也需要我们的尊重。因此,如果提交材料也要接近农村生活、农村学生特点的材料,面试也要结合农村学生特点去设计,展示农村学生的优势,而不是和城市孩子去比较他们的短板。在专业投放中,优化专业结构,给予适合农村和贫困地区学生学习基础且有利于其发展的专业,满足学生的专业发展求。

第二,培养过程:加强专项计划学生的学业辅导。

专项计划学生进入大学后面临着巨大的学业挑战。王小虎等学者的研究结果表明:专项计划和非专项计划相比,农村和贫困地区专项计划的学生大学期间的学业成绩比非专项计划学生更低。城镇户籍的学生学业表现更好,非少数民族的学生学业表现更好。此外,人文学科学业成绩差异不明显;理工学科和社会学科成绩差异显著,专项计划的学生成绩更弱。从结果上看,农村和贫困地区专项计划这一身份特征显著地负面影响了学生的大学学业成绩。[12]无独有偶,李立国等对包括中西部8所重点高校进行了调研,通过对"专业上有学习困难的"调研,专项计划的学生对"国家专项计划"和"高校专项计划"的认同度分别是40.29%和41.13%的;通过对"数学学习困难"调研,专项学生对"国家专项计划"和"高校专项计划"表示认同的分别占比41.99%和45.64%;通过对"英语听力学习困难"的调研,专项学生对"国家专项计划"和"高校专项计划"表示认同的分别占比66.42%和66.11%;通过对"英语口语学习困难"的调研,专项学生对"国家专项计划"和"高校专项计划"表示认同的分别占比68.1%和67.78%;通过对"计算机使用困难"的调研,专项学生对"国家专项计划"和"高校专项计划"表示认同的分别占比48.99%和40.25%。[13]这些研究结果表明,专项计划学生虽然在高中阶段学习成绩名列前茅,但是重点大学云集了全国各类优秀人才,他们入学后学习的优势不复存在,学业的竞争程度更为激烈。

鉴于此,既需要专项计划学生本身保持高中的拼搏精神与"天生我才必有用的"的自信心,加强学习投入与努力程度;同时,迫切需要学校在学业辅导方面给予更大的支持以及同辈群体帮助。所以,高校应当为专项计划学生安排相关教师持续地关心他们的学习与生活,入校后提供具有针对性的学业辅导,如数学等基础学科以及英语口语、计算机等应用技能的补习,帮助他们更好地弥补先前的教育劣势,确保能够顺利完成学业。另外,要综合这部分学生的高考分数和入校后表现,适时进行专业调整。

第三,引导专项计划学生做好心理调适。

从"偏远贫困的山村"到"繁华耀眼的大都市",专项计划的学生面临着更多的诱惑,可能会产生较大的心理落差。学生需要学会调整自己的心态,同时也更需要高校教育工作者的悉心指导,特别是一线辅导员们的关怀,引导学生们调整心态,励志成才,使他们既不妄自菲薄,也能经得起物质诱惑、沉下心来。同时,这类学生大多家境贫寒,高校需要加强对其的资助力度,特别在传统保障型资助的基础上,给予相关资助保护学生成长,以发展型资助促进他们成才。

第四,搭建专项计划学生非认知能力成长平台。

从"专心读书"到"综合发展",专项计划学生的非认知能力包括心理调适、自我效能(包括学术动机和自我管理)以及学生和家长、教师朋友之间的互动等人际交往能力都是增加人力资本的关键所在。长期以来读书似乎是寒门学生实现人生"逆袭"的唯一途径,与原有基础教育阶段单一的知识学习有所不同,大学是传授专业知识、培养综合能力的教育场所,有助于提升学生的非认知能力,这恰恰也是专项计划学生急需弥补的个人能力。专项计划学生应该充分利用大学的资源与平台,在努力学习之余,参与到学校的相关学生活动中,通过参加学生社团、担任学生干部、从事志愿服务、开展社会实践等途径融入丰富多彩的大学生活,通过非课堂的教育方式培养人际交往适应等非认知能力,实现个人能力的综合发展。从学校的角度来说,应鼓励这类学生积极参与学生活动,在条件允许的情况下,对这类学生组织专题或倾斜的社会调研、国际交流等高成本活动。

第五,完善专项计划学生的就业指导与帮助。

影响学生就业的显著因素包括人力资本与社会资本,一方面,专项计划学生通过个人努力和大学教育,其人力资本能够得到显著提升,但另一方面,由于原有家庭资本和社会经济地位的制约,他们的社会资本仍处于劣势。家庭背景的劣势和社会资本的匮乏使得这些学生在大城市的就业与生活更为艰难。虽然部分高校有积极引导和鼓励专项生毕业后到贫困地区就业的服务,并为返乡就业创业的学生提供政策和资金等方面支持,但只有极少一部分学生具有返乡工作的意愿。因此,高校应在尊重学生个人选择的前提下,引导学生提前做好职业规划,积极提升就业能力,帮助他们做出更为理性的就业选择。

参考文献:

[1] 北京教育科学研究院课题组. 国际社会促进教育公平的实践及其对我国的启示[J]. 教育科学研究, 2009.

[2] 杨东平. 高等教育入学机会:扩大之中的阶层差距[J]. 清华大学教育研究, 2006, 27(1): 19 - 25.

[3] 刘云杉, 王志明, 杨晓芳. 精英的选拔:身份, 地域与资本的视角——跨入北京大学的农家子弟(1978 - 2005)[J]. 清华大学教育研究, 2009, 30(5): 42 - 59.

[4] 刘海峰. 如何兼顾考试公平与区域公平[N]. 中国教育报, 2012 - 3 - 19(005).

[5] 秦春华. 重点大学农村学生比例为何上不去[N]. 光明日报, 2015 - 09 - 08(013).

[6] 秦一鸣. 教育公平视野下国家扶贫定向招生专项计划政策初探[J]. 学园, 2015(22 期): 3 - 5.

[7][8][10] 创造更为公平的受教育机会 http://www.moe.gov.cn/jyb_xwfb/s5147/202103/t20210302_516407.html 中华人民共和国教育部.

[9] 越来越多的家庭实现大学生"零的突破"我国高等教育进入普及化时代.《中国青年报》,2020 - 10 - 3.

[11] https://gaokao.chsi.com.cn/gkxx/ncdzjz/202104/20210412/2056525410.html.

[12] 王小虎, 潘昆峰, 吴秋翔. 高水平大学农村和贫困地区专项计划学生的学业表现研究——以 A 大学为例[J]. 国家教育行政学院学报, 2017(05): 68 - 77.

［13］李立国等,中国高等教育公平新进展——重点高校招收农村和贫困地区学生专项计划研究报告,中国人民大学出版社,2018.10.

第九章 聚焦优质在线课堂：教育卓越与公平促进研究
——以 Tyger's phonics 在线课堂为例

信息技术的发展使得知识的快速传播和全民共享成了一种可能，近年来随着信息技术的进步，在线教育的模式开始兴起，不管你出身如何，学习是否努力，无需雄厚家庭背景和优越的经济条件，你都能通过信息媒介学习到全国甚至世界顶级水平的课程，得到最高标准的优质教育。在线教学日益改变着教育的形式，优质高效的在线课堂在促进教育公平与卓越过程中扮演着愈来愈重要的角色。本章通过对一位深圳名师的在线课堂，从微观层面对课程的理念设计、教与学方法创新、课堂语言的组织、直播课学生的参与度、师生互动互评、社群服务等维度进行了剖析，获得诸多网络教学对传统教学与教育公平的启示，以期引起更多教育工作者和全社会对在线课堂教学的高效与公平的内涵给予更多的关注和理解。

第一节 在线课堂的人文关怀理念

公平发展是一种富有人文情怀的教育伦理发展观。教育公平是当今世界各国关注并追求的一个教育发展目标。《全球教育检测报告》里提出的全球目标 SDG4 就是：保证包容的、公平的素质教育，并为全人类提供终身学习的机会。这个目标将在 2030 年实现。[1]很显然，这个目标的实现仅仅依靠传统的学校教育与教师很难实现。21 世纪以来，伴随着全球性的课程与教学改革、教学法的创新，随着互联网和移动技术的迅速发展，高效优质的网络课堂将孩子的学习变得比较轻松、快乐、有趣，同时在促进教育公平与卓越过程中扮演着愈来愈重要的角色。本章以 Tyger's phonics 在线课堂为例来探讨对教育卓越与公平促进。Tyger(中文名字李勤骞，以下统称李勤骞老师)老师系"泰格趣拼"创始人，深圳市爱上拼英公司创始人。《五色拼读法》专利教材制作者，中国第一个自然拼读品牌——泰格趣拼(已获专利)系列产品和教材设计者。李勤骞老师钻研自然拼读十年，有着独到的教学方法。他立志要改变中国孩子传统学习英语的方式,他的目标是让中国孩子轻松与高效、开心地学习英语。

在线课堂的理念是让教与学更加平等、便捷和高效。李勤骞老师的系列课程自2016年暑假上线以来,受众人数达到数万人。2016年度获得了"跟谁学"风云老师全国第一名,2017年度获得了"每周微课"平台最受妈妈喜爱的英语老师,平台订阅量第一。学生不仅涵盖了内地28个省份,也有来自香港地区和外籍华人学员,好评率达到99%。李勤骞老师的在线课堂因为精心备课,灵活授课,直播课的参与度高达77.5%,听课率达到96.7%。(数据来自"伴节课"平台调研,如图9-1所示)。

Tyger's phonics作为优质在线课程具有一定的代表性,李勤骞老师的做法对同行乃至所有的教育工作者都会有一定的参考与借鉴价值;对于教育公平的促进具有一定的实践价值。本研究从研究者关注的维度(1)课程理念设计,(2)教与学方法创新,(3)课堂语言的组织,(4)学生的参与度、师生互动、社群服务方面来探讨网络课堂的卓越构建与公平推动问题。

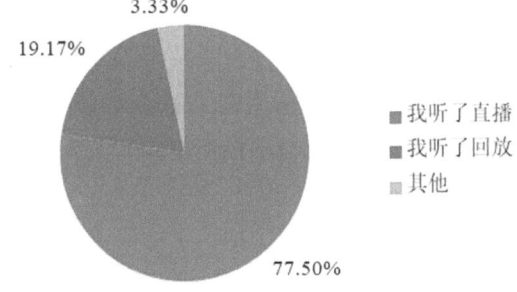

图9-1 Tyger's phonics听课数据来自"伴节课"平台

一、赋能教学:充满人文关怀的教学理念

教学设计作为对教学活动系统规划、决策的过程,包括如下几个程序:明确教学预期目标;把握学生的基础、学习动机与状态;分析学生从原有水平达到目标应形成的态度与行为习惯;考虑用什么样的方法给学生提供指导;用什么方法给学生提供反馈,考虑如何对教学的结果进行科学的评价。[2]李勤骞老师深入了解学生的需求,从备课、上课、布置作业,每个环节都精心设计、科学评估。他提出独具特色的"赋能"教学理念,关注学生中的弱势群体。

(一)"赋能"的学习模型图

信息化时代,知识更新日新月异,Empowerment teaching(赋能教学)理念注定成为时代主题。李勤骞英语"赋能"理念的核心内容不是英语的听说读写译,而是孩子成长过程中的兴趣和内在动力的解决,进而帮助孩子训练三大科学思维——结构思维、分类思维以及对比思维。这三大思维品质不仅能帮助孩子学习好英语,也能够帮助孩子们在未来的工作学习生活中建立无与伦比的想象力和创造力。同时,李勤骞老师在研究美国教育心理学家本杰明·布鲁姆(Benjamin Bloom)的"学问分类法"(Bloom's Taxonomy of Learning)的基础上,根据中国学生英语学习的困惑点提出了中国学生学习能力模型。布鲁姆学问分类法指出记忆能力是基础,学生的能力应该从记忆(remembering)向理解(Understanding)—应用(Applying)—分析(Analyzing)—评估(Evaluating)—创造(Creating)五个层次逐步跃迁。但是如何记忆是一般人面临的共性问题,李勤骞老师模型则回答了一个更加基本而现实的问题——如何摆脱死记硬背的窠臼。如图9-2所示。

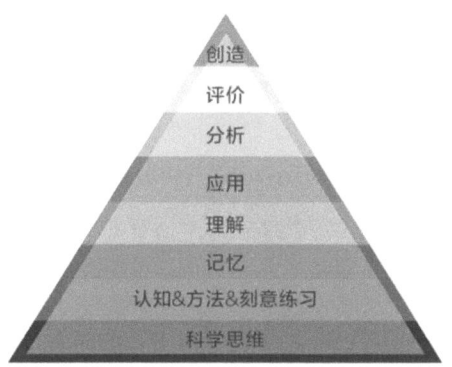

图9-2 李勤骞老师学习模型图

记忆应该由科学思维、认知和方法为基础,才能达到科学高效记忆。否则记忆则是机械记忆,单调低效无趣。这里的科学思维是指认识到英语是拼音文字,英语是一种结构语言,在此基础上要了解西方文化。李勤骞老师倡导分类思维学单词,结构思维学语言,对比思维学文化。

(二)"赋能"理念实现的三阶三体

李勤骞英语"赋能"理念通过三阶三体实现(如图9-3所示),三体指老师、家长和学生既分工又合作。具体指家长想方设法创设互动环境;老师肩负结构思维的重任;学生持续不断地学习。初级阶段:老师赋能孩子。作为老师,应该让孩子看到多元的世界,对世界的理解和观察多一个角度,多一份好奇。好的老师一定是有趣有料的老师。老师的真正职责在于能够尽最大可能激发每一个孩子的学习兴趣,创造一种"学习场",让每一个孩子被"学习场"所吸引。中级阶段:老师赋能家长。Tyger's phonics是接受过中学教育以上的妈妈可以教的自然拼读,线上线下的实践证明,家长认真听课,一样可以学好。家长的支持、配合与学习是孩子进步的重要环境支持;"家长向前一小步,孩子前进一大步"。

高级阶段:家长赋能孩子。有了第二阶段的赋能,家长对英语有了科学的认知和方法,完全可以辅导赋能孩子的英语学习。[3]

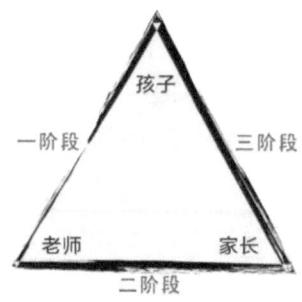

图9-3 李勤骞老师三阶三体图

作为一线教师不仅是知识的传授者,还应是知识的创新和创造者。李勤骞老师的自然拼读课程,不断升级,不断更新,与传统自然拼读课程相比,易懂高效,具体如表9-1所示。

表9-1 Tyger's phonics 与传统自然拼读比较

	学习时间	学习教材	学习方式	学习状态	学习效果
Tyger 趣拼	18个课时	泰格趣拼专利教材	美国正版软件结合学习	快乐学习	多元高效
传统自然拼读	百个课时	一般教材	书本学习	任务学习	单调低效

李勤骞老师的"赋能"理念不仅有理论基础,还有实践层面的具体操作,可行性强。它颠覆了传统英语初学者知识结构搭建的顺序:单词、阅读、写作自成一体,而不是分割式学习;颠覆了家长在孩子英语学习中的角色,家长完全可以成为孩子英语学习的引领者;颠覆了学生学习英语的效率。把传统上百小时的自然拼读课程浓缩为十八课。

(三)关注学生中的弱势群体

Tyger's phonics 不仅招收正常的儿童,也招收残疾儿童。比如有一位脑瘫女孩,李勤骞老师特别关注她,在征得家长的同意下,鼓励她在学习群里朗读英文,分享学习的体会与成功的喜悦,鼓励她点点滴滴的进步。通过 Tyger's phonics 的学习,她爱上了英语。英语成了她的优势学科,并给了孩子自尊和自信,也让整个家庭充满了幸福与温馨。

"21世纪的教育应维护和增强个人在其他人和自然面前的尊严,能力和福祉。"[4] 现代化的教育观念必须秉承人文主义教育思想与情怀,尊重生命和人类的尊严,注重个性发展,丰富情感,健全人格,给更多的弱势群体以平等的学习机会。李勤骞老师一直在很好地践行这一充满人文关怀的现代教育理念。

第二节 在线课堂:充满创意的教与学

一、快乐中学习:充满创意的学习方式

德国著名的哲学家雅斯贝尔斯(Karl Theodor Jaspers)在《什么是教育》中写道:教育的本质意味着,一棵树摇动另一棵树,一朵云推动另一朵云,一个灵魂唤醒另一个灵魂。教与学从来都是课堂不可缺少的两个方面。优秀的教师不仅应关注如何教好,还应关注学生如何学好。李勤骞老师特别关注孩子学习的效果与方法,经常分享他认为有价值的学习方法与经验,有时候还会把方法特别好的同学请到群里分享。

(一)配套软件帮助孩子在快乐中学习,及时奖励帮孩子养成科学的学习习惯

未来的课堂一定是混合式的课堂,在线课堂加自主学习软件是教学的发展

图9-4 1a游戏 cat on a mat

趋势。Tyger's phonics 采用网课和正版学习软件相配合,学习软件内容完全根据孩子们的心理特点设计,在游戏中学习,在游戏中思考,真正实现了在玩中学。软件学习采用全英方式,给孩子提供了英语学习环境,训练了孩子的耳朵,培养了孩子的语感。软件最大的特点之一是采用了美国心理学家爱德华·李·桑

代克（Edward Lee Thorndike）试误理论和学习定律，就是在是试错中学习，在孩子学习过程中给予及时鼓励刺激。根据孩子完成任务情况奖励金星或者银星，此外，李勤骞老师还根据孩子完成任务情况，给予奖励。完成好的孩子每周奖励全英的数学学习软件一个。四周分别奖励全英的加法、减法、乘法、除法学习软件，同时颁发荣誉证书。百分之九十五以上的孩子都能获得这些学习软件和证书，这些做法极大地鼓舞了孩子学习英语的信心，同时培养了孩子良好的学习习惯。软件学习如图9-4所示.

除了软件作业以外，还有线下作业，大家都完成得很积极，有些还非常有创意。因篇幅所限，略举两个例子，如图9-5和图9-6所示。

图9-5　学生Amily图文并茂学单词

图9-6　Tyger's phonics核心要点思维导图作业

（二）多种多样的学习方式帮助孩子在自我表现中学习。

李勤骞老师在掌握学生学情的基础上，精心设计教学活动，激发学生学习动机，引导学生积极自我展示。把巩固知识变为"自我表现"。或表演课文，或趣配音，或打快板朗读节分口诀，或朗读绘本，或在绘本创作中展开想象的翅膀。学生在展现自我当中学习，进步，发现不足或相互取长补短。发展学生听、说、读、演、画多种能力，在多种学习方式中让学生找到最适合自己学习的方式。另外，他还会经常创造条件，让学生获得成功的喜悦。变检查知识为"期待学生的惊喜"，比如看到厦门的 Merry 同学表演新概念课文坚持不错，就组织了一次 9 人直播的"偶来秀"，通过直播方式肯定学生、鼓励学生。后来就又建了"偶来秀"群，开展"偶来秀"打擂赛，感兴趣的孩子都可以参加。打擂的过程，其实是让擂主仔细听他人作品，语音的改变在于耳朵，而非嘴巴。打擂的本质是训练孩子见贤思齐的态度，向同学学习的态度。李勤骞老师希望通过一个作品塑造孩子"高标准高要求"，而高标准高要求是不可能靠说教的，必须让他既从同侪中感受到压力，也同时感受到动力，并且他是擂主，他有主动权。

天津姚睿同学切分单词悟到了老师的精髓，就命名"姚睿自学单词法"，[5]并把她的做法发到社群，让学生们一起来学习这种方法。孩子精彩绘本创作、表演、妈妈们的笔记、思维导图也经常出现在老师的"简书"里，或者老师上课的课件当中。通过多种方式来肯定学生并给予强化，激发学生学习英语的热情，让学生尝到学习的甜头。

李勤骞老师经常组织大家探讨学习的本质，让大家积极发言，探讨学习动机、学习情境、学习的心得体会。优质高效的课堂，应是学习之后，大家有感悟、有思考、有收获、有期待、有成长；学习之后，自信与兴趣大增，回味与感恩并存的课堂。Tyger's phonics 就是这样一个充满乐趣、魅力、感动与成长的课堂，真正体现了教育本质的课堂，体现了高质量教育公平的课堂。

三、生动的课堂语言：彰显着平等的师生关系和老师的无限创意

英国教育社会学家巴兹尔·伯恩斯坦（Basil Bern-stein）认为语言是社会事实，语言不简单是句意组合，语言的背后隐藏着一定的社会关系和文化规则。对教师的语言研究发现，教育的语言也是一种社会事实，它能彰显教师与学生之间的一种关系，能够反应教学中存在的一种现象，比如，教育公平问题。[6]"对话式"的课堂语言能够引导学生的学习兴趣、激发学生的学习动机、干预学生的心理倾向、调动学生的课堂参与度；而"裁决式"的一言堂则抹杀了学生的发言权；现实教学中，有些老师采取区别对待原则。对待优等生通常是"鼓励赞美

式"语言,对待落后生采取"讽刺批评式"语言。采用不同方式的课堂语言区别对待学生,使学生直接感受到教育不公,是教育公平问题最直接的一种表现。

课堂的语言包括有声教学语言和无声教学语言。有声教学语言主要指听觉感受到的语言;无声教学语言包括书面文字,还包括体态语言,如表情、眼神、肢体动作等[5]。李勤骞老师上课时,除了口头语言还会加上夸张的动作、肢体语言、口型以及表演。在创作英文绘本时,鼓励孩子们大胆想象,孩子们听课趣味盎然。不论是上课还是解答问题,李勤骞老师充满鼓励热情,满满的正能量,让人不敢懈怠。

教育是门科学,也是门艺术。这门艺术使得教育研究者更加关注教师的语言方式,更加关注教师是如何从"教书匠"走向"艺术家"。[8]李勤骞课堂语言生动形象、风趣幽默,让学生听了容易接受容易吸收,入耳难忘。李勤骞老师在讲名词的时候,曾经很形象的比喻,只有穿(a)戴(the)的名词,没有裸奔的名词。(当然,除了一些特殊地点名词外)。在教切分的单词时候,更是采用了孩子式的语言:一回生,二回熟,三回见面好朋友;切单词就像切西瓜,西瓜切开了就能吃,单词切开了就好记。分分切切,切切分分,无数单词,灰飞烟灭[9]。孩子在学习切分的时候,不是把学习当成了任务,而是觉得特别好玩,特别有成就感,完全走出了传统记忆单词背诵单词的误区。讲句法结构时,用了 I love you[10]赢得芳心以及电影剧本角色来探讨复杂的句法结构,以电影角色为例,使得枯燥的语法学习一下子生动、鲜活起来。如表 9-2 所示的英语一般句模型。这个模型使复杂句子简单化,同时又让每一个英语句子都处于一个情景当中,有故事、有动作、有场景,让句子变成了电影当中的一个镜头,充分调动了孩子学习英语的积极性。

表 9-2 英语一般句模型

电影	主角	化妆	动作	特效	配角	场景
	主角		动作		配角	场景
句子	主语	形容词	动词	特效	宾语	时空
	I				love	you

四、在线社群服务:拓展了传统师生交往的时空与模式

优质的网络课堂离不开强大优质高效的社群服务。社群服务是课堂的一个延伸,是师生交流、生生互动的一个平台,是帮助学生解决学习中遇到的问题,使教师的主导作用和学生主体地位相辅相成,提高学生学习效果。

Tyger's phonics 的社群服务是一个交流热闹、优质高效快捷的学习平台。这个平台主要有如下几项内容;第一,学生作业打卡平台。在这里学生上交自己

的笔记作业、表演作业、趣配音作业。通过别的家长或孩子的作业,孩子们互相取长补短。有一种你追我赶、不甘落后的精神激励着每一位学员。第二,老师点评作业、师生互动的一个平台。老师会对一些学生学习情况公开点评。对于取得的成绩给予及时的鼓励与表扬,对于存在的问题也直言不讳地指出。第三,英语学习的顿悟、收获与困惑交流的平台。大家会在这个平台开心地交流自己在某一环节学习的收获、学习感悟,也会交流自己在课外学习到学习方法、学习经验,也会很诚恳地交流自己的困惑,求助老师或者同学。第四,其他学科及育儿方面的经验方法、问题的交流。这是一个开放的平台,大家在这里不仅交流英语学科的学习,还在这里探讨其他学科学习以及育儿方面的问题。

社群服务就像是一间开放的教室。在这里大家可以放松地展示自己的才华与学识,收获与进步,困惑与问题。通过日常的交流,加强了师生之间、生生之间的互动与了解。彼此之间更加熟悉,增强了学员们对班集体的归属感,对英语学习的兴趣与热爱。

以 Tyger's phonics 为代表的优质在线课堂以其开放、灵活的学习方式在促进教育公平与卓越的过程中扮演着重要角色。一方面在共享优质教育资源、缩小教育差距、促进教育过程平等、提高学习效率方面,有着传统教育不可替代的作用。另一方面,可以创造促进全体学生参与的融合性学习环境,为所有学生提供愉悦的学习体验。同时,在线课堂淡化学生在家庭背景、民族和性别上的差异,并有效处理它们在学生学习中带来的挑战,进而帮助学生打破普通原生家庭界限,从而走向卓越。

第三节　在线学习促进教育公平的条件

第二节以 Tyger's phonics 为例探讨了优质课堂对教育公平的促进,事实上,案例分析以及一些学者的研究结果显示,在线教育促进教育公平发展,需要考虑下面几个要素。

一、技术装备

在线教育有效开展,依赖于信息技术,包括基础信息设备、计算机、手机、互联网等,"连接"是第一要义,是一切可能性的前提,直接影响在线教育是否可以开展,是否可以实施,以及学生是否能够获取教育资源、是否公平接受教育的机会。信息技术条件关涉在线教育的起点公平,即学生在在线教育的起始点上是否处于同等的信息技术资源占有状况。受我国社会经济发展的影响,教育信息化发展条件在不同的区域、学校、群体间存在明显差异,在线教育的信息技术条件在区域、学校、家庭之间表现出不均衡的现象。党的十八大以来,我国对教育信息化的投入不断加大,取得了显著成效,全国中小学互联网接入率和多媒体教室比例快速上升,分别从25%提高至90%、从不到40%上升到83%[11]。但深度贫困地区学校、薄弱学校、农村学校,由于经济社会发展相对滞后、历史传统等因素,教育信息化的"三全"任务仍在逐步推进中。不同家庭所能提供的信息技术条件不尽相同,农村地区、特别是偏远山区的孩子没有条件上网课,特别是处于网络信号比较弱和有线电视没有通达地区的家庭;部分家庭无法支付电脑、网络等相关费用,使得其孩子无法接受在线教育。

二、信息技术素养

信息技术素养是21世纪核心素养的重要组成部分。掌握不断变化的技术与在海量的信息中获取意义是个体在这个日益多样与紧密联系的世界所必须具备的基本素养[12]。毫不夸张地说,不具备信息技术素养犹如未来时代的文盲。信息素养包括信息知识、信息意识和信息技能等,要求教师能够根据教学任务主动判断学生在学习和解决问题的过程中需要什么信息,如何通过技术手段去获取和呈现信息,如何科学评价和有效利用所获得的信息。为此,教师职前教育中,应系统全面地培养教师的信息技术素养,提升教师的信息技术理念、能力;完善在职教师信息技术的培训体系,增加信息技术模块,构建"精准有效"培训模式,提高在职教师的信息技术素养。同时培养提升学生的信息素养,帮助学生在瞬息万变信息时代,如何从海量鱼龙混杂的信息中筛选、整理、利用有价值的信息,为自己的学业提升服务。只有较高信息技术素养的学生,才能更好地利用信息。处于弱势群体的学生,只有具备了一定程度的信息素养,才能获取更多的优质教育资源,弥补现实中优质资源的短缺。

三、营造绿色健康的网络环境与加强学生线上学习时间管控

教育部颁布的《教育信息化"十三五"规划》中明确提出:"鼓励学生应用网络学习空间进行预习、作业、自测、拓展阅读、络选修课等学习活动,养成自主管理、自主学习、自主服务的良好习惯,帮助青少年养成利用互联网自主学习的习惯。"[13]学校管理者需要积极引导青少年树立正确的网络学习观念,规范中小学生接入网络的动机和行为,为青少年利用互联网进行线上学习营造良好的网络环境,努力创造既绿色健康又充满活力的网络氛围,以保证互联网技术真正

服务于学生。

在线教育对学生学习的自主性提出了更高的要求,需要良好的时间管理能力、较强的自我约束能力、主动探索的学习精神。OECD的研究报告显示,互联网使用时间过长的学生所获得的测试成绩最低,测试得分最高的是互联网使用频率适度的学生,这一结论在数学、阅读和科学素养上均保持较高的一致性。[14]有鉴于此,教育决策者和学校管理者应当充分重视对中小学生校内和校外上网时间的规制和监管,引导学生正确地审视和运用网络资源,将学生学习和娱乐时间管理纳入到学生管理系统之中,以提高学校信息网络资源的管理效能,积极探索建立有益于青少年健康成长的网络管理系统。

四、家庭因素

在线教育时间地点相对灵活,家长对学生的引导与教育特别重要。在线教育对家长的教育能力、信息素养提出了较高的要求。学生作为未成年人,需要家长的引导与陪伴。家长陪同的强度与学生在线学习效果呈正相关关系,即家长陪同的程度越高,在线学习效果越好[15]。Tyger's phonics是笔者2016年给女儿报的英语启蒙课,为了听课效果,笔者陪伴孩子一起学习。事实证明,学习效果比较突出的,都是家长陪同孩子一起学习的。当时孩子班上很多家长,是比较反对网上学习的,一听说通过"游戏"闯关学习英语(其实这些"游戏"都是适合儿童探索学习的小游戏),直接否定了这么优质的课堂。家长的理念、信息素养、陪伴程度直接影响着孩子在线学习质量,影响着优质在线教育资源的传播与实现。

致谢:本章节在撰写的过程中,得到李勤骞老师无私的帮助与支持,在此表示感谢。

参考文献:

[1] 联合国. 世界范围内都在探索学而思现象[EB/OL]. http://cnews.chinadaily.com.cn/2017-05/24/content_29484486.htm.

[2] 全国十二所联合大学编写. 教育学基础[M] 北京:教育科学出版社,2008:12.

[3][9] Tyger 简书 https://www.jianshu.com/p/9591972db88d.

[4] 联合国教育、科学及文化组织反思教育:向"全球共同利益"的理念转变[M]. 联合国教育、科学及文化组织 2015:79.

[5] sunnyniu. 图-文-音简笔画学单词心得. https://www.jianshu.com/p/3e8842bef35b? utm_campaign = haruki&utm_ content = note&utm_ medium =

reader_share&utm_source = weixin.

［6］陈利平. 新课程背景下的教师课堂语言［M］. 高等教育出版社,2005.

［7］［德］海德格尔. 孙周兴译. 在通向语言的途中［M］. 北京：商务印书馆,2004.

［8］蒲彩云. 基于教师语言的课堂教学公平研究［D］. 陕西师范大学,2013.

［10］Tyger 简书 https：//www.jianshu.com/p/0b5f3ac57ed1.

［9］蔡继乐. 以教育信息化全面推动教育现代化——访十九大代表、教育部副部长杜占元［N］. 中国教育报,2017-10-23(01).

［11］张琳. 华东师范大学博士学位论文［D］. 华东师范大学,2019(11).

［12］中华人民共和国教育部. 教育部关于印发《教育信息化"十三五"规划》的通知［R］,2016-06-07.

［13］陈纯槿 顾小清. 互联网是否扩大了教育结果不平等［J］. 北京大学教育评论,2017.1(152).

［14］中国教育科学研究院课题组. 大规模在线教育的六点启示［N］. 光明日报.2020-04-21(14).

第十章 阶层流动中的教育：
一贫困家庭叔侄人生际遇考察

阶层固化是当下备受社会关注的问题。这个问题不仅在 21 世纪发达国家呈现尖锐的矛盾，发展中的中国也面临着阶层流动机会不均等的社会现实。与发达国不同的是，教育作为社会流动的通道与阶梯功能仍旧发挥着重要作用。论文以赣南苏区一个寒门家庭叔侄两代人为例，通过教育取得了较高的学业成就，实现了自己的梦想，实现了阶层流动，从而打破了阶级再生产的固化刻板印象。

第一节 写作背景与写作方法

一、写作背景

社会学家认为，阶层固化比贫富差距更伤害一个国家和民族，因为阶层固化导致的恶劣结果是富者更富、穷者更穷，社会底层很难有出头之日。[2]近些年来有关阶层固化，知识改变命运的讨论，已经从学术争鸣蔓延到街头巷尾，成为社会敏感又反响强烈的话题。对社会阶层难以流动甚至固化的集体焦虑的背后，是人们对当前社会向上流动机制的普遍担忧与不满。

不同于社会中上层，农村底层家庭资本存量的匮乏使得底层子弟向上流动之路更为艰辛。所幸的是，中国底层的农村子弟向上流动并非毫无通道，教育作为社会流动的通道与阶梯功能仍旧发挥着重要作用。出身寒门子弟如何突破家庭资本的局限，最终通过学业成就，打破阶层的壁垒实现向上流动的呢？以往的代际流动和社会分层流动研究，一般是通过量化的统计分析，用数据来告诉他们实现阶层流动的关键因素，具有一定的贡献和意义。然而，社会科学研究不同于自然科学研究，通常无法运用样本随机的实验设计，"数字既是雄辩的，有时也是苍白的"[3]，数据的背后遮蔽了很多社会事实，忽略了个体成长过程中的境遇与其复杂情感体验,而这些境遇及其情感体验正是寒门弟子成功不可或缺的关键因素。每一个个体都有独特的价值,个体的经历或遭遇有时候就是社会的产物或者深受社会的影响;"个人的亲身经历既深浅与社会结构变迁之中,同时也是社会结构变迁最真实的表征。"[4]因此,笔者认为通过叙事研究既能关注到个体的机遇情感,也能反映时代的变迁。

二、论文写作方法

论文以赣南苏区一个农村寒门家庭李家叔侄两人成长为例,来思考分析农村子弟如何实现阶层跨越的。两人都是工科背景,采取平铺直叙的方式,记录从小学到目前学习、工作状态。语言朴实、易懂,直接再现了农家子弟学业成就背后的奋斗拼搏、做自己命运建筑者的精神以及其间的曲折、辛酸与喜悦。重点围绕他们个人求学历程中的境遇,探讨了突破家庭出身羁绊,实现阶层流动的关键因素以及实现了阶层流动后生活与反思。论文中的两个案例是叔侄关系,一个70后,一个90后,两个人都通过自己的努力奋斗,取得了较高的学业成就,通过教育实现了人生的逆袭,改变了自己的人生。叔叔本科、硕士和博士分别毕业于上海、北京和深圳三所知名高校,现为一名高校教师;因为家庭经济原因,硕士和博士分别在工作几年后再读的。侄儿本、硕、博都在北京某一所著名高校就读,本科毕业后,没有参加工作直接硕博连读,博士已经毕业。为了研究的方便,论文称叔叔为Q,侄儿为Z。

第二节 Q和Z的教育生涯

Q和Z两人分别出生于20世纪70年代末和90年代初,两人的成长经历有着深刻的社会痕迹,同时由于个人的独特性,有着不同的性格与经历。下面内容来自两人自述。

(一)叔侄两人的小学教育

1. Q小学教育:父亲的教诲和老师的暖心唤醒了懵懂顽皮的我

20个世纪80年代,当时村里还没有幼儿园,我是7周岁才上的小学。由于家里经济本来就紧,父亲原本想着让我推迟一年到8周岁再上学。巧的是我家正好在村小隔壁,我们同爷爷同年龄的堂兄弟三人又天天在小学附近转悠,村小的教导主任就几乎天天到我们家来做我们父母的工作,父亲实在受不了教导主任的软磨硬泡,并在教导主任答应替我担保学费的情况下送我去上了小学。这时其他同学几乎都已经上了一个月的课了,语文的拼音都已经讲完了,数学关于数的认识也已经讲了不少,因此一年级第一学期我的期末考试成绩就可想而知了,记得当时我的语文考了20分,数学考了50分,给了我入学以来的第一记闷棍。

记得父亲收工回来问我要成绩单,我都不敢拿给他看,怕他打我。但出乎意料的是看到成绩单时父亲并没有多说我,只是语重心长地对我说:"秋儿,你也该懂事了,难道你想像爸爸一样在田间劳作一辈子,像妈妈一样两眼一抹黑吗?你读的是苦书,去读书就要有个读书的样。"父亲的话让我惭愧地低下了头,想到父母平日的辛苦和家里的窘境,我第一次意识到我读的是苦书,学习机会来之不易,我不能对不起父母亲给我交的学费,并在心里暗下决心,一定要好好学习,争取在下学期顺利考上二年级(当时实行严格的留级制度,只要有一门主课不及格,就要留级),不能再多花一年的钱读一年级。一年级第二学期开学后,我像变了一个人。由于我是家里的老小,大多农活都不要我干,一般也就是农忙时事情多一点,平时也就是帮家里放牛、砍柴或拾畜粪。因此,只要家里不要我帮忙干活,我就在家里读书或写作业,不再跟着大伯家的堂兄和堂弟到处掏鸟窝、摸鱼或瞎逛。

小学二年级我很幸运遇到了一位好老师,并因为她我开始爱上了学习。她姓朱,是我二年级的班主任兼语文老师,人长得很漂亮,很有亲和力,每次上她的课,我都特别的专心,生怕落下她说过的一字一句。关于朱老师,特别要提到一件让我特别暖心并一生都难以忘怀的事。由于家庭经济特别困难,虽然每学期学费只需要几块钱,但经常都要找熟悉的老师作担保我才能拿到新书,更不要说交其他的一些费用了,因此给我的心理难免造成一些自卑。当时学校要求我们二年级全体同学要加入少先队,每个人要交2角钱统一购买红领巾,由班主任亲自收取,而我想到自己本学期的学费都还没有交,根本就不敢跟父亲张口要这2角钱,全班同学就我没有交这个费用。因此,举行入队仪式的那天,就我没有领到红领巾,我躲在家里哭,死活不肯去上学。谁知早知这一情况的朱老师,早早来到我们家,拿着一条崭新的红领巾亲自帮我带上,并说这就是我的红领巾,我父亲已把钱给她了,让我赶快上学去。其实,我何尝不知道这是她是为了顾及一个孩子的自尊,帮我垫钱买的红领巾?为此,我一辈子都很感激她。二年级教我们数学的也是一位刚来到学校的代课老师,姓董,好在他也是一位平易近人的好老师。在朱、董两位老师的倾心教学和耐心引导下,我的学习热情被彻底激发出来,学习成绩也开始突飞猛进,并破天荒第一次被评为了校"三好学生"。自此,我的小学学习开始逐步步入正轨,并在小学升初中时,在村小升学率仅有百分之三十几的情况下顺利考入邻村的初中。

2. Z的小学形象——"花生米"：农村家庭的另类小孩

Z读小学时，家庭并没有摘掉贫困这个大帽子。由于是家里的长孙，属于溺爱长大的孩子。虽然经历了家里的困苦与艰苦难捱的日子，在小时候却是另类"花生米"的形象：白白胖胖，不劳动，属于典型的问题小孩。

在小学，同学们给我取了个外号叫"花生米"，喻指我长得白白胖胖，农活和家务活都不用怎么做，像被一层壳保护着，长在泥土里，却不用沾泥土。与电视里报道的偏远地区农村小孩需要为家里分担大量田地里和家里的工作不同，我是"幸运"的，我的家人溺爱小孩，尤其是我奶奶，碗都不会让我洗。在这样的另类农村家庭里，不出意料，我贪玩，不爱学习，放学之后总是躲在同学家里打游戏，或者在野外掏鸟窝、下河摸鱼、偷菜野炊等，作业总是没有按时完成，上课时间也经常被老师撵到操场罚站，属于典型的"问题小孩"。

与我被"幸运"的宠爱着相反，我的家庭在我小学时期是不幸的，那个时代中国农村的常见苦难我家几乎都经历了一遍。印象最深的是，父亲在广州承包工地，工程结束后，老板逃跑，大量农民工的工资，需要父亲自己还清；母亲身体不好，经常需要进城里的大医院看病；父亲有一年得结石……这些苦难给我的童年留下了大量沉重的记忆。

一辈子也不可能忘记的场景是：每到年底，家里坐满一屋子讨债的人，有认识的，也有不认识的。父亲拿着笔纸和记账的本子，跟他们商量着还他们每人多少钱，并时不时和人起争执。而母亲这个时候总是无法承受的，一年辛苦挣来的钱，全部拿去还债，没有剩下来过年用的钱。但她只能躺在床上流泪，默默承受，当我走前去安慰时，也只能无奈地搂着我。

就这样，我这个被村里人判定为宠溺坏了，不思进取的小孩，竟也学会了心疼父母（此时还小，尚未发现奶奶的重要性），体会到了一些生活的困难。当然，终究还是年龄太小，或是被家人保护得太好，我贪玩不好学的本性难改，小学成绩一直一般，但是那粒想改变命运的种子已经在心底种下，小学三四年级的时候我就开始在半夜自发反思自己行为的对错。因此，我不否认我小时候是颗"花生米"，但是是一颗经历过地震的花生米，尽管大部分压力都被花生壳挡住了，我却依然能感受到外界的震动，而这些震动为我未来的成长提供了原动力。

(二) 叔侄两人的初中教育

1. Q：负重前行，不负家庭的厚望

我家有姐弟四人，上有两个姐姐，一个哥哥，我排行最小。我升初中时候，哥哥参加中考，没有考取重点高中，迫于家庭压力，只好辍学。我是带着负疚感踏上初中学习之路的。由于初一初二老师都是代课老师，教室塌陷，合班上课等外部环境条件,再加上自己压力大,学习方法不对,成绩不稳定,后经自己调整及努力,成绩有所上升。初三时,学校配备了最好的师资,我也找回了学习的信心,成绩提升很快。家庭依旧贫困,物质的贫困并没有阻止我对美好生活的追求,反而激发了我的学习动力,赋予我了希望和力量,塑造了坚韧不服输的精神品质。家庭成员的艰辛、支持以及看似无声似有声的爱的氛围,使 Q 早早地懂事,明白生活的不易,只有学习才能改变命运与处境,只有好好学习,取得好成绩才能回报家人。

值得庆幸的是,升入初三的时候,学校新建的一幢两层新教学楼的第一层已经盖好,为了保证毕业班的教学,学校决定让我们初三年级提前搬入使用。另一件值得一提的事是初三我们遇到了一位好的英语老师,她姓王,王老师毕业于师范院校的英语教育专业,是学校唯一科班出身的英语老师,当时在我们这种农村中学这是十分难得的。通过上课,王老师很快就发现我们班的英语学习问题,她上课特别重视对词汇和语法的讲解,尤其是狠抓了我们对英语课文的背诵,从初一课文开始,一篇篇过关,毫不含糊。在王老师的严格要求和督促下,我的英语成绩有了显著的提高,我们班的英语课程的平均成绩也有了大幅度的提高。由于是毕业班,我们班的其他几门主课老师,学校也都派出最好的老师给我们任教,如我们的班主任是学校最好的物理老师,他兼初三整个毕业班的物理,另一个班的班主任是学校最德高望重的语文老师,他兼初三整个毕业班的语文,化学则由新调来的一位教学经验丰富的老教师任教,代数和几何的教学更是由学校的教导主任和校长亲自担任,遇到这么多好老师,我感到前所未有的幸福,学习劲头也比较大,成绩也在初二的基础上稳步前进,且由于迈过了英语这道坎,各次月考和期末考试我的成绩基本上都稳居年级前三名,这无疑给我中考冲击中专、中师或重点高中以莫大的信心。在所有新课结束进入中考复习冲刺阶段以后,我更是几乎把全部精力都投入学习中,在吃透教材的基础上,乐此不疲地钻研复习资料,对典型考题反复演练,迎接各种车轮战式的模拟考试。虽然家里经济情况依旧,但为了加强我的营养,妈妈每天早上要我喝一杯调和了一个生鸡蛋的热米汤,或者蒸一碗油盐饭,爸爸在闲暇之余也尽可能给我以关心和鼓励,叮嘱我学习之余一定要注意身体。

功夫不负有心人,在惶恐和焦急的等待中,终于等来中考放榜的日子,我中考 518 分(总分 600 分),全校排名第一,我终于松了一口气,这个分数至少可以上县重点高中。最终还是以超过县重点高中录取线 20 多分的成绩被录取到了县中高中部,父亲最终也兑现了自己当初的承诺,让我继续自己的读书生涯。不过,这也苦了大哥,他得跟父亲一起继续撑起这个依然贫寒的家,供我完成高中的学业。

2. Z 初中教育:"古惑仔",梦想仗剑走天涯的少年

Z 读初中时,家境已经好转,可是他却没有体会父母的艰辛与不易。因为父

亲在广东做工,不经常在家,所以初中仍是贪玩,甚至逃学,所以中考不是很理想,考上了普通高中。

到了初中的时候,家里已经从繁重的债务中走出,青春期叛逆的我竟忘记了父母的艰难和生活的不易,每天母亲不给我零花钱就不去上学。而与此同时,我国国内整体经济形势开始转好,农村家庭也可以消费得起电视机、MP3/4以及互联网(大部分还是在网吧)等新鲜却充斥着良莠不齐信息的事物,追剧、追歌和追星成了中学生的日常,天性贪玩的我自然也迷失其中,还曾偷偷用学校发的助贫补助买了一台游戏机。

另外一方面,在那个年代,农村小孩大多是留守在家,缺乏父母的约束和监督,在影视剧和网络上的不良信息引导下,大量农村小孩走上了歧途。在我的同学里,一半以上的人都留着长长的头发(俗称的杀马特造型),并给自己取了充满个性的笔名用于和异性谈恋爱,以那些老实爱学、中规中矩的同学作为笑料。此外,拉帮结派也成为大家的共识,学校里面总有几个"老大"管事,不仅可以随意殴打看不顺眼的学生,还敢公开与老师对抗(个别老师也曾被学生打伤)。在这样的氛围下,我跟风把自己打扮成古惑仔的样子,跟几个复读的学生混在一起以兄弟相称,吸烟喝酒,上课时间跑去河里游泳。

贪玩的结果是我的学习成绩跌入谷底,只有擅长的数学和物理能考及格,英语甚至只能考二三十分(总分 100 分),完全没有了可能在学业上有所成就的样子。好在幸运的是,初三时期的班主任跟父亲认识,父亲托他严加管教我。最后,在犯事和被班主任抓去教育的循环折腾下,马马虎虎地考上了本地的普通高中。

(三) 叔侄两人的高中教育

李家人和很多贫困农村家庭一样,相信唯有知识才能改变命运,所以家庭对教育价值的认同及身体力行的支持引起孩子们强烈的情感共鸣,让孩子们更加努力,想通过好成绩来回报父母,来实现家庭和个人梦想。Q 比较早地体会到家庭的艰辛与不易,属于贫困家庭懂事型的孩子,特别珍惜来之不易的学习机会,除了学习,几乎没有别的爱好。Z 到了高中,一下子顿悟、觉醒,再也不能混日子了,一定要发奋学习不能像父辈那样一辈子去"修理地球",一定要离开农村,做一个受人尊重的人。

1. Q 高中:砥砺奋斗,成绩名列前茅

Q 读的是苦书,学费是借的,生活费要靠哥哥打工支持,所以特别理解家人的艰辛与不易。因此,高中三年特别刻苦勤奋。物质条件虽然艰苦,但由于学习成绩一直位于前列,一家人满怀着希望,盼望着高考取得好成绩,上一所好的大学,这样就苦尽甘来了。

进入高中以后,我发现县中不愧是县里的最高学校,这里的老师几乎都是全县各门学科的骨干教师,他们几乎无一例外都是正规师范院校毕业,具有丰富的教学经验,即使以前在我眼里曾是次科的历史、地理等课程,上课老师也都是一等一的好手,如高一历史老师风趣幽默的上课风格到现在我都还记忆深刻。在这些优秀教师的精心教育和引导下,我继续延续初中已形成的良好的学习习惯,如饥似渴地学习高中阶段的各科文化知识,学习成绩保持优异,几乎高中三年都是稳居班上第一,即使在县中同年级的 6 个尖子班中,成绩也能稳定在前 10 名,有时甚至能够进入前 3 名。不过高中三年,虽然大哥打工已能够挣一些钱,供我读书和贴补家用,但家里的经济情况并没有明显的好转,大哥结婚、小侄子出生、新盖房子,这一桩桩事都没少花钱,经济满负荷运转,为此家里新欠了不少的外债。以我的成绩,正常发挥的情况下,上一所重点大学应该不是什么问题。

高考结束后,为了减轻我未来上大学给家庭经济带来的负担,父亲和哥哥都建议我报考军校,父亲建议我报考军医大学,哥哥则建议我报考国防科技大学。然而,由于学习成绩在全校名列前茅,我并不甘心去读军校,眼里只有北大、清华、复旦和中科大等一流名校,因此固执己见,高考志愿提前批次的军事院校和师范院校一个都没有填报,而在重点批次一志愿填报了一流名校里学费最低的中国科学技术大学,二志愿则填报了地处京城的另一所热门院校北京航空航天大学。然而高考成绩下来,我的成绩远没有预期估计的高,虽然仍比当年江西省的重点院校批次录取线高 40 多分,成绩还算很不错,但按往年的录取情况,一志愿要上中国科学技术大学显然难度不小,而作为地处京城的一所热门院校,北京航空航天大学一般一志愿就能招满,二志愿报考希望渺茫。果然,重点院校批次录取完毕,我都未能收到自己的录取通知书,直到 8 月中旬,才收到上海铁道学院的录取通知书。当时我失望之极,一度动过放弃上大学重新复读来年再战冲刺名校的念头。

2. Z 高中生活:"拼命三郎"——不服输不怕输的牛犊

高中是 Z 人生最重要的转折点,三年的光阴把他从玩世不恭的少年变成了一个积极向上、有理想有抱负的青年,并成功考入国内顶尖 985 高校。如此大的变化,来自于自身、家庭、老师和同学四方面因素的共同作用。下面是 Z 从四个方面讲述了高中生活的经历:

在中考成绩刚出来的时候,发现我只能上普通高中,重点高中需要花钱择校,家族里就有人开始议论(脸上挂着一丝不屑),说我也就这样了,在普通高中不可能考上好大学,没法跟我叔叔比(我叔叔是家族里第一个考上大学的,而且是在省重点中学读的高中)。这些闲话让我第一次切身体会到人情世故的冷漠,也使我第一次开始真正下定决心要考上个好大学。后来,进了高中,第一学期的英语老师很年轻,兴许是受了刺激,在课堂上与班里一个女生吵架时,无意说了一句:"这是普通高中,不是打击你们,大部分同学最后都得回去修地球(暗指种田)。"当时我就心里一震,难道我在周围人眼里已经和朽木画上等号了吗?自此,我开始发疯了似的学习,每天不午休,一日三餐只给自己二十分钟时间(包括教室和食堂往返,因此一下课就冲过去食堂的,避免排队),课间十分钟也在坚持看书做题……繁重的压力和严重缺乏睡眠使我脸上几乎布满了青春痘,头发凌乱且油腻,不认识的同学见到我都想躲开(高中同学回忆时所说的)。

家庭方面,父母因盖房子又欠下大量债务,他们每天都不顾风吹日晒地加班挣钱,只希望早日把债务还清。虽然,此次家里的债务问题没有童年时期那么严重,但是在我内心深处的那粒想改变命运的种子却因此发芽,我暗自发誓要给父母一个不再需要担心钱的生活。另外一方面,叔叔小孩在我高一那年出生了,从小照顾我饮食起居的奶奶需要过去照顾比我更小的妹妹。我回到家里的感觉突然完全变了(惭愧,这才意识到每天陪伴我照顾我的奶奶如此重要),父母在外地没回来时,我甚至自己吃的饭都做不了,衣服也没人会帮我收拾。在这样家庭环境的变化下,我仿佛一下就懂事了,更加坚定了学习以自强的信念。高三下学期,母亲从广东辞工回来,特意照顾我。每天中午从家里做好饭骑车送到学校,全是做的我爱吃的饭菜,以加强营养。

老师方面,高中时期我遇到的可谓都是良师。三个班主任老师也都很负责,学习上鼓励我们不畏困难、积极上进,生活上和我们打成一片,跟大哥哥一样。而在所有老师中,最让我感动的则是我高中的生物老师,她是一位经历丰富且和蔼可亲的老师,在我因为满脸青春痘不自信的时候经常安慰和鼓励我,还在学校没有明确支持的情况下,一个人带着我去省会城市参加生物竞赛(用她自己的话说,进复赛了,就过去试试,说不定就成功了)。

同学方面,高中遇到了一群志同道合的朋友,他们都爱好学习,且相互竞争,使整个同学圈子里充满了活力。记得最有趣的两个事情就是,我和我的妻子分别代表男生和女生争夺全校第一名的位置,我们俩的爱情故事也从那时发芽;另外一个就是,高二班主任刻意把我和与我竞争最激烈的同学安排成同桌,致使我俩总是暗地里较劲谁做题快,谁辅助书籍看得多,成绩在那段时间突飞猛进,而这位同学也成了我这辈子最要好的兄弟。

(四)大学至今学习与工作

1. Q大学依然刻苦努力,充实却精彩

本科毕业后回到家乡铁路局工作,2001年考取北京航空航天大学攻读研究生。2004年到上海航天技术研究院工作,2006年回到家乡一所师范大学教书。2010年,考取深圳大学ATR国防科技重点实验室攻读博士学位,2013年顺利毕业,回原单位工作。

　　大学阶段的学习,我不敢有丝毫的放松,依然延续着高中阶段的学习状态,每天的生活几乎都是宿舍、教室、图书馆三点一线,单调而有规律,大学四年成绩在整个专业一直都是名列前茅,多次荣获校一等和二等等奖学金,在大二即以优秀的成绩通过了大学英语六级考试,是当年全校唯一一个优秀者。大学生活远比中学要丰富多彩,大学生除了学习,还有社会交往、团队协作等其他多方面的能力需要培养。由于不善言辞,性格内向,且好静不好动,学校和院系各种社团的纳新我一贯敬而远之,校院各级组织的各种演讲比赛、足球和篮球班级对抗赛、大学生艺术展演等活动我也一概插不上手。为了不至与丰富多彩的校园生活格格不入,周末我也曾积极参加学校的交谊舞会,期待借此场合能够结交一些异性朋友,或参加学校轮滑协会的培训,期待能与同学们有更多的共同话题,但这些尝试往往也是以失败告终居多。这也是某种程度上促使我把更多的时间都放在了学习上的原因之一。此外,放弃这些后来我所认为的无谓尝试的另外一个重要原因,则是我经济境况的依然窘迫。毕竟学校地处上海,各方面的生活开销远非我高中所在的小县城所能相比,高中一个月的生活费一般也就 50 元左右,家里每月给我寄 200 元生活费,加上学校每个月发放的 43.5 元补助,一个月满打满算也就 240 多块钱,而我每个月光吃饭就要花去 210 多元,每分钱都要算计着用,根本无力支撑我大学的社交等其他各种开销。我无法埋怨家里,因为为了保障我上大学,哥哥外出打工时轻易都不能折腾,屈就在别人手下以求得一份不高但稳定的收入,一个月 200 元几乎是家里能够给我的生活费的上限,我唯有努力学习以期获得奖学金,平时通过家教、卖报、打暑假工等勤工俭学手段来贴补一些生活费用。毕业后我被分配到了地处家乡的赣州电务段,成为一名普通的铁路职工。于 2001 年本科毕业三年后顺利考取了京城 985 名校北京航空航天大学的硕士研究生,终圆了自己的名校梦。当时读的是自费生,要交一万多的学费。无奈,只有向银行贷款了。读研期间,主要靠自己的努力来维持日常生活开支。从研二开始,跟着自己的导师做项目,每个月老师会给自己 500 元的生活费。至今仍然感激老师的帮助,让我安下心来看书学习、做项目,不再为生计而发愁。2004 年研究生毕业后,分配到上海航天技术研究院,两年后调到现在的工作单位。虽然在高校工作,但是每个月工资也仅仅 2200 多元。2006 年结婚,2007 年才还清读研时候的贷款。

　　在上海工作的两年,也没有多少收入。结婚成家买房子,2008 年大宝出生,这些事情都需要花钱。而大哥也在 2008 年建新房,所以也没有多余的钱资助家里。哥哥为我上学付出了很多,在他们需要钱的时候,却心有余而力不足。2010 年,来到深圳大学攻读博士学位,并顺利评上高级职称,成为一名高级知识分子,至此我的阶层奋斗旅程方告一段落。

2. Z大学至今学习,90后农村"非主流":逐步融入城市群体

Z在读大学时,家庭经济状况已经大有好转,每月的生活费早已不成问题。面临的主要问题是如何融入班级集体。也曾经努力尝试各种办法,最后还是靠自己的努力和勤奋得到大家的认可与喜欢。

在进入大学之前,我一直自认为自己是一个适应能力很强的人,然而进入大学后,却碰了一鼻子灰。我记得在我所在的小班里,30多名同学只有两名来自农村,而整个学校来自农村的学生比例可能也不到20%。这样低的比例,使我成了一个"非主流",开始总是无法融入同学中去。

大一那年可能是我最想融入同学之中的一年,尝试了各种方式。第一我是通过班级正式活动,想融入班集体。满怀信心地参加学院演讲比赛,我写了一篇感恩父母的稿子上去演讲,辅导员和台下的同学们只在我演讲结束后才满脸尴尬地为我鼓掌,而其他参与比赛的同学的演讲过程却高潮连连,台下的同学们听得津津有味。赛后我郁闷了很久,原来自己是这么无聊的一个人,演讲只能讲父母、讲理想这样老调重弹的话题,不像其他同学能讲科技、讲文化、讲艺术。第二想通过非正式群体活动——玩电脑游戏和室友建立链接。我每天晚上自习回来都陪着室友一起玩,但是无奈中学时候根本没接触过,玩的远没同学们好,因此总是会被同学拿来开玩笑。又一次尝试失败,郁闷了很长时间,自己连游戏都玩不好。第三想通过非正式群体活动——和同学们聚餐找话题。每天吃饭和同学们一起去,听他们聊什么,然后尽量和他们聊到一块。然而,还是失败了,记得最深刻的一次是,我跟一个大班里的两个"红人"一块吃饭,他们在聊各自高中的生活,我突然找到可以插话的地方了,也聊起了我的高中生活,告诉他们我所在省份高考如何激烈,我们考上大学有多难。谁知,其中一个同学打断我说话,并说了一句"有这么难吗,天天那么拼,这就是你变得这么憋屈的原因吗?"我顿时脸红,想找个地洞钻进去。随后我又尝试了无数次,失败多于成功。如果班级成员有五种类型,"受欢迎者""受争议者""受忽视者""受孤立者""受遗忘者"。那么我就是"受遗忘者"。最终,我的自尊心撑不住了,我放弃尝试了。

时间到了大二,我意志开始有些消沉,除了学习基本不参与社交,性格变得极其内向,甚至开始了一段网恋以找心灵寄托。而所幸的是,这个时候,大学努力了一年的那些同学有一小部分也成了同学里面的"红人",我看到了希望,并开始研究他们成功的秘密。最后,在一个行事"我行我素",专攻游戏开发并成功设计了一些小游戏的同学那里找到了答案。是的,答案就是做好自己,只要自己足够出色,自然会有人和你做朋友。因此,从那之后,我开始发挥我的专长,我来自农村,其他的不会,但是高中三年的历练让我有足够的耐力坐在教室里学习,我开始天天自习,把课程学好。久而久之,同学们在课程学习上只要有

问题就找我,甚至在期末考试前,宿舍挤满人听我讲题。最后,我是靠自己出色的学业成绩,慢慢地被同学们接受了。

到大学后两年,跟我一起去自习,已经成了爱好学习的代名词。而且在这两年里,我找到了几个固定一起自习,一起学程序设计的同学(我本科是计算机专业),他们成了我的好朋友。和他们相处,我终于不用找话题,无论说什么他们都愿意与自己交流,我也就慢慢找回了原来的自信,了解的新事物和新知识越来越多。最后,在毕业交流会上,我眼圈湿润了,因为有七成的同学回顾大学经历时,最感谢的同学里有我。虽然我知道他们可能是随口说出,但是我依然感觉很满足,至少我觉得我的大学是有意义的。

大学毕业,我成功保送本校攻读博士学位,接下来的日子在学习方面,我已经和城里出来的孩子几乎无异。我和他们共同讨论着学术问题,一起做实验,一起做项目,用着一样的仪器和设备,发表着水平相近的学术文章。这段的成长历程与大部分博士类似,在这里就不再赘述。

最后,如果用我自己的话总结我的成长之路,那么就是曲折和百味。我曾成绩跌入谷底,玩世不恭;也曾努力学习,奋斗不已。我体会过家庭苦难,体会过人情冷暖,也体会过无法融入群体的痛苦。最终,通过努力调节,找回那个阳光向上的自己。根据叔侄两人以上的自述,下面进行分析和小结。

第三节　分析与反思

一、第一代大学生对原生家庭产生的影响

出生在20世纪70年代末和90年代初的叔侄两人,通过自己奋力拼搏实现了高学业成就,实现了阶层的跨越。Q作为家族的第一代大学生,对原生家庭诸多方面产生了重要的影响。比如提升了家庭在邻居中的影响力以及在村子里的地位。村里有个习俗,哪家来客人了,都会叫邻居陪客。原来因为家里穷,别家来客时候从不会叫他父亲。Q考上大学后,经常有邻居叫父亲喝酒了。有一次父亲酒后对Q说,谢谢他。父亲自己觉得是沾了儿子的光。

第一代大学生,对家族文化的影响巨大。Q考上大学后,家族里的其他成员因为Q带了一个好头,对考大学充满了希望,考上大学的人数远远超过村子的一般家庭。Q是家族里第一个考上本科,攻读博士学位的。在Q于1998年考上大学后,家族其他成员陆续考取大学和博士研究生。堂弟2001年考取一

所 985 高校;2009 年,外甥女考取本省师范大学;2010 年侄儿考取部属 985 高校;同一年,堂妹考取本省一所 211 高校;2015 年,外甥考取省属重点师范大学。2016 年,堂兄的儿子考取上海一知名高校。因为 Q 对各理工科高校的专业设置、录取分数比较了解,家族这些成员的高考志愿都是 Q 指导填报的,以他们的分数都上了与之匹配的大学。第一代大学生对原生家庭的影响如图 10-1 所示:

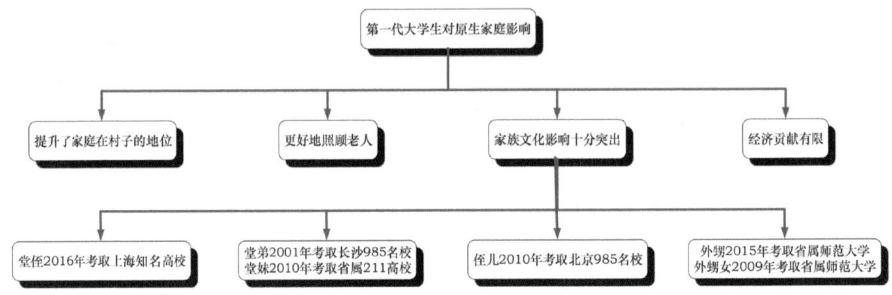

图 10-1　第一代大学生对原生家庭的影响

本科毕业后,堂弟和堂妹先后进入国企工作;外甥和外甥女在当地中学和幼儿园工作;侄儿今年博士毕业,因为所学专业和华为公司一研发部门所需专业比较契合,进入华为公司做研发工作,第一年年薪 135 万,以后会有分红,收入更高。堂侄学的是海运专业,因为疫情原因,没有出海,在为考研做准备。总的来说,家族考上大学的,都找到了较为理想的工作,过上了接受教育后更美好的生活。

另外,因为就在自己家乡工作,更好地照顾老人。平时每个月回家一次看望老人。今年 Q 母亲生病,本来老人在老家住,考虑到在市区医疗条件更好,就把母亲接到家里照顾。在经济方面家人曾经对他寄予厚望,希望毕业后能更多地反哺家里。事实上由于现实的原因,自己收入有限,成家、买房、育儿,在经济上帮助家里十分有限,只有在哥哥建房子时候帮助了一些。这些也是 Q 觉得内疚的地方,没有在经济上提供更好的帮助。

梳理两人的教育生涯以及日常的沟通交流,从中可以得出他们实现跨越的关键因素、条件及局限,整理分析如下。

二、通过教育实现阶层跨越的关键因素与条件

(一)特有的家庭文化是寒门子弟突破社会阶层束缚的原动力

Q 和 Z 是赣南客家人,客家人具有勤俭奋斗、崇文重教的族风和家风。罗香林在《客家研究导论》中撰文论述了客家的崇文重教。在赣南地区,崇文重教

这种共识不分贫富贵贱。从广泛流传的民谣谚语可见一斑。如："有子不读书，不如养大猪"；"山贫瘠栽松柏，家贫好读书"；"讨食也要教子弟读书"[5]。所以从父母的责任和认知来看，家里虽然特别困难，还是想尽办法支持爱读书的孩子。

与中产阶层相比，寒门子弟的家庭文化不在于书架，不在于父母的文化程度及日常有系统有计划的教育，而是常蕴含在日常生活中。Q说父亲文化程度不高，但是他常常告诫孩子，只有读书才是穷人家孩子唯一的出路。考不上大学，就要一辈子"修理地球"（即在农村种田）；只有好好读书，才能让人看得起，才能在村子里，在家族中抬起头来。在他看来，父亲只有读书是唯一出路的思想深深地影响着他，指引着他。另外，父亲曾当过村里的小组长，发生的一些账务往来（包括家庭的借款），通常会整整齐齐地记录到一个专门的本子上。这些都深深地影响着Q的学习与做人，Q在学习方面学会了有条不紊地整理自己学习内容，做事有计划有目标；小学、中学时代的成绩册至今还保存得完好无缺。

Q在20世纪90年代考上大学，当时农村孩子考上大学的极少，对于侄儿的影响还是很大的。Z在5、6岁时，有人问他到长大后去哪里读书，当时（叔叔）在上海读本科，他说"我要到上海读书"；后来叔叔到北京读硕士时候，有人问他，去哪里读书，他说，"我要到北京读书"。当时大家都把这个孩子的话当作一个笑话，不曾想今天Z本硕博连读的学校就是Q攻读硕士时的著名高校。要到大城市读书的种子，早早在幼童时期已经萌芽。另外，叔叔的成绩一直都是名列前茅，邻里通常会对两个人做比较，这些又刺激着侄儿敏感的自尊。

Z是中考后邻居的议论和闲话让他第一次开始真正下定决心要考上个好大学。从而在高中三年争分夺秒，连吃饭时间都精确到分钟。Q考上大学无形的影响，以及外界的刺激，激发了Z的学习动力和斗志。

乔纳森·特纳将文化资本定义为"那些非正式的人际交往技巧、习惯、态度、语言风格、教育素质、品味与生活方式。"[6]本文中寒门家庭特有文化包括：家庭里父母的接人待物方式，父母日常的叮嘱与唠叨，父母对教育的重视与渴望，父母操劳的艰辛，家里捉襟见肘的生活，邻居之间不怀好意的议论甚至亲戚的小看与轻视，邻里或者亲戚温暖相助都会转变为父母的告诫或者自己的觉悟。这些日常场景通常成为他们发奋努力的原动力……这些底层的生活境遇也容易激起他们"出人头地"的渴望：摆脱底层生活的困境，获得有尊严的工作或社会地位，激发他们前所未有的斗志。

（二）老师是寒门家庭子女实现社会阶层跨越的重要他人

寒门子弟能够突破社会阶层束缚，实现社会阶层跨越，老师是不可或缺的重要外援，老师的帮助在很大程度上弥补了寒门子弟家庭资本的匮乏。Q谈到,小学二年级遇到两位好老师,Q 的学习热情被彻底激发出来,学习成绩也开始突飞猛进。初中时候,他遇到的老师都是爱才惜才的好老师,连续三年都是班里班长。老师希望让他当班干部,能够巩固他的学业成绩,同时锻炼多种能力与素质。高中就读的省级重点中学,师资属于全县最好的,并且得到诸多老师的鼓励与欣赏,有很多辅导资料买不起,都是借阅老师的。这些鼓励与帮助成为他更加努力的动力。

Z 初三时的班主任,是父亲的同学,关键的一年,严格要求他,给予他很多帮助和自信。到了高中,他认为遇到的都是良师。其中,三个班主任老师都很负责,有些学科优势很明显,课堂上无法满足他的水平,老师还会经常照顾他给他开小灶。而在所有老师中,最让他感动的则是他的生物老师,自己拿钱带他去省城参赛。老师通过语言暗示、借阅资料、图书,让他们做班长,课后补课,参加比赛等方式向好学的寒门子弟倾斜,给他们更多学习机会,很大程度上弥补了家庭资本的不足,是寒门子弟成才的重要他人,是寒门子弟实现社会阶层跨越的重要力量。

(三) 目标是寒门子弟打破阶级再生产的重要推动力量

寒门子弟能够通过教育突破布迪厄所预言的阶级再生产怪圈,因为寒门子弟真切地体会到贫困的限制,目睹了父母的艰辛,走出农村成为他们奋斗的目标与方向。王宁在其研究成果——《目标导向与代际社会流动——一个能动性的视角》一文中认为,即使是在社会常态期,低阶层子女也有可能通过发挥能动性,在家庭内生资源不足的情况下,借助对外生资源(如义务教育等公共资源)的充分利用,实现对父辈阶层地位的超越。这种能动性发挥的根源之一,在于他们的行动具有了更远大的目标导向性,即:确立了更为远大的人生目标及规划(未来取向的文化)[7]。人生的行动目标并非一开始就很明确,而是随着年龄的增长、社会的变迁、外界的影响以及一些偶然的机缘巧合,逐渐变得明晰。对于寒门子弟来说,尤其是这样。一个家庭中,如果有人考取了名校,对于一个家族的影响也是很大的。Q 考取大学后,几年后,堂弟也考取了一所 985 高校。而 Z 在 5、6 岁时,就说要到叔叔就读的上海(后来说去北京)读书,当时大家都把这个孩子的理想当作一个笑话,不曾想今天 Z 本硕博连读的学校就是 Q 攻读硕士时的著名高校。要到大城市读书的种子,早早在幼童时期已经萌芽。

(四) 寒门家庭子弟后期努力改变"起跑线"的位置

海克曼(James Heckman)提出的教育投资回报与年龄的关系曲线清楚表明教育投资回报最大的是早期和学龄前的智力开发。Q 和 Z 幼年时期,都面临家庭经济的贫困,家庭没有条件进行教育投资。家庭经济的落后使得寒门孩子过早地输在起跑线上,但这并不意味着一定会输在终点。Q 自己回忆说,幼年身体也不好,3 岁才会走路,说话又比较晚,7 岁还没有上学,因此,很多邻居都觉得他不是读书的料。

Z 出生在 90 年代初期,村里依然没有幼儿园,也没有接受过幼儿教育,小学阶段家境仍然未摆脱贫困,当时解决家庭生计仍是大问题,两代人的父母都根本无暇顾及孩子的早期教育。李家叔侄早期教育缺失具有寒门子弟家庭教育的典型特征,父母大多忙于日常的生活琐事:除了家人的生活起居,还要下田劳作,抑或异地做工等面临生活和工作的压力,导致陪伴孩子的时间有限,根本没有能力投资孩子的早期教育。Q 和 Z 从来没有上过补课班,完全依靠自己后来的心无旁骛的坚持与洒满了汗水的努力取得较高的学业成就。Q 懂事较早,从小学二年级开始发奋努力,中间经历过挫折,成绩慢慢好转,初三时候以全校第一名的成绩考入县级重点中学。高中三年,学业名列前茅,考入上海一所知名高校。Z 则从高中开始发奋学习,成绩遥遥领先,并考取北京一所著名高校。

(五)寒门子弟自然放养式的家庭教育模式导致融入城市群体的困难

安尼特·洛罗(Annette Lareau)是研究家庭志的权威学者。她提出了两种父母教育模式:一种是精心栽培型(concerted cultevation)和自然放养型(natural growth)[8]。而父母的教育模式是由父母阶层地位所决定的。这种家庭教育模式在我们国家也存在。富裕、高知的父母采用精心栽培方式教育孩子,对孩子教育从备孕开始,就开始谋划,进行各种胎教、饮食营养搭配等。孩子很小的时候就有意识有计划地培养孩子的认知能力、社交礼仪和文化素养、各种兴趣特长等等。自然放养的教育则是任由孩子的发展,让他们更多地凭借自己的天分和运气。父母不太干预孩子在学校的表现,也没有什么长远计划。很少密切关注孩子的表现,缺少对孩子鼓励,更谈不上平等协商。精心栽培型教育关键词有:温暖、培养、主动的关怀……总的来说精致用心,拥抱多于巴掌,关注孩子的情商和交往能力的培养。自然放养式教育关键词则是:放任、责骂、抱怨、偶尔被动地关注孩子的成长,总的来说教育方式简单、粗暴,巴掌多于拥抱。林晓珊教授在《境遇与体验:一个阶层旅行者的自我民族志》中回忆自己年少时候,接受的也是父母"恨铁不成钢"的打骂式教育。"不过,打在手心里的鞭子都变成了我的求学动力"[9]。家里大多关注孩子的考试成绩,至于社交礼仪、情商发展以及兴趣特长培养则完全被忽略。

自然放养型教育的后果是,寒门弟子人际见识有限,交往能力较弱,缺乏兴趣特长,更重要的是很难融入大学班集体或者需要更长时期被同学接纳。Q 和 Z 都遇到了融入城市群体困难的问题。Q 一直都未融入大学班集体,主要是当时是城乡二元对立的社会;再就是当时家庭十分贫困,缺乏交往的经济资本。Z

在大三时候终于融入大集体,主要原因在于当今社会更加开放融合,和同学交往的候更加自信。

不同阶层父母采取的教育方式导致的情感、社交、艺术特长等方面的阶层鸿沟,在儿童成长之初就出现端倪。自然放养型教育方式导致子女社交、情商和特长等方面的弱势,一旦定型,终身都很难改变。虽然不能否定后期的干预和学习,但是需要付出更加艰辛的努力,经历更多的波折,体验更多的酸楚。这是当今社会作为父母实施家庭教育时候应该注意的问题。

(六)个人的成长镶嵌着社会变迁的烙印,同时也是个人选择与努力的结果

每个人的成长都是社会时代发展的产物,同时反映着时代的发展与变迁。Q青少年时代,还是农业社会,城乡二元对立的社会,农家子弟考上大学是农家孩子唯一的出路;大学毕业国家包分配,家庭资源在这个方面起着很大的作用;处在"前喻文化"时期,学校主流文化起着重要影响。Z经历的社会是一个逐步开放、多元、公平的社会,处于"同喻文化"和"后喻文化"时期,同伴同学对个人成长起着重要的影响,曾经受到信息多元化带来的非主流文化的影响。

1. 叔叔经历:社会资本匮乏导致寒门子弟多走弯路

社会资本是指是指个体或团体之间的关联——社会网络、互惠性规范和由此产生的信任,是人们在社会结构中所处的位置给他们带来的资源。具体包括家庭、朋友、邻居和熟人这些非正式关系,也包括对社会团体、志愿者协会等组织的参与。社会学当中,与家人亲戚以及亲密朋友之间的关系称为强关系,与一般社会结交朋友称为弱关系。相关研究表明,受教育程度越高的群体,会拥有范围更广、程度更深的社会关系网。不仅具有较多的强关系,因为其朋友圈更大,还拥有多元的弱关系。弱关系同样有助于促动社会流动,提升孩子们的学习成绩以及未来的职业发展。相反,低阶层群体往往称为社会关系的孤岛,很多方面缺乏帮助与指导,走了很多弯路。

每个人的成长与人生机遇既有必然性又有偶然性。不甘命运安排的寒门子弟想要做个命运的建筑者,同时因为家庭资本的匮乏,在人生的紧要处,却又无能为力。有三件事情让Q的人生产生重要的影响,却无力改变。

其一,Q与中师擦肩而过。在当时,能考取中师,是很多农民家庭的梦想。因为能走出农门,早早减轻家庭的负担。

其二,正是由于社会强弱关系都很匮乏,所以Q在报考大学、专业选择、大学生活的规划、就业方面没有人提供参考意见,所以走了弯路。以Q的考分能考取同济大学等一批名校最终却被一个二本院校录取,而且还报了一个就业面很窄的专业。主要是因为当时的社会和家庭条件所限。首先当时报考志愿时不知分不知位,填报志愿有很大的运气成分。Q所在高中班级,有个同学考

的比他低了10多分,被北京大学医学部录取;Q高考当年有些知名高校第一年并轨招生,分数较低,学费很高。家庭条件较好平时成绩并不特别突出的同学就报了这些学校并被录取了。Q报考中国科学技术大学原因是知名度较高,同时收费很低。如果家庭条件允许,同样可以报考那些收费并轨的知名高校。另外,由于家人无人指导,所以才填报了一个很受限的专业。

其三,就业的遗憾。毕业时,因没有钱交跨铁路系统费,就签约了南昌铁路局。后来,由于专业综合成绩比较优异,英语较好,被北京的铁道部直属事业单位铁道科学研究院录取,但也因为无力交出上千元的违约金而最终作罢。

2. 侄儿经历:社会多元开放,面临更多选择

Z求学时期,社会发展越来越多元、开放,高考志愿填写更加人文化。Z填报志愿的时候,知分知位,知道在全省的排名。当时纠结于西安和北京两所著名985高校。由于工科出身的叔叔很清楚各名校专业的排名以及社会急需的专业;另外有4个平行志愿填报,这些都是很有利的条件。所以在填报时候,能科学地分析各高校的利弊强弱,最终填报了北京某著名985高校的最强的专业,也是社会急需的专业——计算机科学技术专业,后面选取了计算机信息安全方向。这些有利条件帮助Z第一志愿录取成功。Z博士今年5月份已经毕业,年薪135万元。即将从知名院校毕业,一个好的专业,一份收入不错的工作,足以可以让父母现在的生活改善很多,这和Q大学刚毕业时的境况不可同日而语。

互联网+时代为寒门阶层提供了相对更加公平的学习机会。然而需要警惕的是有同样的机会网上学习,并不意味着可以获得同样的收益。美国社会学家埃丝特·哈吉塔(Eszter Hargittai)的研究表明,高阶层的父母及孩子上网更多关注教育、工作、政治、时事新闻、健康、社会参与等,而低阶层父母及孩子更多关注网络的娱乐和消遣功能。[10] 换言之,高阶层在以促进社会流动的方式来使用互联网,低阶层对互联网的运用通常不会促进社会流动。高阶层的孩子具备检索、筛选、处理网络时代的重要能力,掌握了更复杂数字信息处理技巧,更有能力收获当下数字化经济和社会的红利。而低阶层的孩子缺乏数字时代的信息处理能力,无法利用互联网增加他们人生升迁的机会。如何把握利用好互联网改变人生的机会,仍然需要通过教育与学习。

每个人的成长经历都是时代的缩影,反映着社会的变迁与发展,每个人的成长都是自己主动选择的结果,具有独特性而不可复制。随着社会的发展,虽然成功的标准逐步多元化,然而教育在改变人们社会阶层流动中仍发挥着不可替代的作用。寒门子弟想要改变自己的命运,教育仍然是重要的途径。

参考文献：

[1][8][10][美]罗伯特·帕特南著，田雷、宋昕译. 我们的孩子:危机中的美国梦[M]. 北京：中国政法大学出版社, 2017年.

[2] 为何努力工作却不能出人头地[N]. 人民日报, 2015年3月31日.

[3][4][9] 林晓珊. 境遇与体验：一个阶层旅行者的自我民族志[J]. 中国青年研究, 2019, (7)：15-23.

[5] 李丽云. 赣南地区客家教育研究[D]. 陕西师范大学硕士论文, 2007：17.

[6] 乔纳森·特纳著，邱泽奇译. 社会学理论的结构，北京：华夏出版社, 2001年.

[7] 王宁，马莲尼. 目标导向与代际社会流动——一个能动性的视角[J]. 山东社会科学, 2019, (4)：50-60.

第四篇
高等教育补偿政策趋势与展望

第十一章 我国高等教育补偿：现状、困境与反思

第一节 高等教育补偿政策梳理以及特质

一、我国高等教育补偿政策梳理

从前几章节内容，我们了解了国家政府部门近年促进高质量教育公平所做的努力。近年来，为缩小区域差距，进一步推动高等教育入学机会的公平，政府先后颁布了一系列的政策和措施。笔者将弱势群体高等教育补偿政策，按实施的先后顺序梳理如下：

（一）公费（免费）师范生定向生招生计划

为了提升中西部地区师资力量，进一步促进区域间教育公平。2007年我国政府决定在教育部直属的六所师范大学实行免费师范生定向招生计划。从2007年秋季起，北京师范大学等六所部属师范大学实施师范生免费教育。江西省政府从2013年秋季开始，在江西师范大学推行本科师范生免费教育。福建省政府于2015年开始在福建师范大学、闽南师范大学等院校推行免费师范生教育。2018年3月，免费师范生定向生招生计划改成公费师范生定向生招生计划。

（二）支援中西部地区招生协作计划

为了贯彻落实十七大关于促进区域协调发展的要求，进一步促进高等教育入学机会公平，教育部决定从2008年起，开始实施"支援中西部地区招生协作计划"。该计划具体是指国家专门增加高教资源相对充裕、录取率相对较高的省份高招计划，在不降低本省高考录取率前提下，面向高教资源匮乏且高考录取率较低中西部省份招生。旨在为中西部学生提供更好的教育机会，促进高等

教育入学机会的公平。

（三）重点高校面向中西部地区的自主招生计划

为保障农村学生考取重点高校的机会，从2012年起，一批知名高校开始面向偏远落后农村学子施行高等教育机会补偿制度。从2014年起，清华大学、浙江大学、南京大学、中国科学技术大学和西安交通大学等学校更加倾向贫困边远地区招生，共设600多个名额，一些乡镇中学也在名单范围之内。[4]各高校自主招生计划实施情况具体如表11-1所示。

表11-1 重点高校农村自主招生计划

高校名称	自主计划名称	计划执行年份
清华大学	自强计划	2012
北京大学	筑梦计划	2015
中国人民大学	圆梦计划	2012
	校长直通车计划	
南京大学	励学计划	2015
复旦大学	腾飞计划	2014
中国科学技术大学	自强计划	2015
西安交通大学	自强计划	2012

（四）农村贫困专项招生计划

为促进教育公平，国家落实新阶段扶贫宏观战略布局，从2012年开始实施农村贫困专向招生计划，主要针对集中连片特殊困难地区的考生，在普通高校的招生计划中专门安排适量的名额，实行定向招生计划。从2012年开始招生至今，实施十年来，国家政府根据实际情况，对招生规模、招生地区、招生高校、专业投放、报考资格、专业转换、户口迁移等方面不断进行修正和调整。报考方面审核更加严格，入学后管理更加人文化，招生规模逐年扩大。具体如图11-1所示。

（五）异地高考政策

随着城市人口的大量流动以及大量农民进城务工，其子女在流入地参加高考问题日益迫切。异地高考是指为解决外来务工人员随迁子女在其父母所在务工城市参加高考制度，是对现行以户籍报名为条件的高考制度的补充。本研究中的"异地高考"是指在城市务工人员的子女，因为跟随父母在流入地生活学习多年，满足了当前所在地区参加高考的条件而参加高考。国家从2008年开始关注异地高考问题，2012年开始异地高考尝试。截至到2013年1月，除西藏外,全国30个省份都已经出台了异地高考政策。其中2020年广东异地考生近万人,三亚异地考生有53人,深圳异地考生3800人。异地高考政策实施牵涉到社会的不同部门,牵涉到不同利益主体,尽管已经破冰,真正完全实施,还需要相当长的时间。

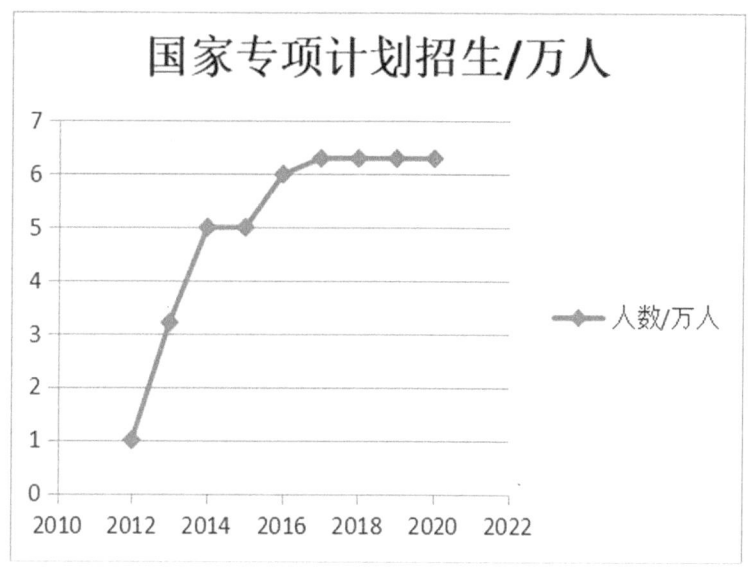

图11-1 国家专项招生计划

以上这些政策的出台,从不同的层面和视角来促进教育公平问题。公费师范生政策随着实践的发展与需求,不断调整其内容以满足现实的需要,对中西部师资力量培养将发挥着愈来愈重要的作用。支援中西部地区定向招生协作计划对提升中西部地区高考升学率具有显著成效;重点高校面向中西部地区的自主招生计划和农村贫困专项计划大大提高了偏远农村学子进入名校的比例和机会。异地高考政策刚刚实施,其方案赢得社会的认可,但是由于现行的高考制度与户籍绑定,所以该方案的最终实施效果必须打破户籍制度的羁绊,异地高考政策的有效实施还有很长的路要走。因为前面章节对这几项政策有具体分析这里不再赘述。

二、国家弱势群体教育补偿政策特质

(一)教育补偿政策的提出者

弱势群体高等教育补偿政策是国家政府领导人与专家学者等共同体推动的产物。国家领导人、政府工作人员、相关专家学者、社会媒介及社会公众共同组成了弱势群体高等教育补偿政策的共同体人员。这些政策共同体以不同方式推动和影响着相关政策的出台。笔者按照时间的先后顺序梳理归纳如表11-2和表11-3。

表11-2 政府领导人观点

代表	时间	形式	来源	主要观点和意见
温家宝	2007年	国务院会议	新华网	最大的公平是教育公平①
温家宝	2009年	文章	新华社	过去班里农村的孩子几乎占到了80%以上,现在不同了,农村学生的比重下降了。②
刘延东	2009年	教育部年度会议		要加大对农村和中西部地区教育的扶持力度,公共资源向中西部和农村倾斜,大幅度提升落后地区的办学水平。③
温家宝	2012年	全国教师工作暨"两基"工作总结表彰大会	新华社	让每个孩子都上得起学,保障他们平等的受教育权和发展权。④
张志勇	2012年	两会会议	新华网	实施"定向招生"的高等教育机会补偿制度,保障农村学子上重点高校的教育机会。⑤
李克强	2013年	国务院会议	中国青年网	提高重点高校的农村学生招生比例,让更多勤奋好学的农村孩子看到更多的希望。⑥
习近平	2015年	中央全面深化改革领导小组第十一次会议	新华网	发展乡村教育,让每个孩子都能接受有质量的、公平的教育,阻止贫困现象代际传递,意义深远。⑦

从表11-2和表11-3可知,国家领导人近年高度重视教育公平问题,要改变当前教育不公的问题,应加大对中西部农村教育的扶持力度,阻止贫困现象代际传递,创造条件让农村学子实现教育改变命运的希望。知名专家学者在

---

① 最大的公平是教育公平 http://www.china.com.cn/city/zhuanti/2007-05/15/content_8257891.htm

② 温家宝.百年大计 教育为本[N].来源:新华社,2009.

③ 刘延东.教育部2009年度工作会议上讲话.

④ 温家宝.在全国教师工作暨"两基"工作总结表彰大会上的讲话 http://cpc.people.com.cn/n/2012/0910/c64094-18960431.html

⑤ 张志勇.扭转重点高校农村生源下降趋势[N].来源:新华社,2012.

⑥ 让农村孩子上重点大学,国务院有哪些新招?[N].来源:中国青年网,2013.

⑦ 2015年中央全面深化改革领导小组第十一次会议 http://www.xinhuanet.com/politics/2015-04/01/c_1114842146.htm

不同的场合,从不同的视角、不同的渠道呼吁整个社会要关注教育公平问题,关注偏远农村最底层的学子基础教育和高等教育问题,关注弱势群体的教育补偿及其保障机制。国家主流媒体和机构诸如新华社、《人民日报》、《光明日报》等多家媒体也以自己的影响力在其中发挥着重要的宣传作用。正是这些共同体的共同倡导、呼应,推动了相关补偿政策的出台,并随着社会的发展,不断改革出新,制定新的更为科学的政策来满足现实的需要。

表 11-3 专家学者观点

代表	时间	形式	来源	主要观点和意见
周洪宇	2005 年	两会提案	搜狐网	只有合理分配有限的教育资源,进一步加强和完善教育立法,才能使所有人都能受到良好的教育。①
杨东平	2005 年	媒体采访	深圳特区报	促进教育公平需要全面改革高校招生考试制度,健全体制,消除在高等教育内部存在的各种不平等的现象。②
殷鸿福	2006 年	论坛发言	光明日报	重点大学农村学生比例逐减,要重视高等教育的均衡发展。③
钟秉林	2012 年	媒体采访	人民日报	社会弱势群体的教育问题,是教育公平很重要的一个方面。④
周洪宇	2012 年	代表发言	长江商报	在政策上要对中西部等地区倾斜,才能改变"寒门难出贵子"的现象。⑤
劳凯声	2012 年	媒体采访	中国教育报	强调补偿和差别原则,实行较为均衡和刚性的教育机会分配政策。⑥
徐辉	2015 年	学术成果	教育发展研究	教育公平问题是国家"十三五期"期间非常关注的问题;法律是教育公平的重要保障。⑦

---

① 周洪宇.关于实现教育公平,促进和谐社会建设的建议[N].来源:搜狐网,2005.
② 重点大学农村学生逐减大学录取遭代表委员质疑[N].来源:深圳特区报,2006.
③ 切实解决农村学生上大学难[N].来源:光明日报,2006.
④ 全国政协十一届五次会议举行记者会.促进教育公平 提高教育质量[N].来源:人民日报,2012.
⑤ 代表支招破解"寒门难出贵子"[N].来源:长江商报,2012.
⑥ 劳凯声.贯彻差别和补偿原则促进高等教育机会公平等[N].来源:中国教育报,2012.
⑦ 徐辉."十三五"期间推进教育公平的几个关键性问题[J].教育发展研究 2015(7)

续表

代表	时间	形式	来源	主要观点和意见
杨东平	2015年	学术成果	探索与争鸣	当前落后地区农村,又出现了新的上学远、贵、难;农民工子弟和留守儿童成为教育边缘化群体。
周洪宇	2015年	学术成果	基础教育	法治保障是教育公平最重要、最基础、最牢靠、最具长远性的保障。

(二)补偿政策呈现多元化,相互补充配合

为促进教育发展和教育公平,国家根据不同弱势群体需求,先后颁布了相关帮扶政策,如表11-4。从表11-4可见,国家政府和一些重点高校为促进教育公平和提高弱势群体考生所做的努力,这些政策相互补充配合,满足不同弱势群体的需求。

表11-4 国家帮扶弱势群体政策一览表

政策名称	帮扶对象或解决问题	开始实施时间
公费(免费)师范生计划	促进教育发展与公平	2007年
异地高考政策	城市务工人员高考子女	2012年
支援中西部地区招生协作计划	中西部地区考生	2008年
重点高校中西部自主招生计划	中西部农村偏远地区考生	2012年
农村贫困地区定向招生计划	集中连片特殊困难地区考生和农村偏远地区	2012年

(三)政策逐年完善,更加人文化

我国的帮扶政策从点到面、由浅入深、循序渐进、逐步完善。比如"农村专项计划"的修正与调整,第一,招生的区域和规模逐步扩大,从2012年的680个特殊困难县扩大到832个。第二,专业户口双向选择。从2012年不能转专业、转户口,到2014年后来可以转专业转户口,目标群体报考的积极性大大提高。"免费师范生计划"2018年3月改成"公费师范生计划",一字之差,让人感觉截然不同。免费让人联想到低廉,公费则提高了该计划的层次与学生的身份。除了名称改变外,内容也进行了修改与完善。原来规定回到所在地区服务十年,现在改为六年,在一定程度上更贴近现实,更能吸引优秀人才报考。

(四)注重对弱势群体的高等教育入学机会的补偿

本文中的弱势群体不探讨民族地区考生,主要针对中西部地区、偏远农村

高考考生。有学者根据 2012 年度和 2014 年度中国 985 工程高校招生数据发现,"招生协作计划"实施以来,中西部省份的学子接受优质高等教育的机会大大提升。2012 年定向招生共录取 11752 名本科生,集中连片特殊困难地区学生上一本的录取率提高了 10%。[5]研究表明,政策的实施有力地推动了高等教育入学机会的公平。弱势群体的教育权益补偿是实现教育发展机会公平的关键,也是事实上达到教育公平的一个重要指标,更是社会和谐可持续发展的重要内容。高等教育机会公平是高等教育公平的起点,也高等教育公平的重点与基本保障。

（五）从物质救济到人力资本的帮扶

以往我们对中西部地区的扶贫主要是经济方面的帮扶,通过分配与再分配给予他们更多的物质方面的倾斜,逐步缩小财富的差距,关注他们的生存权利。这种过度关注效率与物质提升,而忽略人口知识、技能、人力资本的做法,其弊端显而易见——无法改变贫困人口精神方面的贫困,无法提升他们的自我解决贫困的能力,很容易造成新的贫困。新时期教育公平的新坐标更加关注人的发展能力和自我造血能力。西部援助计划、针对农村地区自主招生计划、"三大专项计划"、免费师范生计划、异地高考政策等措施,都是想从人力资本的发展给予帮扶,根本上打破中西部发展落后的局面,改变户籍带来的城乡二元对立,逐步实现中西部与东部的平衡发展。

第二节　高等教育补偿的局限与困境

近年来国家颁布的相关教育补偿政策,突出了对社会弱势群体的最大关怀;得到了社会的一致好评;也取得了初步成效,贫困农村学子进入重点高校的比例明显的提升。中西部学子高考升学率明显提升;然而,这些政策在实际执行中出现了一些不容忽视的问题与局限,高等教育的全面公平问题容易被遮蔽,帮扶政策的初衷被质疑,帮扶的社会参与度等。局限与困境具体表现如下:

（一）强调高等教育入学机会平等,忽略了其他方面的不公

高等教育尤其是优质高等教育同时应具备如下社会功能,首先是为社会选拔和培养精尖人才;其次是促进社会阶层的合理流动,尤其是社会底层向上升迁的流动功能。上述的帮扶政策注重高等教育入学机会,忽略了学生学习过程的不平等。事实上,起点公平解决的是能否"上大学"的问题,过程公平解决的

是能否"上好学"的问题。它既是起点的公平的延续,又是结果公平的必要前提。同时,也忽略了学业结果的不平等;教育结果的平等指经过同等的高等教育,具有获得同等工作岗位的权利。在就业方面,社会仍存在"拼爹"现象,"萝卜坑"招聘现象。

(二)补偿帮扶政策遭到质疑

帮扶政策本是解决教育不公的好政策,理应受到社会的理解与支持,然而,由于政策的不完善引发了批评和质疑的声音。比如公费师范生贴吧的质疑贴。有一篇长文质疑免费师范生没有合理的退出机制,虽然用词有些偏激,也反映了政策有待进一步完善。贴子如下:

我本人是华师免费师范生,发帖是为了用自己和身边同学的经历告诫想要报考免费师范生的同学,千万不要读,说是卖身契一点不过分。大学四年没有一天不在后悔选择免费师范生,但是就是不让转出去(只能非师范转成师范),我知道一定有很多人和我的想法一样。我想问:凭什么不让我重新选择自己的人生?就算有人不是想要违约,仅仅希望在其他领域去挖掘自己的潜能,并且自己努力复习准备,为什么不允许他们去先深造?而要在别人深造之前就给人贴上"违约"的标签?难道国家不希望自己的教育人才有更多的广度、对社会有更多元的认识?国家不仅是限制了免费师范生的发展,更是给自己教师队伍建设附上了枷锁!

尽管报名时已经告知免费师范生服务年限,不能脱产攻读研究生学位,还是造成了已经在读学生的不满和质疑。诚然,任何一项政策的颁布实施都不会得到百分之百的支持和拥护。然而质疑的问题的确值得我们反思:免费师范生服务的年限合理吗?不能报考脱产研究生合理吗?一些地方高校的公费师范生实行读完四年后,再报销学费和住宿费。本身家庭贫困,想在读书期间减轻家庭的负担,四年毕业后再补发学费和住宿费的做法,合乎常理吗?国家贫困专项计划从表面上看,提高了西部偏远农村学子进入重点高校的比例,但是能解决实质问题吗?专项计划降分录取后学生的后续学习困难问题,一些高校的专业投放问题,都值得我们反省深思。农村专项计划和自主招生计划受惠的也是农村县级超级中学的少数学子,更多偏远地区普通中学的农村底层的孩子无法享受此政策的益处,这些专项计划成了优惠政策区域内部竞争,容易造成新的不公。

(三)教育补偿的社会参与度有待提高

教育补偿的社会参与包括教育补偿利益相关群体和其他社会群体参与。利益相关群体包括教育政策的制定者——我国主要指中央政府;政策的主要执行者——高校;政策的重要执行者——生源中学;政策的受益者——农村学生。这四者当中,政府作为第一责任人,作为政策的设计者,是积极推进该政策的。高校和生源中学为了完成政治任务,提高其在社会影响力和知名度,也是积极推动的。核心受益群体——学生的参与度直接关系到政策目标的实现程度。如果不合理,政策目标很难实现,甚至背离政策设计的初衷。这就要求政策设计的入口和退出机制要合理,要考虑到学生的现实需求与变化。除此之外,支援地区的民众的理解与支持是政策的重要推动者,社会主流媒体宣传、社会公益组织的参与也容易产生良好的"蝴蝶效应"。中央政府作为第一责任人,应进一步完善帮扶政策条款与细则,提高该政策的公信力,做好各方利益的协调工作,提高教育补偿的社会参与度。

第三节 教育补偿政策完善与发展

我国的教育补偿刚刚起步,与发达国家相比,我国高等教育补偿理论研究与实践发展还有一定差距,主要表现在:教育经费投入不均,优质高校分布不平衡;弱势群体教育补偿政策还不完善,有些政策还需要细化,有些政策流于形式,教育补偿缺乏相关法律制度保障,缺乏连续性;整个社会的教育补偿观念缺失,导致有些政策流于形式而无法开展实施。鉴于此,高等教育补偿可以尝试从以下几个方面进一步完善与发展。

(一)宣传教育补偿观念 建立全社会参与机制

教育补偿不是政府和教育部门就能完成的事情。它是一个系统工程,从纵向来说,需要政府组织协调、教育部门响应、高校和生源中学以及学生理解、配合与执行;从横向来说,需要教育发达地区和教育落后地区之间,社会各部门、各团体以及社会大众之间相互理解、形成合力,全员参与方能发挥其主要功能。这就要求补偿政策具有长期延续性,同时政府敢于打破长期以来的户籍捆绑的一系列福利制度;鼓励并制定相关政策引导社会非营利机构参与;充分发挥诸多主流媒体,比如《人民日报》《光明日报》《中国教育报》《中国青年报》以及政府部门官方网站、博客、公众号等媒介作用,大力宣传教育补偿理念,达到妇孺皆知,公众认同,把好政策用好宣传好落实好,逐步建立全员参与机制。

(二)应加快颁布相关法律法规建立长效补偿机制

"高等教育的核心价值追求之一,就是要保障公民公平享有平等的高等教育权,并且在有关政策体系中对弱势群体予以特别关注"[6]。保障弱势群体的高等教育权益必须国家重视,经费投入支持,法制保障。其中,"法治保障是教育公平最重要、最基础、最牢靠、最具长远性的保障"。[7]比如异地高考政策,最需要解决的是北、上、广地区的异地高考,而北京的异地高考政策只能打零分,上海广东的政策门槛较高,只有精英家庭才能实现,把广大普通大众的孩子仍然排除在外。另外,专项计划近年虽提高了中西部贫困农村子弟在重点高校的比例,却难以从实质上改变中西部教育不平衡的现状。应加紧立法,颁布相关法律法规,建立长效补偿机制。

立法首先坚持弱势补偿的立法原则。高等教育优质资源竞争中的弱势群体有:第一,中西部农村薄弱地区的农民子弟。第二,城市中普通外来务工人员子弟。确定这些人为弱势群体后,按需补偿。其次,立法中应增加程序性条款,体现出"看得见的公正,可以实际执行的公正"。我国《高等教育法》属于宣言性立法,有些条款不便执行,不利于高等教育公平的实现。我们应学习发达国家,如美国《高等教育法》中追求平等、自由、学术强国、服务社会的内容,同时在弱势补偿方面的条款转化为法律条文的形式,更有助于实际操作、执行到位。

(三) 教育补偿要面向全体弱势群体原则,逐步实现全覆盖的教育公平

现行的高等教育补偿政策受益者主要集中在县镇的"超级中学"中的个别优秀生,而与农村大部分的学生无缘,与城市中的弱势群体学生无缘。因此,补偿政策应加以调整,坚持全面补偿原则。其内容包括两个层面的内容:第一个层面主要是指面向全体弱势群体考生:偏远农村的弱势群体学子和城市中的弱势群体。第二个层面避免弱势群体内部不公的产生。这就要求从制度设计到制度执行必须关注到真正需要帮助的对象,而不是流于形式,走走过场,真正的底层考生仍然无法惠及。

(四) 高校应积极发挥其执行主体作用

帮扶政策是否真正发挥其积极作用,进而实现国家实施的初衷,高校在其中起着举足轻重的作用。高校作为执行主体应对通过帮扶政策进校的学生培养提供更多实际支持和人文关怀。首先安排专职老师定期、持续地关心学生的学业、生活、心理、参与社团活动等情况。其次,专业投放时,应考虑他们入学时降分情况,投放他们能够较快适应,同时有利于他们未来发展的专业,应避免投放太深太难的专业。另外,专业设置应根据学生学习情况进行动态调整,允许学生转到相对容易学习的专业。最后,关注这部分学生的学习结果,为学生就业和继续深造提供便利条件。接受了同等的教育,理应享受同等的就业机会以

及获得创造幸福的能力。

(五)教育补偿:高等教育、基础教育和家庭教育一起抓

毋庸置疑,高等教育在促进教育公平、促进社会底层向上流动、促进社会和谐发展进程中起着重要作用。因此,国家政府应以"双一流建设"为契机,重建优质高等教育布局。在"双一流建设"中,尽量倾斜中西部地区,尤其关注还没有一所"985工程"高校的省份。从支援建设国内一流学科到支援国内一流大学,让每一个省份都有这样的大学,形成较为均衡的优质高校新格局,让每一个省份的学子都有一种归属感和期盼。这也是推进优质高等教育公平的一条重要途径。同时,我们也要意识到,区域教育差距不是从高等教育开始,而是从小学教育就开始的。高等教育不公平也是基础教育不均衡发展积累的产物。从中央到地方各级政府应积极重视基础教育公平发展问题,从源头抓起,坚持小学教育—初中教育—高中教育均衡发展,杜绝头痛医头,脚痛医脚。最后,个体的健康发展需要家校的配合,家庭教育起着非常重要的作用。政府可以适当降分来补偿落后地区考生,然而一个人的品质和综合素质不是降分就能弥补的,需要父母的重视和培养,需要在基础教育阶段就能享受到优质的教育,才能为高考真正加分。因此,真正帮助落后地区寒门学子的发展,理应从家庭教育给予指导、基础教育阶段重视均衡发展,才能为寒门弟子后续发展尤其是高考中实施提供更加切实的帮助。

(六)优化政策内容,提高执行环节实效性和人文关怀

美国政策学者艾莉森(Graham Allison)认为,在政策目标的实现过程中,方案确定的功能仅占10%,而有效的执行占90%。[8]由此可见,有效地执行才能把政策规定的内容转为现实。一项政策要提高执行环节的实效,需要做到如下几个方面。首先,帮扶政策从理论设计层面应该理顺各利益群体之间的关系,制定相关的制度保障,建立监管机构,精准补偿内容,明确目标群体,是提高执行环节时效性的关键;其次,从实践执行层面政府应对政策进一步细化,便于学校规范操作。比如有相对应的政策解读版本,要求高校分配名额科学、公开、透名,明确生源中学、班主任的职责;考生报考资格、条件,审查的细则;具体报考的专业、时间节点,政策惠及的范围与规模,入口与出口机制;考生的权利与义务;最后,政策的内容应随着实践执行当中出现的问题与状况,适时调整与改善,以达到高效执行。除此之外,一项政策除了高效执行,还要在细节方面充满人文关怀和尊重,才是真正的好政策。

高等教育公平问题是历史形成的,而教育补偿刚刚起步,任何一项政策实践效果需要时间来检验,我们应该相信党和政府的智慧与决心,高等教育补偿最终能在最大程度上弥补教育不公带来的伤害与无助,逐步实现高等教育的相对公平。

参考文献:

[1] 美国超级名校奖学金申请系统—Quest Bridge[DB/OL]. http://www.sohu.com/a/201098472_490529.

[2] 郭婧,匡建江,沈阳. 为青年人提供公平接受高等教育的机会——英国的愿景与行动[J]. 中国高等教育,2015(13):76-79.

[3] 黄培,马燕生. 法国高等教育入学公平情况调研[J]. 世界教育信息,2015(4):19-21.

[4] 万玉凤. 清华大学等六所高校明年农村扩招[N]. 中国教育报,2013-11-22.

[5] 张小萍,张良. 中国高校"支援中西部地区招生协作计划"实施成效分析——"985工程"高校为例[J]. 清华大学教育研究,2015(3):48-56.

[6] 李文长. 弱势群体高等教育权益研究——理念、政策与制度[M]. 北京:人民教育出版社,2007:6.

[7] 周洪宇. 法治是促进教育公平的最根本保障[J]. 基础教育,2015,12(3):24-25.

[8] 冯静. 公共政策学[M]. 北京:北京大学出版社,2007:192.

第十二章 智慧社会视域下高等教育公平制度设计

第一节 我国高等教育公平制度价值取向变迁

我国高等教育公平制度价值变迁随着时代的发展不断变迁,不同时代呈现不同的阶段性特征。我国高等教育公平制度价值取向大致经历了三个阶段:第一阶段公平价值取向:向工农开放(1949—1976);第二阶段公平价值取向:效率优先(20世纪80年代—2002年)。第三阶段:公平价值取向:以人为本(党的十六大至今)。总的发展趋势更加注重人的发展,以人为本的价值取向。

(一)公平价值取向:向工农开放(1949—1976)

1949年9月,中国人民政治协商会议第一届全体会议通过了《中国人民政治协商会议共同纲领》,简称《共同纲领》。《共同纲领》规定了新中国的教育方针和基本任务,这就是"中华人民共和国的文化教育为新民主主义的,即民族的、科学的、大众的文化教育。人民政府的文化教育工作,应以提高人民文化水平,培养国家建设人才,肃清封建的、买办的、法西斯主义的思想,发展为人民服务的思想为主要任务。"《共同纲领》对教育性质的规定决定了高等教育的价值取向,新民主主义教育所强调的民族的、科学的、大众的文化教育思想是对受帝国主义压迫的、封建的和少数人接受教育机会的旧教育的批判,其价值取向是建立公平的教育制度。新中国成立的前三十年,高等教育面向工农大众开门,保障劳苦大众的受教育权利是其基本价值取向。在中国成立后的30年内,我国高等教育发生很大的波动,但在高等教育价值取向上,公平优先的指导思想没有改变。前三十年间,"家庭成分"好的人可能获得更多的教育机会;后二十年间,这种影响可能不存在或者起相反作用。家庭政治资本主要对中高等教育机会分配发挥作用。[1]

(二)公平价值取向:效率优先(20世纪80年代—2002年)

效率优先的价值取向与国家的总体发展战略是一致的,自20世纪80年代以来不断地被强化。随着改革开放的进一步深入、经济体制改革和教育体制改革的相继出台,特别是社会主义市场经济的提出,社会经济生活中的效率优先、兼顾公平的政策导向也被移植到高等教育领域。1982年的十二大报告中强调了教育在经济建设中的重要地位,并确定教育为经济发展的战略重点。1987年,十三大报告中进一步强调必须"把发展科学技术和教育事业放在首要位置,使经济建设转到依靠科技进步和提高劳动者素质的轨道上来"。从十二大到十三大,教育战略地位的确定是教育优先指导思想的具体落实,其中最主要原因是教育在整个经济和社会发展中发挥着基础性、全局性的关键作用。教育作为经济发展战略的重点,与效率优先的价值取向是相伴而生的,主要是要发挥教育的经济功能。

政府层面在国家发展战略高度重视高等教育的地位,强调优先发展,强调高等教育对经济发展的推动作用,注重高等教育效率,在具体的高等教育制度安排上精英化路线占据主导地位。面向少数人的精英型教育是建立在能力主义和效率优先的价值取向之上的,"能力公平"在人才选拔时强调"分数面前人人平等",这是高等教育公平的象征。效率优先的价值取向是在保证公民高等教育权利基础之上的,公平性是社会主义国家高等教育的最终目标,是在任何时候不会放弃的目标。但是,建立在效率优先公平价值取向基础上的高等教育发展也带来了教育机会的不均等问题。比如,能力主义的精英型公平选择是以牺牲大多数人的公平为代价的。高等教育的发展突出重点,讲究效率。在实际运行过程中,往往容易出现只讲效率、忽视公平或者是"效率先而不优,公平兼而不顾"的现象。随着社会的发展,以人为本的价值取向势在必行。

(三)公平价值取向:以人为本(2003—至今)

2002年11月党的十六大在北京召开。十六大以后明确提出要坚持以人为本、全面协调可持续的科学发展观,用科学发展指导教育发展方向,一方面要坚持以人为本的教育;另一方面要坚持统筹教育规模、结构、质量、效益的协调发展,统筹各级各类教育的协调发展,统筹城乡教育和区域教育的协调发展,统筹教事业的改革、发展和稳定。以人为本理念,人是教育的出发点,也是教育的归宿。教育在人的交往与活动中展开,人在交往与活动中成长和发展。人是教育的基础,也是教育制度创新的根本,所以一切教育制度创新都必须以人为本,这是教育制度创新的基本价值假设。以人为本的教育制度创新,就是把教育与人的幸福联系起来,和人的全面而自由的发展联系起来,和人的尊严联系起来,和人的终极价值联系起来,使教育制度真正成为"人性化"的教育制度,而不是束缚人发展的"牢笼";使教育制度不只是规范人的行为的一种手段,而且还能成为人的一种生活方式。

第二节　高等教育公平制度设计原则

智慧时代发展演变以及重要特征。2015 年 3 月十二届全国人大三次会议上，李克强总理在政府工作报告中首次提出"互联网＋"行动计划，并强调要大力发展智慧城市，自始智慧城市建设如火如荼，标志着我国拉开了智慧时代建设序幕。"智慧社会"一词出现于中国共产党第十九次全国代表大会工作报告，标志着中国共产党人对人类发展有新研判：人类正步入智慧社会，进入智慧时代。社会进入了以自媒体和移动信息终端，以及云计算、人工智能、大数据等为标签的智慧时代。人们从追求物质文明的智慧向追求物质文明和精神文明双双提升的智慧方面发展，提升和谐发展智慧，培养造就具有高尚和谐智慧的人。一般认为，创新创造、数字技术、融合发展、以人为本是智慧时代重要的四大特征。智慧时代的教育公平既面临新的机遇，也面临着前所未有的挑战。智慧时代利用大数据了解需要教育补偿的个人诉求和愿望清单，更好地坚持以人为本理念和原则；同时保障弱势群体利用数字技术获得幸福生活的能力。

一、高等教育公平制度设计原则

高等教育公平制度的重构首先需要科学的原则依据。

（一）平等性原则

在教育机会分配的过程中，平等性原则的作用主要是保证高等教育的准入资格平等。通过赋予主体平等的竞争机会，将能力、资质与教育获得紧密联系起来，保障具有同等资质的主体能够获得同等的高等教育的参与权利。这种权利应由相应的规则来配置和赋予，以能力为标准以实现教育机会配置，而不能由特权来赐予。从平等性公平原则出发，规则的平等性自然成为高考招生考试制度设计的核心价值，其关键就是保障遴选标准的平等性和招生名额分配的统一性，保障不同地域、不同性别、不同民族的学生有同等的参与竞争的权利和机会，这是高等教育机会公平的重要基础。平等性原则，是通过建立完善而公平的规则体系来保障教育权益的公平实现，它强调规则体系的权威性、公开性以及规则运作的广泛适用性、稳定性。平等性原则是高等教育机会公平的基本价值取向。我国目前实行分省定额的高考招生制度，这是一种封闭机会与开放机会相结合的教育供给方式，其实质是以"成绩和能力"为标准，在一定行政区域范围内实现考生录取机会的平等。新一轮高考招生制度改革要注重"全国一盘棋"的整体性调控,在推进社会公正和教育公平的基础上更加关注构建全局性、结构性和立体式的教育公平体系[2],逐步改进分省定额制的分配方式,努力减少招生和录取指标在各省区之间的差距,这也是符合平等性原则的教育公平改革取向。

(二) 发展性原则

无论采取何种政策模式来促进教育公平,其中发展是第一位的,只有教育的发展才能真正保障教育公平的实现。因此,发展性原则是保障高等教育公平的第一原则,在高等教育制度设计上,如何促进高等教育的总量增长是第一要务。马丁·特罗将高等教育发展分为精英化、大众化和普及化三个阶段,其公平性从能力绩效向机会均等过渡,在这个过程中一个重要区分标志是毛入学率,它标志着高等教育规模的大小,也就是说,从总体来说,高等教育规模的扩大使高等教育机会公平性在增加。通过挖掘现有教育资源,以扩大招生规模的方式迅速实现大众化,在高等教育入学机会公平方面实现了较大的突破。因此,教育制度创新体现着教育资源平等享有的精神,也就是说,教育制度创新,应有利于人人平等地享受教育发展的成果,使每个人都能依靠教育获得发展的机会。同时,教育制度本身从平等、自由机会公正平等的原则出发,除满足大多数人的教育利益外,还应考虑或兼顾社会弱势群体的教育利益。

(三) 补偿性原则

补偿性原则是高等教育机会公平应遵守的基本原则之一,其核心内容是关照和体现弱势群体的教育诉求,在高等教育利益关系进行分配时采取适度倾斜政策对教育中处于不利地位的群体进行教育的补偿,确保实质意义上的结果公平。高等教育制度设计补偿性原则就是通过制度调整,在满足了一部分人接受良好教育需求的同时,还应该及时采取适当的方式向处于不利地位的那些"最少受惠者"群体进行必要的教育补偿,弥补他们先赋条件的欠缺,从而缩小处于不利地位受教育者与获利群体间的教育机会差距。补偿性原则需要基于制度寻求多层次的保障途径和方法。补偿性原则关注的弱势群体包括农村学生、贫困家庭学生、少数民族学生、残障学生等,并注重从整体出发寻求差别对待和补偿性的系统谋划。由于历史和现实的诸多因素致使教育资源、教育机会及教育质量等多方面的失衡,教育弱势群体在教育竞争中处于相对不利的境遇,我国正在实施的针对中西部地区的招生协作计划、针对农村贫困地区的定向招生计划、对少数民族考生的高考加分、公费师范生等一系列政策,这些政策主要体现了补偿性原则,体现了高等教育对于弱势群体给予的伦理关怀,充分发挥了高等教育在消弭社会差距以及促进社会公平方面的积极作用。

(四)差异性原则

差异性原则,是指个体教育机会的获得是社会权利和自身素质多重因素复合作用的结果。教育公平的最终目标是实现人的充分自由全面发展,然而在教育活动过程中,个体的能力存在大小、方向、优势领域、发展潜力等特质方面的差异,教育机会公平就是正视并尊重这些差异,满足教育发展的不同需求,以促进个体在自然禀赋的基础上获得适宜教育以实现自由的、充分的发展[3]。高等教育兼具选拔性与培养性,而个体能力在大小、层次、类别等方面的差异性是高等教育的选拔性的一个基本出发点;差异性原则要求教育制度能够保障选择性教育机会的实现,即用改革的办法推进高等教育多样化,优化高等教育供给结构,更好地满足学生差异化、多元化的教育需要。异性原则要求教育制度能够保障选择性教育机会的实现,即用改革的办法推进高等教育多样化,优化高等教育供给结构,更好地满足学生差异化、多元化的教育需要。

平等性、发展性、补偿性和差异性四原则在高等教育公平制度设计过程中必须同时考虑,不是相互对立非此即彼的关系,而是相辅相成的关系。通过规模数量的发展,提升更多机会,从量上保证高等教育平等与公平;与此同时,尊重个体多样性,采取多元选拔方式,发展多元化的高等教育形式;坚持高等教育补偿原则,不是平均分配教育资源,而是采取适当倾斜政策,保证弱势群体在接受教育方面的不公正。

第三节　高等教育公平的制度设计逻辑与实践路径

世界高等教育发展史表明,高等教育公平问题的解决必须依靠制度的完善才能实现。高等教育公平制度不是要消灭不公平,而是要把不公平控制在最小限度。一方面保障所有人共同受益,另一方面确保弱势群体利益得到公正补偿。高等教育终极价值诉求在于促进人的全面发展,而不仅仅是促进经济的发展。因此,高等教育公平制度设计的逻辑应包含:公平规则的培育、弱势群体利益保障、多样化的自由发展。

一、高等教育公平的制度设计逻辑

（一）在公正性制度中培育规则公平的价值基础

招生考试制度是高等教育机会公平的基础性制度安排。以公平原则为导向，加强招生制度改革，是当前高校招生制度改革的重点。目前我国招生执行省域定额分配制度。而各省域间高等教育发展水平差异显著，国家要改革省域定额分配制度，可以参照各省每年的实际高考人数分配比例，通过科学有效的政策调控，尽可能地实现不同省域录取率的均衡。其次，严格控制部署高校属地化招生比例。国家教育行政部门要发挥宏观调控职能，制定全国统一的招生配额测算思路、测算指标、测算权重，并建立测算模型，结合学校培养能力、社会需求和本地区实际情况，公平公正、科学合理安排中央部属高等学校的分省招生计划，并因地制宜地向高等教育薄弱的省份倾斜，不断推进优质教育资源的区域均衡。

（二）在包容性制度中构建弱势群体的权益保障

公平很重要，如果公平性制度只是保证了形式上的平等，"制度面前，人人平等"的简单化处理，特别是将高考成绩作为高等教育机会分配的主要依据，容易加剧弱势群体就学的困难程度，教育促进社会流动功能就会弱化，社会阶层流动难度加大，从而导致阶层的固化。因此，在高等教育领域要防止优胜劣汰等竞争规律，简单地运用于高等教育机会的分配过程。要加强高等教育机会补偿方面的前瞻设计，保障扶持弱势群体公平地参与竞争，从而获得基于潜能和努力程度的发展机会，这已成为通向高等教育机会公平的重要路径。完善扶持弱势群体的政策体系，如继续实施中西部地区定向招生专项计划、农村贫困地区定向招生专项计划，加快落实"异地高考"政策，增加随迁子女流入集中地的高考录取指标，确保随迁子女教育权益得到保障。通过增加制度供给并完善相关配套措施，努力形成保障弱势群体高等教育机会的长效机制。

（三）在发展性制度中融入自由发展的价值目标

高等教育机会公平具有丰富的内涵，不仅是制度公平、规则的公正以及弱势群体的教育倾斜，也包括基于个体需求分化相联系的"教育适切性"。加强发展性制度供给，是实现学生个性化和多样化发展需求的根本保障。首先，要建构有利于高等教育多样化发展的有效机制，实现高等教育权益自由性和选择性。多样化是植根于高等教育体系的基本属性，伯顿·克拉克认为，如果高等院校各具特色,而不是被呆板地纳入一个大而统的体系,高等教育就能够最有效地体现公平精神。同质化、统一化的高等教育并不符合教育自由的理念,也不能确保高等教育公平。自由理念和高等教育公平的重心在于尊重个体人的选择,鼓励个体充分开发潜能,最大限度地实现自身的发展。

二、高等教育公平的实践路径

(一)改造外部环境,为高等教育公平实现提供社会支持

1. 完善教育相关法律制度,加强教育立法建设

世界教育发达国家的发展实践证明,教育法制作为现代社会对教育的一种调控组织形式,不仅是推进高等教育公平的有效途径和必要手段,也是我国高等教育发展的历史性选择。目前我国高等教育法律法规在一定程度上结束了我国高等教育公平问题无法可依的局面,然而从整体来看,我国高等教育的法律法规体系仍处于初级阶段,需要不断完善。在当前社会背景下,高等教育已经成为社会资源分配的调节器和社会公平的风向标,通过完善高等教育法律制度,借助立法、司法、执行与法律监督来推动高等教育公平,既是实现社会公平与和谐稳定的重要支柱,也是推动高等教育从人治状态走向法治状态的必然途径。从推动高等教育公平出发,法制建设应注意以下几个方面:(1)法制建设过程中,进一步完善立法主体的权责和程序与执法主体的权责及监督。鉴于国内区域经济和社会发展的不平衡,我国高等教育法制建设应坚持中央宏观调控的基础上,强化地方对高等教育公平的权责。在明确权责的基础上,督促地方高校提高管理服务水平,对地方高校出现的不公平现象进行及时救济与补偿。我国《高等教育法》(2018年修订)在一定意义上仍属于宣言性立法,这种立法已经滞后于我国高等教育公平的发展。比如该法中第五十四条规定"家庭经济困难的学生,可以申请补助或者减免学费。"规定了学习者可以申请补助和减免学费,但是申请条件与方式等并没有上升为法律条款,仅仅出现在高等教育行政规章中。这就使原本体现公平的法律原则缺乏了适用法律依据,容易产生执法力度不强,有法不依,有法难依的局面。完善立法主体的权责和程序与执法主体的权责及监督就会改善这一现象。(2)从价值取向上,法制建设应注意教育目标的人性化,加强对学习者的保护。从国外立法经验看,法律倾向教育目标的人性化以及管理服务的人性化。比如《俄罗斯联邦教育法》在开篇的第二条中就明确指出,教育应培养具有这样品质的人:"教育的人道主义性质、全人类共有的价值、人的生命与健康、个性自由发展的优先性,培养公民觉悟及对祖国的热爱。"第十四条对教育目的做了更详细的规定:"教育内容应保证受教

者形成符合世界标准的教育程度和知识水平,培养出与现代社会相适应并以完善此社会为己任具有个性的公民,复兴和发展社会的人才潜力。"[4]

教育"个性化""人道化"思想的提出,是俄罗斯教育观念上的一个重大转变。意识到教育的价值不仅仅是为了满足社会发展的需要,还在于人的自我实现和自我发展。这是一种个人本位的教育价值观念,也是俄罗斯教育人才培养模式改革的基本方向。

应当借鉴经验,完善学习者的权利和权益的保护机制。如《高等教育法》第六章虽然涉及了若干关于学生权利和义务的条款,但仅仅对奖学金、助学金、勤工助学和毕业等一般的权利进行了规定,而缺少对学习者平等的就学权、专业自主权、人身权的规定。可以说,整个高等教育法律法规主要是关于行政部门和学校对学生的规定和要求,侧重于强调学生的义务身份,权利义务关系极不平等。

借鉴国外经验,完善学习者权利和学习者权益的保护机制。这就要求在修订高等教育法律法规时,要注意调整权利义务等双方的平衡度,尤其是处于弱势的学习者,需要以法律条文的形式明确权利,并细化为相关义务人及与之对应的法律责任。同时,在实体法不能涵盖高等教育公平各个方面的情况下,还可通过完善程序性条款,起到分解权力、实现权利救济的作用。如在处理学生违规事件的相关条例中,可设立专门的受理和复议机构,建立公开质证制度,采用申诉机制等,以公开、公平、公正的法律原则,合情、合理、合法的法求律程序,维护学生的合法权利。[5]

2. 破除城乡二元制羁绊,缩小区域差异,为高等教育公平发展奠定基础

我国城乡二元结构有着特殊的历史背景和发展历程,在一定社会阶段发挥了重要作用。但是二元经济结构的长期存在对我国社会政治、经济、文化和教育的影响越来越大,逐步形成了城乡二元教育结构。城乡二元教育结构反映了城乡办学条件、师资力量、教育质量等硬件与软件的巨大差异。首先表现在基础教育不均衡,进而累及到高等教育入学机会的不均等。城乡二元经济结构是消除城乡二元教育结构的基础,党的十七届三中全会审议提出,建立城乡经济社会发展一体化制度;政府逐步取消城乡二元户籍制度。城乡经济一体化制度的建立,目前二元城乡壁垒破除,消除二元结构壁垒对教育的影响还需要一个长期的过程。区域经济不均衡是我国经济基本国情,各省经济发展差异显著,以 2020 年各省 GDP 总数和人均排名为例。北京 36103 亿,人均 167640 元。上海 38701 亿元,人均 159385 元。江苏 102719 亿元,人均 127285 元。广东 110761 亿元,人均 96138 元。广西 22157 亿元,人均 44671 元。黑龙江 13699 亿元,人均 36518 元。甘肃 9017 亿元,人均 34059 元[6]。从总量上看,广东、江苏、山东依旧牢牢占据前三,宁夏、青海、西藏等三省仍位列末尾。除了传统上

东部强、西部弱、中部居中间发展特点外,从 2020 年来看,经济"南强北弱"形势越发明显。我国教育投入体制是各省统筹安排,各省经济基础发展不平衡决定教育投入差距显著。政府应通过宏观调控、经济发展战略重心转移、产业结构调整、加大对薄弱地区人力资本的支持、人才政策倾斜才能逐步缩小地区差异,才能从根本上解决教育投入不均衡的问题。

3."双一流"建设逐步打破传统重点院校建设的模式,逐步改善高等教育资源布局

"双一流"建设是指世界一流大学和世界一流学科大学(First-class universities and disciplines of the world),简称"双一流"。"双一流"建设的目的一是落实稳中求进、继承创新的原则,既要继承原"985 工程"建设基础,又要以改革促进发展,以改革增加建设动力,特别是加大对那些需要加强建设的高校的压力,实行存量改革、激发活力。二是促进区域协调发展,重点围绕服务国家重大战略,并有利于加快中西部高等教育发展。教育部明确提出:"双一流"建设以学科为基础,对建设过程实施动态监测,根据评价结果等情况,对实施不力、进展缓慢、缺乏实效的提出警示并减小支持力度。对于建设过程中出现重大问题、不再具备建设条件且经警示整改仍无改善的高校及学科,及时调整出建设范围。建设期末,将根据期末评价结果等情况,重新确定下一轮建设范围,有进有出,打破身份固化,不搞终身制。"双一流"建设逐步打破传统重点院校建设的模式,逐步改善高等教育资源布局。

(二)根据入学、培养和就业创设公平的条件

美国学者科尔曼认为:"高等教育机会均等包括:进入教育系统的机会均等;参与教育的机会均等;教育结果均等;教育对生活前景的影响等。"

1. 高考招生制度创新

(1)高考招生制度公平是高等教育公平的基础。高考招生制度的创新在合法性和合理性的前提下,遵循弱势平等的原则,从利益相关者利益均衡的现实可行性基础上的制度创新才能具有可操作性。目前的制度设计重点在于消除现有制度本身所引起的不公平性。(2)改革重点高校录取名额的投放办法。遵循公正平衡、差别对待和渐进实施三原则,对目前重点高校录取名额分配办法的改革可以参考四项指标:一是该省(市、区)的总人口数,二是该省(市、区)的总考生数,二是该省拥有的"985 工程"高校数减去全国各省平均数,三是上年在该省(市、区)投放或实际录取数[7]。高等教育优质资源的合理配置有助于缩小高考录取中的城乡差别、东西部地区区域差别,促进教育公平和社会公平。(3)逐渐推行多元化考试与招生办法。除了总结我国改革开放以来高考招生制度的经验以外,还应当借鉴、吸收发达国家在高考招生制度方面的优点,渐进

推进多元化考试,学生多次选择,逐步形成分类考试、综合评价、多元录取的考试招生制度。

2. 培养过程公平

培养过程公平,既是入学公平的延续,也是培养结果公平的前提。(1) 建立弹性学制。罗尔斯指出"机会平等是要肯定每一个人能够受到适当的教育,而且这种教育的进度和方法是适合个人特点的"。高校应重视多样性、个性化的教育,才是追求教育公平的一种最佳方案,因此实行完全的公平原则反而是不公平。建立弹性的学制制度让学生有更多自主选择的权利。(2) 知识学习过程公平。联合国教科文组织早在1985年就提出"学习权"(learning rights)这一概念。相对受教育权,学习权更强调受教育者在享有教育权利时的主动性、自由性和平等性。因此,首先我们应通过立法保障学习者的权益:保障学习者无论身体状况、成绩好坏在学习上享有平等权。其次,课程设置考虑学生的经验与课程的融合;与时俱进,进行多样化的改革。最后,教师在教育教学过程中,无论学生的地域、智力水平、家庭背景、家庭教养程度都给予平等的待遇。对于不同个性特征、文化背景、性别特征的同学给予与学生不同的教学方法与指导。(3) 社会实践过程公平。高校应逐步探索建立面向全体学生、分层次、分内容的社会实践活动体系,加强学生社会实践的课程化设计。面向全体学生、分层次、分内容的社会实践活动体系,在理想上是对公平的追求,在现实中则是对社会实践机会公平的维护,本质就是公平的体现。面向全体学生,即要求高校在进行社会实践活动设计时应该充分考虑全体学生的共同需求,并以此为出发点进行规划与设计,它尊重了每个人都应享受的平等的受教育权利,体现出教育公平的原则;分层次则要求高校应根据不同层次学生的实际情况,设计不同的社会实践内容,使学生社会实践更加贴近学生的实际需求和接受能力,它体现了因人而异、以人为本的原则,切合高等教育过程公平给每个人以"合适"的教育的内在要求;分内容的社会实践活动则体现出社会实践活动的多样性原则,这样,学生在参与社会实践活动的过程中就可以做到有目的、有重点、有选择地参加,从而关照高校学生个性特长的发展。[8] (4) 评优评奖过程的公平。首先,以科学的评价方法促公平,定量评价和定性评价有机结合,以最大限度地保证评优评奖过程的公平性。其次,以规范的程序促公平,期望理论的后期研究认为,程序公平更能影响员工的组织承诺,增强组织承诺和对上司的信任,因此评定过程中一定要做到程序规范,过程公平,避免个别老师、学生干部私自做主。最后,端正的评选态度促公平,以严格的监督教育促公平。评选过程中,避免靠拉关系,走后门,以权谋私或者造假,不良竞争评优。评奖评优的过程要严格的监督程序。评优评奖结果要公示,接受广大师生的监督。如有违规违纪,一律查处,取消优秀称号或荣誉,没收奖金等。(5) 弱势群体帮扶公平。对高校中弱势群体的帮扶补偿是高等教育公平的重要尺度之一,首先,应针对社会低收入家庭、农村和边远地区人口、残疾学生、学业特困生、心理特殊生、人际交往特困生建立帮扶档案,根据不同特点的弱势群体,制定有效的帮扶政策与措施,建立合理的补偿机制,不断提升高等教育过程的公平水平。其次,在国家现有的教育扶贫、奖助贷的基础上,重视社会资源的开发利用。借助大众传播媒介:传统的广播、电视、报纸以及信息时代的自媒体媒介(公众号、抖音、微博等)来大力宣传,获取社会各方力量的理解和支持。其次,讲究方式方法,建立良性的互动机制。扶困最重要的是"扶心",所谓"扶心"就是帮助困难群体树立一种信心,与他人平等相处的信心,不卑不亢走入社会的信心。"扶心"工程需要我们讲究帮扶的工作方法与细节,让资助者感到做人的尊严;助学金和补助金的使用和发放注重科学化和人性化。学校在给这些贫困生经济补助的同时,要充分考虑保护他们的自尊和隐私。比如郑州大学有这样一项"温暖行动":如果有学生每天至少在校食堂吃两顿饭,每周至少6天在学校就餐,但月伙食费却低于学校平均值250元,学校将直接将150元补助"悄悄"打到学生饭卡里。郑州大学利用大数据进行伙食补贴,让人感到被尊重的温暖。[9]

(6)人际交往公平。正如德国学者斯普格描述的那样:"在人的一生中,再也没有像青年时期那样强烈地渴望被理解的时期了。没有任何人会像青年那样深陷于孤独之中,渴望着被人接近与理解;没有任何人会像青年人那样站在遥远的地方呼唤"。[10]高校的大学生们都渴望理解、渴望交往。构建和谐平等的人际关系,保证人际交往中的公平是学校以及老师的重要工作。首先,学校应营造和谐平等的校园环境。和谐平等的人际交往环境对大学生健康人格的形成和发展具有双重的意义,有利于大学生们感受到国家、社会、学校的关怀,有利于大学生的人格尊严得到尊重,有利于激发学生的学习动机。其次,作为老师,要营造和谐平等的班级关系,寝室关系;要以身作则,引导学生正确对待差异,处理好人际关系。师生交往过程中,双方相互承认、互相赋予平等的地位。教师不以城乡学生来源、家庭背景不同而在交往中有所区别对待,甚至歧视、忽略农村学生,切忌人为造成城乡隔阂,人为地划分等级。引导学生正确地看待个性差异、城乡差异,引导学生学会与人交往的技巧。最后,尤其要关注来自弱势群体的"人际交往困难生",引导他们自尊、自重、自励,保持阳光的心态,不卑不亢地与人公平自由地交往。美国罗伯特·帕特南(Robert D. Putnam)教授研究表明,社会资本(所谓的社会资本主要指家庭、朋友、邻居和熟人这些非正式的关系)的差异也扩张了青年人的机会鸿沟。许多研究表明,受教育程度越高的美国人,也会拥有范围更广、程度更深的社会关系网,这种相关性并不仅仅局限于家庭和朋友的核心圈子,在整个社会中同样如此,受教育程度越低其社会关系网就越稀疏,主要局限于一个人的家庭中。更重要的或许在于受教育程度更高的美国人拥有范围更广的弱关系,换言之,他们的朋友圈更大,也更多元化。这样的关系可以增进社会流动,也有助于提升孩子们的学习成绩以及未来的经济收入,还可以规避青春期的种种风险,比如吸毒等,或者使这些风险降到最低。上层阶级的家庭可以利用丰富的专业知识和社会支持,而对于来自贫穷家庭的孩子来说,这种资源是难以想象也无力触及的[11]。由此可见,人际交往能力对一个人的发展非常重要;而保持和谐平等人际交往,有助于学生人际交往能力的养成;尤其能够帮助弱势群体学生建立人际交往的自信心,保持阳光的心态,积极的生活态度;建立比父辈们更加广大的社交圈,增强他们的社会关系网络和社会资本,有助于增强他们的社会适应和社会生存能力。

3. 就业公平

就业公平,既是高等教育公平的重要衡量尺度,也是知识改变命运、教育对未来产生影响的有力证据。我国一直致力于营造公平的就业环境,坚决反对任何形式的就业歧视。《就业促进法》第三章主旨就是"公平就业",并做出多条具体规定。不过,现实生活中,就业歧视或明或暗客观存在。有的单位在招聘时明确列出一些歧视条款,有的单位虽然不明说但实际操作中仍然存在就业歧视行为,公平就业环境亟待优化。就业公平需要坚持以下几个方面的改革:(1)建立统一的就业市场,消除就业地户籍排斥。建立统一的就业市场就是真正实现"双向选择,自由择业"的公平性,其中消除就业过程中的户籍排斥是关键。在北京、上海等大城市存在着户籍准入制度,在"大学生村官"的选聘、特岗教师设置等就业制度方面都存在一定的户籍限制,由此人为地形成就业市场的省级分割。(2)消除学历排斥。近年来,学历不仅是职场上的敲门砖,并逐渐成为企事业单位招聘人才的"硬杠杠"。作为第一道筛子,它不分青红皂白,一刀切地砍下了太多人。如今,一打开招聘网站,学历要求清一色的本科及以上;一流高校基本不进"土"博士,"海龟"还要美国一流大学的。二三方阵的高校也在抢"海龟",但对"土"博士,不论博士哪儿毕业,本科一律要求是"985"或"211"院校,否则没门。不否认,"985"或"211"院校或者"双一流""名校"毕业生成才的概率客观上要高一些。不过凡事都可能会出现例外。现实中,也有一些低学历者,在某一领域建树不凡。因此,国家企事业单位应创新人才评价体系,不将大学排名作为限制性条件,不搞学历"一刀切",广开进贤之路,广纳天下英才,善聚善用各类人才,给每一位有志之士一个公平的就业平台,排除唯"学历论"标准,更有助于提升每一位毕业生的幸福指数。(3)就业补偿制度。由于我国东西部之间、城市和农村之间,经济发展不平衡,行业之间收入差距较大。大学毕业生往往过度集中于北、上、广、深等大城市、东部地区和垄断行业,一方面造成大城市和东部地区高层次人才就业的社会问题,另一方面西部地区、困难行业人才缺乏,制约了社会的和谐发展。因此,国家政府应制定相关的激励政策,对到西部、到艰苦行业就业的大学生给予一定的就业补偿,如专项补贴、提高社会保障标准等方式补偿,保障高等教育结果的公平。

参考文献:

[1] 李春玲. 社会政治变迁与教育机会不平等——家庭背景级制度因素对教育获得影响(1940-2001). 中国社会科学,2003(3):86-100.

[2] 景安磊,周海涛. 高等学校考试招生制度改革的四维向度[J]. 高等教育研究,2017(8):18-22.

[3] 曾继耘. 论差异发展教学与教育公平的关系[J]. 中国教育学刊,2005(06):32-3.

[4] 李建忠,刘松年.《俄罗斯联邦教育法》对我们的若干启示教育探索[J]. 2008.9(145).

[5] 王宏. 促进高等教育公平的法制建设研究,教育发展研究,2014,5(58).

[6] 新浪财经. 2020年各省市GDP和人均GDP排名出炉. https://baijiahao.baidu.com/s?id=16902179810175 47282& wfr=spider&for=pc.

[7] 李廉水 吴立保 和谐社会视野下高等教育公平的制度设计研究[M]. 北京:科学出版社,2010(273).

[8] 王卫东. 高等教育过程公平的社会学分析[M]. 北京:知识产权出版社,2015.12(106).

[9] 郑州大学的"温暖行动"补贴直接打到饭卡上[N]. 人民日报,2011.3.10.

[10] 王卫东. 高等教育过程公平的社会学分析[M]. 北京:知识产权出版社,2015.12(182).

[11] 美国 罗伯特. 帕特南.《我们的孩子》[M]. 北京:中国政法大学出版社,2017,236.

致　　谢

写到此，意味着这本书终于写完了，它的完成凝聚着我不知多少日夜的写作与思考。从课题立项开始，便开始调研、查阅大量文献，撰写论文。从2019年的国庆节开始，决定撰写著作。由于工作岗位的调整，要熟悉新的业务，白天几乎全部是在忙工作。回到家，二宝才1岁多，正是黏人的年龄。所以，这部著作断断续续写了一千多个日子。

在这期间，有时候觉得我做的研究特别有社会现实意义，充满着无限的信心。有时候，又为写作的思路焦虑苦恼，不知道如何更好地完成某一个章节，特别是今年四、五月份，有时候半夜醒来突然没有了睡意。打开电脑，想写一会，一看时间才3点多。很多个周末、节假日和晚上一直都在为著作的撰写而努力！

感谢有韧性的自己，虽有压力，却坚持下来。

感谢我的先生李秋生博士！他一直是我坚强的后盾——在我写作时候，是他一人带着孩子；写完每个章节又帮我排版规范格式；在写作中遇到问题时候，给我一些切实可行的建议。李先生是一位好丈夫、好父亲。我们既是和睦的夫妻，一起养育孩子并且家庭教育理念逐步达成一致；同时又是朋友般的同事，一起学习如何上好课、如何做好科研。

感谢青春期的大宝，她常常让我思考如何做一个好妈妈。因为写作，关注孩子太少，写完了，多陪陪孩子和家人。

感谢贴心的二宝，在我感到有情绪时候，总能用她这个年龄段特有的可爱与智慧安慰我，让我重新充满着力量和喜悦前行。

感谢尊敬的冯增俊老师给我第十章和第十一章提出的宝贵修改建议。

感谢尊敬的黄兴裕博士和幸仁凡同学在第二章节的数据处理中给予的帮助。

感谢李忠提供的写作素材，感谢钟宏鑫接受关于公费师范生方面的访谈！感谢王芳在问卷设计和修改过程给予的帮助！感谢同事龚利民老师在问卷调研给予的帮助！

感谢课题组成员们的一致努力与坚持。感谢所有参考文献的作者们！

最后也是最重要的感谢振存师兄在我教育部课题申报中给予的无私帮助

和指导！感谢教育部社科司经费的支持，使我的研究成果得以出版。感谢河南大学出版社李亚涛老师的修改建议！

  由于笔者能力有限，书稿仍存在许多不足。但仍希望通过这样一部著作，呼吁政府、高校以及研究者等更多的人群关注和了解我国的高等教育补偿政策。同时希望课题组的努力以帮助政策更好地优化与完善，更好地推动教育的相对公平，更好地惠及普天下的学子们！

  为了农村贫困地区的学子们，我们仍会进一步深入研究！